SNACKEN UN VERSTAHN II

# Snacken un Verstahn

Dat tweete Book

Unter Mitwirkung des Mesterkring herausgegeben von der
OLDENBURGISCHEN LANDSCHAFT

HEINZ HOLZBERG VERLAG - OLDENBURG

Den vorliegenden Band erarbeiteten:
Erhard Brüchert, Friedrichsfehn
Annedore Christians, Oldenburg
Detmar Dirks, Großenkneten
Heinz Edzards, Ahlhorn
Gerda Fisbeck, Loy
Erich Haferkamp, Borbeck
Walter Helmerichs, Ofen
Werner Kuper, Bakum
Wiltrud Schauer, Falkenburg
Günter Wachtendorf, Petersfehn

Zeichnungen: Marcus Behmer (S. 22, aus: Insel-Bücherei Nr. 315); Elisabeth Behnsen (S. 149); Heidi Beilstein (S. 52); Klaus Beilstein (S. 31); Hans-Berthold Giebel (Titelbild, S. 27) Erich Haferkamp (S. 5, 10 f., 223); Ulrike Isensee (S. 68); Kurt Runge (S. 115); Curt Zeh (S. 88, 167).

Die Noten zeichnete: Helma Vohlken

Fotos: Heinz Edzards (S. 57); Erich Haferkamp (S. 75); Heinrich Kunst (S. 95); Werner Kuper (S. 103); Verlagsarchiv (S. 92).

CIP-Kurztitelaufnahme der Deutschen Bibliothek

*Snacken un Verstahn* / unter Mitw. d. Mesterkring hrsg. von d. Oldenburg. Landschaft. [Erhard Brüchert ...]. - Oldenburg: Holzberg
NE: Brüchert, Erhard [Mitverf.]; Oldenburgische Landschaft
Book 2 (1984).
ISBN 3-87358-220-1

© 1984 Heinz Holzberg Verlag KG, Oldenburg - Alle Rechte vorbehalten
Gedruckt bei Isensee in Oldenburg

## Lewe Lü, lüttje un grode!

Wi willt us Plattdüütsch bargen -
in Säkerheit bringen,
so as us Vöröllern dat Koorn
in 'n Spieker burgen hebbt.

Freut jo öwer us Moderspraak,
un wääst dr driest 'n bäten stolt up!

# WAT IN DAT BOOK INSTEIHT

PLATTDÜÜTSCH
RUND UM US TO . . . . . . . 10

WAT DE LÜ SEGGT . . . . . . 12

WAT DAT VOLK UN US
SCHRIEVERSLÜ VERTELLT . 13

*Wilhelm Wisser*
Wat Grootmudder vertellt . . . . . 13
De Tuunkrüper . . . . . . . . . . 15
Hans un de Prester . . . . . . . . 16

*Erich Haferkamp*
Foß un Höhner . . . . . . . . . 17

*Heinz Edzards*
De Kraan un de Wulf . . . . . . 18

*Philipp Otto Runge*
Von dem Fischer un syner Fru . . 18

*Annedore Christians*
'n sunnerbare Fründschupp . . . . 25

*Rudolf Kinau*
Een mutt weg! . . . . . . . . . . 28

*Wolfgang Sieg*
De Weg na baben . . . . . . . . 30

*Ernst Otto Schlöpke*
Is dat en Baantje?! . . . . . . . . 32

TO'N SMUSTERN
UN GRIENEN . . . . . . . . . 33

*Erich Haferkamp*
Wat nich geiht, dat geiht nich . . . 33

*Rudolf Kinau*
De Bickbeerpannkooken . . . . . 33

*Hermann Lüdken*
Mit de Zääg ünnerwägens . . . . . 34

*Louise Uhlhorn*
De engelsch leddern Büx . . . . . 37

*Karl Bunje*
De Appeldeef . . . . . . . . . . . 38

*Walter Helmerichs*
Sulwst don,
sulwst utprobeern . . . . . . . . . 40

*Georg Bövers*
Tater-Latin . . . . . . . . . . . . 42

*Georg Ruseler*
Sprung öwer de Ems . . . . . . . 43

*August Hinrichs*
De Waterpiep . . . . . . . . . . 44

*Georg Willers*
Don Kieschott in Hollwäg . . . . 47

*Jan Heinken*
De Esel in dat Löwenfell . . . . . 49

*Georg Ruseler*
De Wunnerdokter . . . . . . . . 50

*Wilhelm Grotelüschen*
De Schandarm van Gannerseer . . 53

DÖR DAT JAHR . . . . . . . 55

*Wilhelmine Siefkes*
So . . . . . . . . . . . . . . . . 55

*Oswald Andrae*
Wilsede . . . . . . . . . . . . . 56

*Heinz Edzards*
Kiek is, de Spreen sünd woller dar! . 56

*Heinrich Diers*
Pingsten . . . . . . . . . . . . . 59

*Alma Rogge*
Scharp un söt . . . . . . . . . . 59

*Franz Morthorst*
De Arntetiet, de is vergahn . . . . 61

*Hermann Claudius*
Harvst . . . . . . . . . . . . . . 62

*Erika Täuber*
Harwst . . . . . . . . . . . . . . 62

*Annedore Christians*
Novembermaand . . . . . . . . . . 62

*Walter Artur Kreye*
Advent . . . . . . . . . . . . . . . 63

*Rudolf Tjaden*
Vör Wiehnachten . . . . . . . . 64

*Thora Thyselius*
Tant Hüsing . . . . . . . . . . . 65

*Christian Holsten*
De Wiehnachtsmann . . . . . . . 66

*Otto Tenne*
De Dannenboom . . . . . . . . . 68

*Karl Bunje*
De gerechte Wiehnachtsmann . . . 70

*Erich Haferkamp*
Snee danzt dal . . . . . . . . . . . 75

IN US LAND . . . . . . . . . . . 76

*Alma Rogge*
Wo ik her kam . . . . . . . . . . 76

*Georg Willers*
Wat ick as een lüttjen Jung bi't Kaidrieven un Ossenhöern seen, hört un beläwt hebb . . . . . . . . . . . 77

*Walter Helmerichs*
De dicke Fisch . . . . . . . . . . 79

*Renke Ulken*
De lüttje Held . . . . . . . . . . 80

*Heinz Edzards*
In't Nett gahn . . . . . . . . . . 82
Kennt Ji noch den Bookwetenjannhinnerk? . . . . . . . . . . . . . 84

*Heinrich Diers*
Dat Water . . . . . . . . . . . . 86

*Gustav Falke*
De Stormfloot . . . . . . . . . . 89

*Klaus Groth*
Ol Büsum . . . . . . . . . . . . . 89

*Hermann Claudius*
Fieravend an'n Haven . . . . . . . 90

*Georg Willers*
Van dat Brotbacken in olen Tieten . 91

*Heinrich Diers*
Seggwiesen van't Brot . . . . . . . 93

*Heinrich Kunst*
De Holschenmaker . . . . . . . . 94

*Gunda Deepe*
As de Slachter noch bi us keem . . 96

ALLENS ÄNNERT SIK . . . . . 97

*Rudolf Kinau*
Autos un Bäum . . . . . . . . . 97

*Edmund Wilkens*
Dat ole Grammophon . . . . . . . 98

*Heinz Edzards*
Een Wäkenbook ut de Bisseler School van 1916/17 . . . . . . . . . . . . 100

*Werner Kuper*
In'n Durk . . . . . . . . . . . . 102

*Walter Helmerichs*
De lüttje Porg . . . . . . . . . . 104

*Erika Täuber*
De Padd . . . . . . . . . . . . . 105

*Friedrich Lange*
Een Barkenboom . . . . . . . . . 106

*Gudrun Münster*
De Stadt . . . . . . . . . . . . . 107

*Günter Kühn*
De Stä . . . . . . . . . . . . . . 107
Langwieligen Kraam . . . . . . . 109

*Thora Thyselius*
Butendieks . . . . . . . . . . . . 111

*Hermann Pöpken*
Na us . . . . . . . . . . . . . . 113

SNACKEN UN VERSTAHN . . 114

*Hans Heinrich Rottgardt*
De Knecht un de Afkaat . . . . . 114

*Karl Bunje*
Runkelröbensaat . . . . . . . . . 116

*Edmund Wilkens*
Ferien up'n Buurnhoff . . . . . . . 118

*Erhard Brüchert*
De Zauberböön . . . . . . . . . . 119

*Annedore Christians*
De Lääsrott . . . . . . . . . . . . . . 122
Ankamen . . . . . . . . . . . . . . . 123

IK UN DE ANNERN . . . . . . 125

*Erhard Brüchert*
Vadder-un-Kind-Turnen . . . . . 125

*Tilly Trott-Thoben*
Een Stäe achtern Ladendisch . . . 128

*Ingeborg Gurr-Sörensen*
Nich to glöben . . . . . . . . . . . 130

*Günter Harte*
En annern Weg . . . . . . . . . . . 131

*Walter A. Kreye*
Navers . . . . . . . . . . . . . . . . 133

*Traute Brüggebors*
Stadt . . . . . . . . . . . . . . . . . 134

*Frieda Daniel*
Dat Kinnergraff . . . . . . . . . . 134

*Greta Schoon*
To nachtslapen Tiet . . . . . . . . 135
Man wi sai'n Disels . . . . . . . . 135

*Meta Grube*
Toschulden? . . . . . . . . . . . . 136

*Arthur Alber*
De leßde Breef . . . . . . . . . . . 138

*Thora Thyselius*
Jaagt . . . . . . . . . . . . . . . . . 139

*Hinrich Kruse*
Peter Heek sien Heimat . . . . . . 141

*Maria Hartmann*
De Hülp . . . . . . . . . . . . . . 144

*Elly Wübbeler*
Ik schäit de daut . . . . . . . . . . 146

*Heinz von der Wall*
De Trummel . . . . . . . . . . . . 147

*Hein Bredendiek*
„Umleitung!" . . . . . . . . . . . . 151

*Gerd Spiekermann*
Ole Frünnen . . . . . . . . . . . . 152

WI UN DAT LÄBEN . . . . . . 155

*Wilhelmine Siefkes*
Darhen . . . . . . . . . . . . . . . 155

*Heinrich Diers*
De Plöger up'n Wendacker . . . . 155

*Traute Brüggebors*
Dat Lachen . . . . . . . . . . . . . 157

*Elly Wübbeler*
Nix os Spoß . . . . . . . . . . . . 158

*Heinrich Diers*
Gammel . . . . . . . . . . . . . . 159

*Alma Rogge*
Ol' Hinnerk . . . . . . . . . . . . 161

*Hans Heitmann*
Dor baben . . . . . . . . . . . . . 163

*Editha Molitor*
De Breef . . . . . . . . . . . . . . 163

*Hans Hansen Palmus*
Adventstiet . . . . . . . . . . . . . 164

*Hermann Pöpken*
Na Guntsiet . . . . . . . . . . . . 164

EEN HÖRSPILL . . . . . . . . . 165

*Erhard Brüchert*
De Kwami-Skandaal . . . . . . . 165

WI SPÄÄLT THEATER . . . . . 175

*Erich Haferkamp*
So'n Sleef van Jung? . . . . . . . . 175

*Erhard Brüchert*
Schoolarbeiden . . . . . . . . . . . 176

*Erich Haferkamp*
De Hauwieker Peerdeef . . . . . 178
Probe von Originaltext und plattdeutscher Nachdichtung . . . . . . 188

*Heinz Edzards*
Monarchensilvester . . . . . . . . 188

*Carl Orff*
De Wiehnachtsgeschicht . . . . . . 198

WI DANZT UN SINGT . . . . . 205

De twee Königskinner . . . . . . 206
Dat du mien Leewsten büst . . . . 206

Min Jehann . . . . . . . . . . . . . . 207
Öwer de stillen Straten . . . . . . 207
O Dannenboom . . . . . . . . . 208
Abendfreden . . . . . . . . . . . 208
Gode Nacht . . . . . . . . . . . 209
Wer Dag för Dag . . . . . . . . . 209
Jan Hinnerk wahnt . . . . . . . . 209
Trina, kumm mal vör de Döör . . 210
Vetter Michel . . . . . . . . . . . 211
Moder Wittsch . . . . . . . . . . 212
Sünnros . . . . . . . . . . . . . . . 212
Wullt'n Nach'mütz hebb'n? . . . . 214

PLATT UN NABERSPRAAK . . 215

*Gesine Lechte-Siemer*
Fieräiwend . . . . . . . . . . . . 215

*Heinz Edzards*
Fierabend . . . . . . . . . . . . . 215

*Gesine Lechte-Siemer*
Kum ien . . . . . . . . . . . . . . 216

*Heinz Edzards*
Kumm rin . . . . . . . . . . . . . 216

*Henry Wadsworth Longfellow*
The Rainy Day . . . . . . . . . . 217

*Heinz Edzards*
De Regendag . . . . . . . . . . . 217

*A.M.J. Deelman*
Snij . . . . . . . . . . . . . . . . . 218

*Erich Haferkamp*
Snee . . . . . . . . . . . . . . . . 218

*Johann Wolfgang von Goethe*
Der Osterspaziergang . . . . . . . 219

*Friedrich Hans Schaefer*
Osterspaziergang . . . . . . . . . 220

*Heinrich Diers*
He hett recht! . . . . . . . . . . . 221

*Marron C. Fort*
He hett recht! . . . . . . . . . . . 221
Hie häd gjucht! . . . . . . . . . . 222

WAT VAN US
PLATTDÜÜTSCH SPRAAK . . 223

Plattdüütsch Namen
köönt us vääl vertellen . . . . . . . 223

*Karl Fissen*
„Dwarß dör de
plattdütsche Sprak" . . . . . . . . 224

Dat mußt up plattdüütsch anners seggen as up hochdüütsch . . . . . . 225

Plattdüütsch Tweespänner . . . . . 226

Die gleiche Geschichte,
hoch- und plattdeutsch . . . . . . 227

*Walter Helmerichs*
De Franzosen un us
plattdüütsch Spraak . . . . . . . 229

PLATTDÜÜTSCH
IN NORDEUROPA . . . . . . . 230

VERFASSER- UND
QUELLENVERZEICHNIS . . . 234

NACHWORT . . . . . . . . . . 239

# Plattdüütsch rund um us to

Kannst disse Dörper up de Landkaart finnen?

Düwelshoop
Kreyenkamp
Kortebrügge
Heubült
Barghorn
Mansholt

So heet de Lü:
Duwenhorst
Grönewold
Möhlmann
Klockgeter
Schipper
Witthus

Horn = Winkel, Ecke; Köter = Kleinbauer; toplägen = zureichen, zur Hand gehen; Kusen = Backenzähne; Brink = Rasenplatz, Dorfplatz

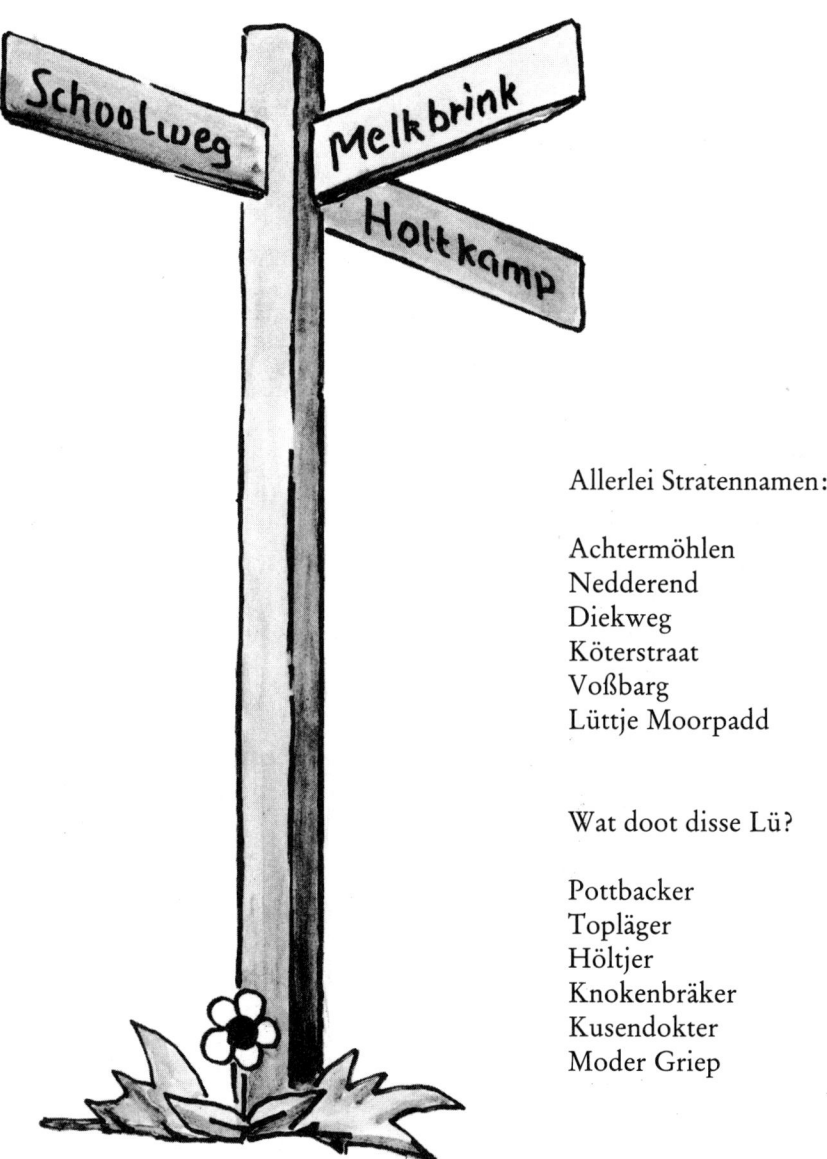

Allerlei Stratennamen:

Achtermöhlen
Nedderend
Diekweg
Köterstraat
Voßbarg
Lüttje Moorpadd

Wat doot disse Lü?

Pottbacker
Topläger
Höltjer
Knokenbräker
Kusendokter
Moder Griep

# Wat de Lü seggt

Wer sik nich to helpen weet, is nich wert, dat he in Verlegenheit kummt.
„Erste Not mutt stüürt werden", sä de Waschfro, do bött se den Waschtrog ünnern Kädel.
De Keerl, de dat Arbeiden utfunnen hett, de hett ja woll rein nix anners to doon hatt.
„Van't Arbeiten is noch nüms doot gahn", sä de Keerl, „awer ik wull ok nich geern de erste wäsen -."
Bi't Arben kann man sik woll üm teindusend Mark verdrägen un üm 'n ole Büx vertürnen.
Wat is dat verdreiht in disse Welt:
de een hett'n Büdel, de anner dat Geld.
Do wat du wullt, de Lü snackt doch!
Wenn de Muus satt is, smeckt dat Mehl bitter.
In Düstern sünd all Katten gries.
Unkruut vergeiht nich.
Stöhnen is halwe Arbeit.
Dat Ei will faken klöker wäsen as de Henn.
Wenn de Katt muust, denn maut se nich.
Ut Dannenholt kannst kien eeken Figur maken.
Wer goot smärt, de goot föhrt.
Äten un Drinken holt Liew un Seel tohoop.
Een Kreih kleit de anner kien Oog ut.
Is de Düwel erst inne Kark, sitt he ok bold up'n Altar.
De ruugsten Fahlen weert de schiersten Päärd.
Lever een uprechten stiefnackigen Dickkopp as'n duuknackigen labbrigen Nickkopp.
De Gelehrten hefft ok mit de Fibel anfungen.
Wer eenmal in't swarde Book steiht, de kummt dar so licht nich woller ruut.

bött = verheizte; arben = erben; gries = grau; faken = oft; ruug = rauh, wild; labbrig = fade, weichlich

# Wat dat Volk un us Schrieverslü vertellt

## *Wat Grootmudder vertellt*

As ik noch so'n lüttjen Klebater weer, do vertell us Grootmudder us immer Geschichten, so in de Schummerstunn, wenn se bi't Spinnen nich recht mehr sehn kunn, un wenn't to'n Lichtanstäken noch nich düster noog weer. Denn seet se up är'n Lehnstohl bi'n Kachelaben, un wi Göörn seten un huken rund bi är um un höörn so nipp to as de Müüs. Buten jaag de Wind mit den Snee herum un strei em gegen de Nuten, awer wi seten jo in us warme Nest. In'n Aben buller dat Füür, un in't Rohr legen de braadten Appeln, de roken immer so schöön. Un mennichmal, wenn die Geschicht recht so grölich weer, denn baaß dar mit'n Mal so'n ol'n Appel. Denn verfehrn wi us, un naher mussen wi dar jo över lachen.
Un wat weer'n dat for schöne Geschichten, de Grootmudder us vertell. Van'n Foß un Wulf vertell se, wo de Foß den ol'n dummen Wulf immer anföhrt hett, un van 'n dummen Hans, de immer vääl klöker wäsen is as sien kloken Bröder, un van den lüttjen plietschen Hans Dünk, de in de ol Koh säten hett un hett är all bang maakt bi'n Melken. All so'n Geschichten weern dat. Un wenn 'n Geschicht ut weer, denn bädeln wi immer: Grootmudder, noch een! Man to, beste Grootmudder! Man bloots noch een! Awer recht lang! Un wi holln jo nich eder up to quääln, as bit se wat anfung. O, wo weer dat schöön! Wenn ik dar so an denk, denn much ik woll noch mal wedder Kind wäsen.
Jahrenlang harr ik knapp mal wedder an de ol'n Geschichten dacht, do wull ik mien Kinner dar mal een van vertelln. Dat weer'n Geschicht van'n Prester un'n Köster, so'n bäten schruterig, de harrn wi as Kind immer so geern höörn mucht. Ik meen jo recht, ik wuß är noch. Awer as dat Vertelln losgahn schull, ja woll - do kunn ik är nich mehr up'e Reeg kriegen. Ik denk: Dat is doch rein to dull! So'n schöön Geschicht! Awer se schall dar wedder ran, un wenn ok . . .!
Nu gung mi dat so, as dumm Hans dat gung, de den Vagel Fenus soch. Ik froog hier un froog dar, awer nä, kien Minsch kunn mi de Geschicht vertelln. Wecke kunnen sik dat woll noch besinnen, dat se är as Kind mal vertelln höört harrn, awer behooln harrn se dar immer noch weniger van as ik.
Do kreeg ik mal to höörn, in Griewel (Griebel) - dat is so'n lüttjet Dörp twüschen Eutin un Neestadt, dat liggt so'n bäten van de Welt af - dar schull'n ol Fro wahnen, de schull so'n Geschichten wäten.
Ik hen na Griewel.
As ik bi Mudder Slör'n (Frau Schlör) ankeem - dat weer'n ol fründlich Fro hoch in de seßtig, de harrn legen Foot un muß bi'n Stock gahn -, do gung mi dat meist so, as Saul dat gung, de sinen Vadder sien Eseltöten soch un fund'n Königriek.

De Geschicht, wo ik na soch, de wuß Mudder Slör'n ok nich. Darvor wuß se awer so vääl anner schöne Geschichten - dar weer dat Enn'n van weg. Wenn ik'n Grapen vull Spätschendalers in de Eer funnden harr, ik glööv, ik harr mi nich duller freut.

Darmit kreeg de Saak mit'n Maal 'n ganz anner Gesicht. Nu laat den Prester un Köster man erst reisen, dach ik, de Geschicht droppst du woll anners noch wedder - un ik heff är richtig noch upstaakt mit de Tiet - gah nu man eerst bi un bring Mudder Slör'n är Geschichten in'n Drögen. Un do heff ik mi är Geschichten all so bilüttjen vertelln laten un heff är denn immer upschräben.

As ik de Olsch bankerott harr toletzt, do denk ik: Wenn dat een ol Fro gifft, de noch so'n Geschichten weet, denn gifft dat ok noch mehr so'n. Schaßt doch mal ornlik rein nasöken. Un do heff ik mi hier umhöört, bin hier hen gahn un dar hen gahn, un do heff ik - ja, wat meent Ji woll, Kinner - do heff ik noch so vääl Lü drapen, de Geschichten vertelln kunnen: wenn se mal all tohoop kemen, se gungen gar nicht all in de Stuuv - so vääl. Un Mannslü - ja so vääl as Froonslü. De meisten weern al to Jahrn, so in de seßtig, söbentig, dree harrn de achtzig al faat, wecke weern awer ok noch junger. Un all de Geschichten, de se wussen, de hebbt se mi vertellt, un ik heff är denn immer foorts daal schräben. Un up de Art heff ik so bilüttjen so vääl Geschichten up'n Dutt krägen: ik kunn Jo woll den ganzen Winter wecke vertelln, jeden Abend 'n frische.

As ik mien Geschichten so'n bäten trecht stott harr un harr är 'n bäten rein Tüüg antrocken - mien Grootmudder är Geschichten, de ik mi noch besinnen kunn, harr ik wieldes ok to Papier brocht -, do denk ik: Ja wat nu? Schaßt är nu so henleggen? Denn hett dar wieter nums Goots van as du alleen. Dar kunn jo'n Book van maakt weern. Dat gifft jo so vääl leve Kinner, de so'n Geschichten geern läsen möögt - un groote Lü mennigmal ok -, denn kunnen de sik dar ok jo mit an freun.

Un do heff ik dar 'n seßtig Stück van hen na Hamborg un Kiel schickt - dar wahnen so 'n Herrn, de dar up hoolt, dat de Kinner gode Böker inne Hannen kriegt -, un de hebbt dar erst mal'n Stücker twintig Geschichten van utsocht. Un de se utsocht hebbt, dar heff ik nu'n hübsch Book van maken laten, mit schöne Biller in. Un nu hebbt Ji da Book to Wiehnachten krägen. Ji köönt woll lachen.

Seht nu man to, Kinner, dat Ji dat Book bald döör kriegt. Wenn Ji Jo goot schickt, denn gifft dat, so Gott will, to tokum Wiehnachten al wedder 'n frisch. Denn köönt Ji dar wedder bi anfangen.

Wiehnachten 1903                                                          Wilhelm Wisser

---

Schummerstunn = Dämmerstunde; nipp = genau; Aben = Ofen; roken = rochen; mennichmal = oft; baaß = platzte; verfehrn = erschraken; plietsch = pfiffig; eder = eher; schruterig = schaurig; up'e Reeg kriegen = den Zusammenhang herstellen; legen Foot = kranken Fuß; Eseltöten = Eselstute; Grapen = (eiserner) Kochtopf, große Schüssel; Spätschendaler = Münze im Wert von eineinhalb Talern; droppst = triffst; upstaakt = hier: aufgespießt, aufgegriffen; in'n Drögen bringen = hier: festhalten, sicherstellen; al faat = hier: schon erreicht; foorts = sofort; daal schräben = niedergeschrieben; up'n Dutt = auf einen Haufen; trecht stott = hier: umgeschrieben; tokum Wiehnachten = nächstes Weihnachtsfest

## *De Tuunkrüper*

De Tuunkrüper hett sien Nest in't Wagenschur harrt.
Nu sind de Olen beid mal utflagen west - se hebbt för är Jungen wat to leben halen wullt un hebbt de Lütten ganz alleen laten.

Na'n Tietlang kummt de Ol wedder to Hus.

„Wat's hier passeert?" seggt he. „Wer hett jo wat daan, Kinner? Ji sind ja ganz verschüchtert."

„Och, Vadder", seggt se, „hier keem eben so'n groten Bumann vorbi - hu, wo seeg he bös un schruterig ut! - de glup mit sien groten Ogen na us Nest herin. Dar hebbt wi us vor verfehrt."

„So", seggt de Ol, „wor is he denn afbläben?"
„Ja", seggt se, „he is dar herünner gahn."

„Tööv!" seggt de Ol, den will ik na - west ji man still, Kinner -, den will ik kriegen."
Darmit flücht he ja na.

As he um de Eck kummt, do is de Löw dat, de geiht dar langs.

De Tuunkrüper is awer nich verfroren. He sett sik up den Löwen sienen Rüch hen un fangt'n Schellen an. „Wat hest du bi mien Hus to doon", seggt he, „un mien lütten Kinner to verfehrn?"

De Löw kehrt sik dar gar nich an un geiht sienen Gang.

Do ward he noch duller schimpen, de Tuunkrüper. „Du hest dar gar nix verlaren, will ik di man seggen! Un kummst du wedder", seggt he, „denn schaßt man mal sehn! Ik mag't man nich doon", seggt he, - un darmit bört he sien een Been in Enn - „sünst pedd ik di foorts den Rüch in!"

Darup flücht he wedder trüch na sien Nest hen.

„So, Kinner", seggt he, „den heff ik dat aflehrt, de kummt nich wedder."

Wilhelm Wisser

Tuunkrüper = Zaunkönig; Wagenschur = Wagenverschlag; schruterig = schaurig, schrecklich; glup = glotzte; verfehrt = erschrocken; tööv = warte; verfroren = ängstlich; bört = hebt; in Enn = in die Höhe; foorts = sofort

# Hans un de Preester

Dar is mal 'n Preester west, de hett sik dree Knechten hooln. De een, dat is so'n dörneihten west, de hett Hans heten.
Nu hett he'n Wisch harrt, de Preester, dar schöölt se mal een'n Morgen hen to meihn. De Wisch is awer'n arig Flach van'n Dörp af west, un do kriegt se glieks so vääl to leben mit, dat se för'n ganzen Dag wat hebbt.
As se dar nu kaamt in de Wisch, do seggt Hans: „O, willt man erst'n Ogenblick liggen gahn."
Na, se leggt sik hen un slaapt erst'n Stoot.
As se wedder upwaakt sind, do seggt Hans: „Meihn köönt wi den ganzen Dag ja noch: willt man erst'n beten Fröhstück eten."
„Ja", seggt de annern beiden, „dat köönt wi ja."
Do eet se ja Fröhstück, un dat smeckt är so schön, un do eet se glieks är'n ganzen Brotbüdel leddig.
Nu hebbt se sik ja so vull packt harrt, un warm is dat ok west, do seggt se een to'n annern: „O, willt man noch'n Ogenblick liggen blieben. Un daröver slaapt se wedder to, un slaapt so lang, bit de Sünn al meist unnergahn will.
Do waakt se up.
„Düvel ja", seggt de annern beiden, „wat nu? Dat's ja Fierabend, un wi hebbt ja noch kien Hau daan! Wat schall de Herr seggen, wenn de morgen froh mennichmal kummt un will sehn, wo wiet as wi sind?" „O", seggt Hans, „dar laat mi man för sorgen. Maakt man to, dat wi hen to Hus kaamt."
Darmit staht se ja up un gaht los.
As se ut de Wisch sind, do kaamt se över'n Dreschkoppel, wor Päär un Keuh up gaht.
„So", seggt Hans, „nu willt wi usen Brotbüdel vull Schellbieters un Schallkatten sammeln. Un wenn dar'n paar Päärfiegen un Sünnbackskoken mank kaamt, is't ok kien Malöör."
Nu sammelt se den Brotbüdel ja vull.
As se to Hus kaamt, „na, Hans", seggt de Preester, „wo wiet sind ji?" „Ja, us Herr", seggt Hans, „de Wisch hebbt wi af."
„Süh, dat's ja schön, Hans", seggt de Preester. „Denn sind ji ja heel fliedig west. - Wat hest dar in'n Büdel? Hebbt ji jo Brot gar nich upkrägen?"
„Ja", seggt Hans, „dar hebbt wi'n Immenswarm in. As wi bi to meihn weern, do keem dar'n Swarm anflagen; den hebbt wi infaat. Un nu dachen wi, wenn de Herr us dar'n paar Schilling för geben wull, denn kunn de Herr em kriegen."
„Ja, ne", seggt de Preester, „geben do ik jo dar nix för. Wat ji in mien Deensten kriegen doot, dat kummt mi bi."
„Ja", seggt Hans, „wenn de Herr so is - wi hebbt us so suur daan bi't Meihn! -

un will us dar gar nix för geben, denn wull ik, dat de Immen to luter Schellbieters un Schallkatten weern, mit Päärfiegen un Sünnbackskoken mank, un dat de ganz Wisch wedder upstunn!"

Annern Morgen, do will de Preester de Immen ja in'n Rump kriegen. Awer as he den Büdel apen maakt, do sind dar luter Schellbieters un Schallkatten in.

Do seggt he to Hans, he schall em den Voß mal saddeln.

Hans saddelt em den Voß, un do ritt de Preester hen na de Wisch. Do is des Dösters de ganz Wisch wedder upstahn bit up'n lütten Placken, un dar kummt das Gras ok al wedder in Enn.

Do ritt he wedder to Hus, de Preester, un do seggt he to Hans: „Hier sind dree Daler, Hans, awer denn maakst mi so'n Töög ok nich wedder. -"

Wilhelm Wisser

dörneiht = durchtrieben; Wisch = Wiese; arig Flach = hier: eine erhebliche Strecke; 'n Stoot = hier: eine Zeitlang; leddig = leer; mennichmal = oft; Dreschkoppel = Weideland; Schellbieters un Schallkatten = Mistkäfer; Päärfiegen und Sünnbackskoken = Pferdeäpfel und Kuhfladen; mank = zwischen; Malöör = Unglück; Immenswarm = Bienenschwarm; Rump = hier: Bienenkorb; Voß = hier: Pferd; Döster = Teufel; Placken = Flecken, Platz, Stelle; in Enn = in die Höhe; Töög = hier: Streich, Dummheit

## *Foß un Höhner*

De Foß streek üm't Burnhus. Do fluttern de Höhner up't Dack van ehrn Stall.
„Och ji leewen Höhner, kamt doch herünner", reep de Foß, „hebbt ji denn noch nich hört, dat Fräden wäsen schall in de ganze Welt? Ji brükt nich mehr bang wäsen!" -
„Denn lat du di man erst mal dien Tähnen uttrecken!" kakeln de Hennen.
Do keem de Jagdhund üm de Eck. De Foß nehm den Steert twüschen de Been'n un neih dr ut.
„Bliew doch hier", kreih de Hahn, „is doch Fräden in de Welt!" - „Ick bün leewer vörsichtig", meen de Foß, „kunn ja wäsen, dat de Hund dr noch nix van weet..."

Plattdüütsch: Erich Haferkamp

fluttern = flattern; Steert = Schwanz; neih... ut = nahm Reißaus

## De Kraan un de Wulf

De Wulf harr is een Schaap so gierig upfräten, dat em een Been verdwaß in'n Hals stäken bleev. Do kreeg he't bannig mit de Angst to doon, un he sä, he wull den goden Lohn gäwen, de em hulp.
Do keem de Kraan un stoot sien langen Snabel in den Slund van'n Wulf un trock dat Been rut. Man as he den verspraken Lohn fodder, do sä de Wulf: „Wullt du noch wat dr för hebben? Bedank di bi'n Heergott, dat ik di nich den Hals afbäten heff. Du schußt mi danken, dat du lebennig ut mien Halslock rutkamen büst!" Wer de Lüe in'e Welt wat Goots doon will, de mutt dr mit räken, dat he Undank verdeent. De Welt lohnt nich anners as mit Undank, so as'n seggt: „Wer enen van'n Galgen haalt, den hölpt de anner sülben geern dr an."

Plattdüütsch: Heinz Edzards

Kraan = Kranich; verdwaß = quer; stott = stieß

## Von dem Fischer un syner Fru

Dar wöör maal eens een Fischer un syne Fru, de waanden tosamen in'n Pißputt, dicht an der See, un de Fischer güng alle Dage hen un angeld - und he angeld und angeld!
So seet he ook eens by de Angel un seeg jümmer in dat blanke Water henin - un he seet un seet!
Do güng de Angel to Grund, deep ünner, un as he se heruphaald, so haald he eenen grooten Butt heruut - do säd de Butt to em: „Hör maal, Fischer, ik bidd dy, laat my lewen, ik bün keen rechten Butt, ik bün 'n verwünschten Prins; wat helpt dy dat, dat du my doot maakst? Ik würr dy doch nich recht smecken, sett my wedder in dat Water, un laat my swemmen." - „Nu", säd de Mann, „du bruukst nich so veel Wöörd to maken, eenen Butt, de spreken kann, hadd ik doch wol swemmen laten." Mit des sett't he em wedder in dat blanke Water, do güng de Butt to Grund un leet eenen langen Strypen Bloot achter sik. Do stünn de Fischer up un güng na syne Fru in'n Pißputt.
„Mann", säd de Fru, „hest du hüüt niks fungen?" - „Ne", säd de Mann, „ik füng eenen Butt, de säd, he wör een verwünschten Prins, do hebb ik em wedder swem-

men laten." - „Hest du dy denn niks wünschd?" säd de Fru. „Ne", säd de Mann, „wat schull ik my wünschen?" - „Ach?" säd de Fru, „dat ist doch äwel, hyr man jümmer in 'n Pißputt to waanen, dat stinkt un is so eeklig, du haddst uns doch eene lüttje Hütt wünschen kunnt. Ga noch hen un roop em; segg em, wy willt 'n lüttje Hütt hebben, he dait dat gewiß." - „Ach", säd de Mann, „wat schull ik door noch hengaan?" - „Ja", säd de Fru, „du haddst em doch fungen un hest em wedder swemmen laten, de dait dat gewiß. Ga glyk hen!" - De Mann wull noch nich recht, wull awerst syn Fru ook nich toweddern syn un güng hen na der See. As he door köhm, wäär de See ganß gröön un geel un goor nich meer so blank; so güng he staan un säd:

>Manntje! Manntje! Timpe Te!
>Buttje! Buttje in der See!
>Myne Fru, de Ilsebill,
>Will nich so, as ik wol will.

Do köhm de Butt answemmen un säd: „Na, wat will se denn?" - „Ach", säd de Mann, „ik hebb dy doch fungen hatt, nu säd myn Fru, ik hadd my doch wat wünschen schullt - se mag nich meer in 'n Pißputt waanen, se wull geern 'ne Hütt." - „Ga man hen", säd de Butt, „se hett se all."

Da güng de Mann hen, un syne Fru seet nich meer in 'n Pißputt, dar stünn awerst eene lüttje Hütt, un syne Fru seet vör de Döhr up eene Bänk; do nöhm syne Fru em by de Hand un säd to em: „Kumm man herin, süh, nu is dat doch veel beter!" - Do güngen se henin, un in de Hütt was een lüttjen Vörplatz un eene lüttje herrliche Stuw un Kamer, wo jem eer Bedd stünn, un Kääk un Spysekamer, allens up dat beste, mit Gerädschoppen, un up dat schönnste upgefleyt, Tinntüüg un Mischen, wat sik darin höört - un achter was ook een lüttjen Hof mit Hönern un Aanten, un een lüttjen Goorn mit Gronigkeiten un Aaft. „Süh", säd de Fru, „is dat nich nett?" - „Ja", säd de Mann, „so schallt blywen, nu willt wy recht vergnöögt lewen!" - „Dat willt wy uns bedenken!" säd de Fru. Mit des eeten se wat un güngen to Bedd.

So güng dat wol 'n acht oder veertain Dag, do säd de Fru: „Hör, Mann, de Hütt is ook goor to eng, un de Hof un Goorn so kleen: de Butt hadd uns ook woll een grötter Huus schenken kunnt, ik much woll in eenem groten stenern Slott waanen; ga hen tom Butt, he schall uns een Slott schenken." - „Ach, Fru", säd de Mann, „de Hütt is ja god noog, wat willt wy in 'n Slott waanen!" - „I wat!" säd de Fru, „ga du man hen, de Butt kann dat jümmer doon." - „Ne, Fru", säd de Mann, „de Butt hett uns eerst de Hütt gewen, ik mag nu nich all wedder kamen, den Butt muchd et vördreten." - „Ga doch", säd de Fru, „he kann dat recht good un dait dat geern, ga du man hen!" - Dem Mann wöör syn Hart so swoor, un wull nich, he säd by sik sülwen: „Dat is nich recht", he güng awerst doch hen.

As he an de See köhm, wöör dat Water ganß vigelett un dunkelblau un grau un dick un goor nich meer so gröön un geel, doch wöört noch still; do güng he staan un säd:

Manntje! Manntje! Timpe Te!
Buttje! Buttje in der See!
Myne Fru, de Ilsebill,
Will nich so, as ik wol will.

„Na, wat will se denn?" säd de Butt. - „Ach", säd de Mann halv bedrööft, „se will in'n groot stenern Slott waanen." - „Ga man hen, se stait vör de Döhr", säd de Butt.
Do güng de Man hen und dachd, he wull na Huus gaan, as he awerst daar köhm,

so stünn door 'n groten stenern Pallast, un syn Fru stünn ewen up de Trepp un wull henin gaan; do nöhm se em by de Hand un säd: „Kumm man herin!" Mit des güng he mit ehr henin, un in dem Slott wöör eene grote Dehl mit marmelstenern Asters, un dar wören so veel Bedeenters, de reten de groten Döhren up, un de Wende wören all blank un mit schöne Tapeten, un in de Zimmers luter gollne Stöhl un Dischen, un kristallen Kroonlüchters hüngen an dem Bähn, und so wöör dat in all de Stuwen un Kamers mit Footdeken, un dat Äten un de allerbeste Wyn stünn up den Dischen, as wenn se breken wullen; un achter dem Huse wöör ook 'n groten Hof mit Peerd- und Kohstell, un Kutschwagens up dat allerbeste, ook was door een groten herrlichen Goorn mit de schönnsten Blomen un fyne Aaftbömer, un een Lustholt wol 'ne halwe Myl lang, door wören Hirschen un Reh un Hasen drin un allens, wat man sik jümmer wünschen mag. - „Na", säd de Fru, „is dat nu nich schön?" - „Ach ja", säd de Mann, „so schallt ook blywen, nu willt wy ook in dat schöne Slott waanen un willt tofreden syn." - „Dat willt wy uns bedenken", säd de Fru, „un willt beslapen." Mit des güngen se to Bedd.

Den annern Morgen waakd de Fru toeerst up, dat was jüst Dag, un seeg uut jem ehr Beed dat heerliche Land vör sik liggen - de Mann reckd sik noch, do stödd se em mit dem Ellbagen in de Syd un säd: „Mann, sta up un kyk mal uut dem Fenster - süh, kunnen wy nich König warden äwer all düt Land? - Ga hen tom Butt, wy willt König syn!" - „Ach Fru", säd de Mann, „wat willt wy König syn? Ik mag nich König syn." - „Na", säd de Fru, „wult du nich König syn, so will ik König syn; ga hen tom Butt, ik will König syn." - „Ach, Fru", säd de Mann, „wat wullst du König syn? Dat mag ik em nich seggen." - „Worüm nich?" säd de Fru, „ga straks hen, ik mutt König syn." Do güng de Mann hen un wöör ganß bedrööft, dat syne Fru König warden wull; „dat is nich recht un is nich recht", dachd de Mann; he wull nich hengaan, güng awerst doch hen.

Un as he an de See köhm, do wöör de See ganß swartgrau un swart un dick, un dat Water geerd so von ünnen up un stünk ook ganß fuul. Do güng he staan un säd:

>Manntje! Manntje! Timpe Te!
>Buttje! Buttje in der See!
>Myne Fru, de Ilsebill,
>Will nich so, as ik wol will.

„Na, wat will se denn?" säd de Butt. - „Ach", säd de Mann, „se will König warden." - „Ga man hen, se is't all", säd de Butt.

Do güng de Mann hen, un as he na dem Pallast köhm, so wöör dat Slott veel grötter worren, mit eenem groten Toorn un herrlyken Zyraat doran, un de Schildwacht stünn vör de Döhr, un dar wören so väle Soldaten un Pauken un Trumpeten; un as he in dat Huus köhm, so wöör allens von purem Marmelsteen mit Gold, un sammtne Deken un grote gollne Quasten; do güngen de Döhren von dem Saal up, door de ganße Hofstaat wöör, un syne Fru seet up eenem hogen Troon von Gold un Demant un hadd eene grote gollne Kroon up un den Zepter in der Hand von purem Gold un Edelsteen, un up beyden Syden by ehr stünnen sos Jumfern in ene Reeg, jümmer ene enen Kopps lüttjer as de annere. Do güng he staan un säd: „Ach, Fru, büst du nu König?" - „Ja", säd de Fru, „nu bün ik König." - Do stünn he un seeg se an, un as he se do een Flach so ansehn hadd, säd he: „Ach, Fru! Wat lett dat schöön, wenn du König büst! Nun willt wy ook niks meer wünschen." - „Ne, Mann", säd de Fru un wöör ganß unruhig, „my waart de Tyd un Wyl all lang, ik kann dat nich meer uuthollen, ga hen tom Butt, König bün ik, nu mutt ik ok Kaiser warden!" - „Ach, Fru", säd de Mann, „wat wullst du Kaiser warden?" - „Mann", säd se, „ga tom Butt, ik will Kaiser syn." - „Ach, Fru", säd de Mann, „Kaiser kann he nich maken, ik mag dem Butt dat nich seggen; Kaiser is man eenmal im Reich, Kaiser kann de Butt jo nich maken, dat kann un kann he nich." - „Wat?", säd de Fru, „ik bün König, un du büst man myn Mann, wullt du glyk hengaan? Glyk ga hen, kann he König maken, kann he ook Kaiser maken, ik will Kaiser syn, glyk ga hen!" Do mußd he hengaan. Do de Mann awer hengüng, wöör em ganß bang, un as he so güng, dachd he by sik: „Düt gait un gait nich good, Kaiser is to uutvörschaamt, de Butt ward am Ende möd."

Mit des köhm he an de See, do wöör de See noch ganß swart un dick un füng all so von ünnen up to geeren, dat et so Blasen smeet, un et güng so een Keekwind äwer hen, dat et sik so köhrd - un den Mann wurr groen; do güng he staan und säd:

> Manntje! Manntje! Timpe Te!
> Buttje! Buttje in der See!
> Myne Fru, de Ilsebill,
> Will nich so, as ik wol will.

„Na, wat will se denn?" säd de Butt. - „Ach, Butt", säd he, „myn Fru will Kaiser warden." - „Ga man hen", säd de Butt, „se is't all."

Do güng de Mann hen, un as he door köhm, so wöör dat ganße Slott von poleertem Marmelsteen mit albasternen Figuren un gollnen Zyraten; vör de Döhr marscheerden de Soldaten, un se blösen Trumpeten un slögen Pauken un Trummeln; awerst in dem Huse da güngen de Baronen un Grawen un Herzogen man so as Bedeenters herüm, do maakden se em de Döhre up, de von luter Gold wören - un as he herinköhm, door seet syne Fru up eenem Troon, de wöör von een Stück Gold un wöör wol twe Myl hoog, un hadd eene groote gollne Kroon up, de wöör dre Elen hoog un mit Briljanten un Karfunkelsteen besett't, in de ene Hand hadde se den Zepter un in de annere Hand den Reichsappel, un up beyden Syden by ehr door stünnen de Trabanten so in twe Regen, jümmer een lüttjer as de annere, von dem allergröttsten Rysen, de wöör twe Myl hoog, bet to dem allerlüttjsten Dwaark, de wöör man so groot as myn lüttje Finger. Un vör ehr stünnen so vele Fürsten un Herzogen, door güng de Mann tüschen staan un säd: „Fru, büst du nu Kaiser?" - „Ja", säd se, „ik bün Kaiser." Do güng he staan un beseeg se sik so recht, un as he se so'n Flach ansehn hadd, so säd he: „Ach Fru, wat lett dat schöön, wenn du Kaiser büst!" - „Mann", säd se, „wat staist du door? Ik bün nu Kaiser, nu will ik awerst ook Paabst warden, ga hen tom Butt." - „Ach, Fru!" säd de Mann, „wat wullst du man nich? Paabst kannst du nich warden, Paabst is man eenmal in der Christenhait, dat kann he doch nich maken." - „Mann", säd se, „ik will Paabst warden, ga glyk hen, ik mutt hüüt noch Paabst warden." - „Ne, Fru", säd de Mann, „dat mag ik em nich seggen, dat gait nich good, da is to groff, tom Paabst kann de Butt nich maken." - „Mann, wat Snak!" säd de Fru, „kann he Kaiser maken, kann he ook Paabst maken. Ga foorts hen, ik bün Kaiser, un du büst man myn Mann, wult du wol hengaan?" - Do wurr he bang un güng hen, em wöör awerst ganß flau, un zitterd un beewd, un de Knee un de Waden slakkerden em; un dar streek so'n Wind äwer dat Land, un de Wolken flögen, as dat düster wurr gegen Awend, de Bläder waiden von den Bömern, un dat Water güng un bruusd, as kaakd dat, un platschd an dat Äwer, un von feern seeg he de Schepen, de schöten in der Noot un danßden un sprüngen up den Bülgen; doch wöör de Himmel noch so'n bitten blau in de Midd, awerst an den Syden door toog dat so recht rood up as een swohr Gewitter. Do güng he recht vörzufft staan in de Angst un säd:

      Manntje! Manntje! Timpe Te!
      Buttje! Buttje in der See!
      Myne Fru, de Ilsebill,
      Will nich so, as ik wol will.

„Na, wat will se denn?" säd de Butt. - „Ach", säd de Mann, „se will - Paabst warden." - „Ga man hen, se is't all", säd de Butt.
Do güng he hen, un as he door köhm, so wöör dar as een groote Kirch mit luter Pallastens ümgewen. Door drängd he sik dorch dat Volk, inwendig was awer allens mit dausend un dausend Lichtern erleuchtet, un syne Fru wöör in luter Gold gekledet un seet noch up eenem veel högeren Troon, un hadde dre groote gollne Kronen up, un üm ehr dar wöör so veel von geistlykem Staat, un up beyden Syden by ehr door stünnen twe Regen Lichter, dat gröttste so dick un groot as de allergröttste Toorn, bet to dem allerkleensten Käkenlicht; un alle de Kaisers un de Königen de legen vör ehr up de Knee un küßden ehr den Tüffel. - „Fru", säd de Mann und seeg se so recht an, „büst du nu Paabst?" - „Ja", säd se, „ik bün Paabst." -
Da güng he staan un seeg se recht an, un dat wöör as wenn he in de hell Sunn seeg; as he se do een Flach ansehn hadd, so segt he: „Ach, Fru! Wat lett dat schöön, wenn du Paabst büst!" - Se seet awerst ganß styf as en Boom, un rüppeld un röhrd sik nich, do säd he: „Fru, nu sy tofreden, nu du Paabst büst, nu kannst du doch niks meer warden." - „Dat will ik my bedenken", säd de Fru; mit des güngen se byde to Bedd, awerst se wöör nich tofreden, un de Girighait leet se nich slapen, se dachd jümmer, wat se noch warden wull.
De Mann sleep recht good un fast, he hadd den Dag veel lopen, de Fru awerst kunn gor nich inslapen un smeet sik von een Syd to der annern de ganße Nacht

un dachd man jümmer, wat se noch wol warden kunn, un kunn sik doch up niks meer besinnen. - Mit des wull de Sünn upgaan, un as se dat Morgenrood seeg, richt'd se sik äwer End im Bedd un seeg door henin, un as se uut dem Fenster de Sünn so herupkamen seeg - „Ha!" dachd se, „kunn ik nich ook de Sünn un de Maan upgaan laten?" - „Mann", säd se un stödd em mit dem Ellbagen in de Ribben, „waak up, ga hen tom Butt, ik will warden as de lewe Gott!" - De Mann was noch meist in'n Slaap, awerst he vörschrock sik so, dat he uut dem Beed füll. He meend, he hadd sik vörhöörd un reef sik de Ogen uut un säd: „Ach, Fru, wat säd'st du?" - „Mann", säd se, „wenn ik nich de Sünn un de Maan kann upgaan laten, un mutt dat so ansehn, dat de Sünn un de Maan upgaan, ik kann dat nich uuthollen un hebb kene geruhige Stünd meer, dat ik se nich sülwst kann upgaan laten" - do seeg se em so recht gräsig an, dat em so'n Schudder äwerleep - „glyk ga hen, ik will warden as de lewe Gott!" - „Ach, Fru", säd de Mann un füll vör ehr up de Knee, „dat kann de Butt nich. - Kaiser un Paabst kann he maken, ik bidd dy, sla in dy un blyf Paabst!" Do köhm se in de Booshait, de Hoor flögen ehr so wild üm den Kopp, do reet se sik dat Lyfken up un geef em eens mit dem Foot un schreed: „Ik holl dat nich uut un holl dat nich länger uut, wult du hengaan?" - Do slööpd he sik de Büxen an un leep wech as unsinnig.
Buten awer güng de Storm un bruusde, dat he kuum up den Föten staan kunn; de Hüser un de Bömer waiden üm un de Baarge beewden, un de Felsenstücken rullden in de See, un de Himmel wöör ganß pickswart, un dat dunnerd un blitzd, un de See güng in so hoge swarte Bülgen as Kirchentöörn un as Baarge, un de hadden bawen all ene witte Kroon von Schuum up. Do schre he, un kun syn egen Woord nich hören:

> Manntje! Manntje Timpe Te!
> Buttje! Buttje in der See!
> Myne Fru, de Ilsebill,
> Will nich so, as ik wol will.

„Na, wat will se denn?" säd de Butt. - „Ach!" säd he - - - „se will warden as de lewe Gott." - „Ga man hen, se sitt all wedder in'n Pißputt."
Door sitten se noch bet up hüüt un düssen Dag.

Philipp Otto Runge

toweddern = zuwider; upgeflet = geputzt; Mischen = Messing; Aaft = Obst; Slott = Schloß; vigelett= violett; bedrööft = betrübt, niedergeschlagen; Dehl = Diele; Asters = Fliesen; Bähn = Decke; stödd = stieß; geerd = bewegt sich hin und her, wühlt; Toorn = Turm; flach = eine Zeitlang; lett dat schöön = etwa: erweist sich das als schön; geeren = siehe: geerd; Keekwind = Windstoß; köhrd = drehte, strudelte; Dwaark = Zwerg; foorts = sofort, unverzüglich; slakkerden = schlotterten; Äwer = Ufer; schöten = hier etwa: reckten sich empor; Bülgen = Wellen; vörzufft = verzagt; Tüffel = Pantoffel; Schudder = Schauder; sla in di = etwa: bescheide dich; Lyfken = Leibkleid; slööpd he sik = streifte er sich über

# 'n sunnerbare Fründschupp

Peter kajükel mit sin rode Dreerad den Padd an'n Bahndamm hendaal. Eers vor dree Wäken weer he mit sin'n Vadder un Mudder in dat nee'e Huus hier buten intagen.
Bi jeden Pedd sloog em sin Gewäten 'n bäten wat luter. Mudder harr em verbaden, so wiet van Huus weg-to-föhrn.
Dar vorn keem 'n Straat van rechts ut'n Busch, dar wull he noch eben up loos.
Mit'n Maal schoot Peter in'n Dutt. Dar stund mit eens een vor em, de een dat Gruuln injagen kunn: - Up'n Kopp gnäter-swarte struvelige Haar - de Mantel, den he anharr, weer vääls to kort, de Ärmels gungen em bloots bit to de Fristen, un achter'n Ellbogen weer de recht Ärmel döörsläten. De griesen Jeans weern utfranst, un an de linke utleierte Holtsandaal weer de Remen mit Sackband flickt. Vor luter Wunnerwarken bleev Peter de Mund apenstahn. He vergeet dat Weglopen.
De grode Lulatsch gung wiß nich mehr na School. He maak den Mund apen. - Baben fehl em een Tähn, un de annern weern so grode Tuuschken at Kalvertähnen.
„Moin", sä dit Muul, „ik heet Alfred un wo heest du?" „Peter", keem't 'n bäten wat bangerhaftig herut. „Wo kummst du her?" „Dar gunnen, achtern Busch wahn ik. Ik bin up'n Padd na Huus, wullt du mit?" Peter dach scharp na. He wuß, dat he mit fromde Minschen nich mitgahn drüff, awer Alfred weer ja noch'n Jung, un neeschierig weer he ok, wo so een woll wahnen dee.
He gnaster mit sin Dreerad döör den Mullsand gegen Alfred an. „Süh, dar, dat is use Slott", sä Alfred mit eens un wies up'n Reeg gries-graue Baracken. „Dar wahnst du in?"
De Padd weer nu ganz vull Muttlocker, un Alfred muß Peter sin Dreerad drägen. „Kumm man dries rin, de Müüs biet nich. Obdachlosensiedlung nöömt 'm dat. Min Mudder liggt in't Krankenhuus, un so lang ik kien Lehrstä hebb, mööt ik mi sulbens hölpen."
Peter keek in all Ecken. Inne Midde van dat Huck stund 'n Disch mit twee Stöhl dar an, un baben up stund 'n halflosen Buddel. „Wat is in den Buddel?" wull Peter wäten. „Saftwater", sä Alfred un holl sik den Buddel vor'n Hals. Denn kreeg he sik 'n Stuck Holt ut'e Eck un fung an to snitzen. 'n Ruus weert still, denn froog Peter: „Wat schall dat weern?" „'n Schipp", sä Alfred. He legg dat Mess up'n Disch un froog Peter, of he is zaubern schull. Alfred kunn mit beide Ohrn wackeln un Peter 'n Mark ut'e Nääs tehn.
At dat anfung to schummern, melde Peter sin slechte Gewäten sik woller. Gau kreeg he sin Dreerad - Alfred brogg em noch inne Gang - un maak sik up'n Padd.

Mit rootgleunige Backen keem he bi sin Mudder an, de sik al Sorgen maakt harr, wo de Jung so lang bleev. Sin Wöör awerslogen sik meist, at he loossputtern dee, wat he belääwt harr; dat he nu 'n Fründ funnen harr, de zaubern kunn un am leevsten Saftwater drunk. Sin Mudder freu sik, dat de Jung nu 'n Späälkamerad funnen harr.

An 'n annern Morgen, knapp at he sin Tass Mölk daalslaken harr, muß he woller loos. Mudder frog noch gau, wo sin Fründ denn wahnen dee un wat sin Vadder maak. „'n Vadder hett Alfred nich, bloots 'n Mudder", reep Peter noch anne Poort, un weg weer he.

Tweemaal an 'n Dag maak Peter den Weg na Alfred un keem elk een Maal vergnöögt na Huus un vertell van den Spaaß, den se harrt harrn.

In'n paar Daag harr Peter Geburtsdag. Sin Mudder freu sik, dat se for dat Kind nu 'n richtigen Kinnergeburtsdagdisch maken kunn, mit Kakau un Koken un so. Juchhe - dat weer Peter sin beste Geburtsdagsgeschenk, dat he Alfred inladen druff. De Geburtsdagdisch mit all de Späälsaken weer nix dargegen.

To Middag weer Tant Ida ut Stadt al kamen.

Peter wunner sik, dat sin Mudder den Disch mit Papierpuppen bunt maken dee. 'n roden Luftballon for Alfred un 'n gälen for em legen gegen de Tellers - mall - Alfred weer doch kien littjet Kind mehr.

Punkt Klock dree klingel dat. Alfred stund mit sin schetterige Box un Jack, de he jeden Dag anharr, vor de Döör.

Peter keem mit Alfred in de Stuuv, wo de beiden Froonslü seten. Sin Mudder greep na de Stohllehn, un Tant Ida sloog rut: „O, mein Gott!"

Seeg meist so ut, at wenn de beiden de Hand nich recht hoch kregen, at Alfred är sine mit den korden Ärmel inne Mööt stäken dee un sä:

„Dat is awer gräsig nett, dat se mi to Peter sinen Geburtsdag inlaadt."

Peter toog Alfred mit an den Kaffeedisch.

Mudder är Hannen zittern bi't Kakau-Inschenken.

Inne Köök meen Tant Ida: „Wääs bloots nett to den Snösel, anners deit de us noch wat an!"

Alfred hau dr duchtig rin. Kunn 'm rein nich glöben, dat een so vääl äten kann.

De beiden Froonslü keken sik von Tiet to Tiet woller benaut an. Wat nu, wat schulln se mit so een anfangen? Dar klung ok al Peter sin vergnöögte Stimm: „Alfred, wackel is mit de Ohrn!", un denn: „Mudder, Alfred kann di'n Markstuck ut'e Nääs zaubern." Alfred grien un wackel denn eers mit een Ohr un denn mit'n anner. „To Mudder, Alfred brukt 'n Markstuck." Sin Mudder bleev nix anners awer, se muß är Geldknipp haaln. Tant Ida achteran. Se fluster är Swägersch to: „Gääv em man lewer bloots 50 Penning, dat Geldstuck sust du doch nich woller."

Alfred nehm de 50 Penning, fuchel mit de Hand inne Luft wat rum un lang denn - o, nä, o, nä - mit sin Hand an Peter sin Mudder är Nääs. „Mein Gott!", sä Tant Ida luut. - Un wahrhaftig dar weert't woller dat Geldstuck in Alfred sin Hand.

„Nu ok bi Tant Ida", meen Peter. „Nä, nä, ik gah inne Köök un maak Abendbrot, din Vadder kummt glieks na Huus."
„Ik wull nu ok man na Huus gahn", sä Alfred. At he ut de Döör gung, meen he noch: „Ik bedank mi ok, dat ik bi jo inlaadt weer." „Ik besöök di morgen woller", reep Peter achter em an.
De beiden Froonslü fullt 'n dicken Steen van't Hart, at de Döör achter den Unminsch tofullt. Se reten eers mal all Fenster apen. „Dat duurt dree Daag, bit du den Röök woller rut hest", sä Tant Ida.
Ganz af weern de beiden Froonslü, so harrn se sik upräägt. Se mussen nu beraatslaan, wat passeern schull. Se kemen awereen, dat Tant Ida Peter mit na Stadt nehmen wull. Up de Aart un Wies schull em Alfred ja woll sachs na 'n Ruus ut 'n Kopp gahn. Peter freu sik, dat he for 'n paar Wäken mit Tant Ida föhrn druff.
Bit Vadder na Huus keem un dat Abendäten geev, duur dat noch 'n Tiet. All seten al bi Disch, bloots Peter weer dr nich. Wo dreev de Slungel sik denn nu woller rum? - Dar keem he mit puterrode Backen rinjachtert. „O, Mann, bin ik ronnt, Alfred weer al meist bi Huus, un ik muß em doch noch „Tjüüß" seggen, wenn ik mit Tant Ida föhr. He hett mi fast toseggt, dat he mi nächste Wääk inne Stadt besöken will."

Annedore Christians

kajükeln = spazieren fahren; schoot in'n Dutt = erschrak; Frist = Handgelenk; Tuuschken = große Zähne; gnaster = knirschte; Ruus = Zeit; loossputtern = schnell reden; inne Mööt stäken = entgegenstrecken; benaut = verschämt; awereen = überein; sachs = hoffentlich

## *Een mutt weg!*

„För Malöör kann keeneen!" heet dat jümmer. Ober wenn dat Malöör doar is, denn sünd wi doch all an 't Frogen: Wer hett doar denn nu de Schuld?
Bi uns weer't ok so, den een'n Morgen; ick stoh mit 'n nokten Puckel vör 'n Handsteen un schrop mi de Boartstoppeln af. Ick bün fein toweg. Mien Froo un Hinnik - uns' groot Jung - stoht buten vör de Blangendöör un klöhnt. Se freit sick to uns lütt Enkeline Nieke, de doar twüschen de Bäum hin un her paddelt. Uns Pudelmudder Susi ligt in't Gras un paßt up, dat ehr nüms wat deit; so meent wi all. Mitmol gift dat doar buten ober 'n hushoogen Larm! Uns lütt Nieke schreet, as wenn ehr een de Kehl afritt. Hinnik gröhlt un schilt, mien Froo jammert un röppt jo woll rein üm Hölp un kummt mit uns lütt Nieke up 'n Arm in de Kök loopen: „Susi hett Nieke in de Hand beten!"
Ick segg: „Susi? - Hett Nieke beten? In de Hand?"
„Jo! Man mol gau weg doar! Dat ick an dat Schapp rankomm! Dat ick 'n Stück rein Linnen un Verband kriegen doo!"
De Lütt brüllt as dull. Se hullt ehr lütt Hand steil in de Luft, dat Bloot drüppelt

ehr an 'n Arm dol. Hinnik verhaut den Hund. De Hund löppt in de Döns un krüppt ünner de Bank.

Un ick stoh noch jümmer, mit mien'n Schroper in de Hand, un weet ne, wat ick moken schall. Helpen kann ick jo doch ne vel, un Larm is 'r al genoog. In teihn Minuten mutt ick ut 'n Hus un mutt no Stadt. Doarüm schrop ick ok erstmol wieder, mok mi kloar un teeh mi an.

Un in de Tied krieg ick to weten, wat dat all kommen is: Nieke hett 'n gele Wuddel hatt, to 'n An- un Upgnabbeln, un hett de wegsmeten. Un Susi hett woll meent: Nu draff se de Wuddel hebben. Se hett sick platt in 't Gras legt un hett doar an rümkaut. Un denn kummt Nieke sinnig no ehr rankreepen un will ehr Wuddel wedderhebben. Susi knurrt: „Goh hier weg" un happst to. Dorbi krigt se Nieke ehr lütt Hand twüschen de Tähnen.

Jä, so is 't kommen, un keeneen hett de Schuld. Ober nu steiht dat mitmol bi de ganze Famielje un ook bi mi fast: Een van de beiden mutt weg! - Entweder mutt Nieke ut 'n Hus, no ehr Mudder hen, oder Susi mutt weg - ganz weg - wied weg! Oder doot?

Mann, wat hebb ik up de Foahrt un ok in de Stadt nich allens hin un her dacht! Wat ick mit Susi moken schull! Verkäupen oder verschenken? Ober wonem hin? De löppt jo doch wedder no Hus. Von de Polizei dootscheeten loten? Rottengift geben? Versupen? Eenerwegens utsetten un verhungern loten? Geiht all, jo, ober jümmer wedder seeh ick Susi ehr blanken Oogen. Wo foken hett se nich in düsse söben Joahr bi mi an 'n Schriefdisch stohn un hett mi ankeken! Se hett ehrn Kopp up mien Knee legt un hett seggt: „Wes man ne bang, ick bün jo bi di!" - Un nu schall se eenfach weg un an 't Siet?

Ober - een mutt jo weg! hebbt wi segt. Un uns' lütt seute Nieke? Dat geiht doch erst recht ne! Kinnerslüd, wat mokt wi blooß?

Nomiddogs halbig vier stoh ick wedder bi uns vör de Dör, dat Hart kloppt mi bit in 'n Hals; of mien Froo woll noch mit Nieke no'n Dokter wesen is? Oder of uns Jung den Hund woll al wegbröcht hett?

Ne! Nix!! - Susi sitt mit blanke Oogen up de Del un wackelt för dull mit 'n Steert. Un uns' lütt Nieke steiht blangen ehr un hett beid Arms üm Susi ehrn Hals un seggt wieder nix as: „Ei, Susi!"

Ick stoh un kiek: „Wat denn nu? Hebbt de beiden sick al wedder verdrogen?"

„Jo, Vadder, al gliek!" seggt Hinnik. „As du man eben weg würst. Susi hett dreemol „Bitte, bitte" mokt, un Nieke hett ehr tweemol an 'n Steert reten, un denn wür 't ook al wedder good!"

„Ober wi harrn doch afmokt: Een müß weg!"

„Een is ook al weg!" seggt mien Froo. „Dat heff ick al in de Reeg mokt: De gele Wuddel - de harr de Schuld! De hebb ick in 'n grooten Bogen, hooch dör de Luft - in de Elw smeten!"

Rudolf Kinau

Malöör = Unglück; Handsteen = Waschbecken; schrop = kratzte, rasierte; Blangendör = Nebentür, Seitentür; Schapp = Schrank; Döns = Stube; krüppt = kriecht; draff = darf; rankreepen = angekrochen; Steert = Schwanz; blangen = neben

## De Weg na baben

Twee Pielers uut Stahl dreegt dree Betonplatten, de in de Mitt en beten döörböögt sünd: en wietspannt Dree-eck: „Bottervagel uut Beton, de graad losflegen will." De Architekt grien. „Verstah ick", anter de Paster, „de Bottervagel, dat is de Kark, de sick mit Pollen un söten Honnig - dat sünd denn de Seelen - vullsagen hett, un nu will he na baben."
De Architekt nickköpp.
„Averst wo kaamt de Lüüd na de Kark rin?" fröög de Paster, „schüllt de an de Betonpielers hoochklattern?" „Woso? Rekent Se denn doormit, dat door Lüüd rin wöllt?" „Wi köönt door'n Ledder anstellen..." „Den schönen witten Betonpieler döör en Ledder verunziern? Un dat deit ja ook goor nich nödig, de Kark liggt an de grade Streck vun de nee Autobahn, door gifft dat keen Footgängers, un Autos hollt door ook nich..." „Schall nu en Upfohrt henkamen, is al döörsett worrn vun de Verwaltung... So en Ledder is doch ook nich düür! Un denn is se ook so fein symbolisch, door is Jakob sien ‚Himmelsledder', un in de Gesangböker steiht all nääslang wat vun'n smallen steilen ‚Weg na baben'. Dat..."
„Un wenn door nu würklich ole Lüüd kaamt un wöllt hoochklattern, de ward doch swinnelig! De breekt sick doch de mören Knaken! Door maakt doch dat Hart nich mehr mit!"
„Ach wat, so'n steile Ledder, de drifft ook maal de Jungen an, de Sportslüüd..."
„De klattert ook an de Betonpielers hooch, door hebbt Se denn averst würklich 'n Elite!" De Architekt harr de betere Stimm, he sett sick döör; de witten Betonpielers kregen keen Ledderanhängsel. Wo de Lüüd denn na de Kark rinkaamt? Sühst dat grote veereckige Stück Dook, so twee Meters vun de Pielers af? Na, man to! Loop to, ool Fründ! un denn spring mit beid' Been toglik na dat Dook rup! Sühst, un nu hest dien egen lütt Himmelfohrt, un nu liggst up'n Bodden, seggst „Gott Loff un Dank!" un söchst dien Knaken wedder tohoop! De Paster weer ganz weg vör Begeisterung över dat Trampolin. He stünn ünnen blangenbi, harr de Hänn' üm den Mund leggt un reep na mi rup: „Un dat is doch ook en Symbol: Du flüggst döör de Luft, dat suust un bruust di in de Ohren - dat is dat Leven mit sien Angst un Unsekerheit - un denn sittst du mit eenmal in de Kark, in Gott sien Hand..." „Averst wo kaam ick nu wedder rünner?" reep ick torüch.

Wolfgang Sieg

Pielers = Pfeiler; Bottervagel = Schmetterling; möre Knaken = morsche Knochen; blangenbi = daneben

## *Is dat en Baantje?!*

Dag, Kumpel.
Jaha - kennst mi gar nich wedder, wat? In Witt. Vun baben bit nerrn in Witt. Un wat för'n Witt! -
Stimmt, dar hest recht in: kaken kann'k nich - ofschonst ik en Kledaasch heff, as wenn ik dat kunn.
Aver dat weer ja nix Besonners. Ik meen, dat'n so deit un kann doch nich . . . Nee, bi mi is dat so: ik schall gar nich kaken. Dörf keen Kökengeschirr in de Hand nehmen - un schietig Pütt un Pann al gar nich.
So'n Baantje, segg ik di. Heff ja nich ahnt, dat sowat leevt: nix doon, blot äh - präsenteern - un dick Pinke-Pinke.
Wat seggst? In de Politik? Ha, Kunststück, kann'k blot seggen. Dar gifft't en ganzen Barg, wat'n nich ahnt.
Aver heel undeel ut mi sülven . . . ahn Partei un Vitamin B?!
Dat schall eerst mal ener namaken, du. Jaha!
Blot Fisch - ik heff se anners ümmer geern eten - de mag ik nu nich mehr. Nee. Kann'k afsluuts nich opto. Un di wörr de Smack an Kabeljau un Bütt akraat so in de Binsen gahn, wenn du de Fruunslüüd, de bi uns in de Köken herümfohrwarken doot . . .
Ach so, dat weeßt du noch gar nich -: Ja! Ik heff mien Arbeit hier in dit Fischlokal. As Dörchlöper. As äh - Repräsen - ja, genau.
Aver wat ik seggen wull -: Richtig. Also wenn du de Fruunslüüd sehn wörrst - dree hebbt wi - un en veerte to'n Uthelpen. Also wenn du de sehn . . .
Sühst du wull, Kumpel, un dat deist du nich. Keen dreckigen Slippen kriggst du to sehn. Denn dar bün ik för dar: Jawoll! Dat is mien Baantje!
Is dat en Baantje?! Hä?
Mutt dar wat haalt warrn, bestellt warrn - kort to seggen: mutt ener vun de Köken na't Lokal rin - oder dör't Lokal dör - oder sogar mal na buten: denn bün ik an de Tour. Jaha. Ümmer bün ik dat. Will seggen: so al tein Minuten. För jedereen, de bi uns eten deit. In Witt! Vun baben bit nerrn in Witt. För jedereen, de bi uns eten deit . . .
Versteihst?! -
Sühst du wull, un nu is dat wedder so wiet. Mutt dörchgahn un mi sehn laten. Tschüß, Kumpel!
Dat heet, wenn du mal rinkieken wullt un wat verteern -
Nee?!
Aver du kannst doch en Beer drinken! -
Na?!
En Beer kannst du drinken.

Ernst Otto Schlöpke

Baantje = Anstellung, Posten; nerrn = unten; Kledaasch = Kleidung; akraat = hier: genau; Slippen = Zipfel

# To'n Smustern un Grienen

## Wat nich geiht, dat geiht nich

Hest du'n moie dicke Henn
un kokst di'n Zopp van 't vörste Enn,

denn kannst to't Achterdeel nich seggen:
„Du möst nu düchtig Eier leggen!"

Erich Haferkamp


## De Bickbeerpannkooken

In de School harrn wi jümmer 'n Barg Spoß, un ick harr doar ook bannig feine Mackers.
Hannes Reiher - dat wür een van de besten bi uns in de Klass'. Un Hinnerk Tiemann - dat wür een van de slechsten. Ober ick much Hinnerk Tiemann doch leeber lieden. Hannes Reiher wür mi to klook un to still, he güng bald jümmer för sik alleen und he sammel sick ook jümmer allerhand Blöd un Bloomen, un de pack he sick denn - all so no de Reeh weg - in sien groot Bibel, so up jeede Siet een Blatt oder een Bloom. Denn wörden de Dinger jo ganz platt un schier. Un denn leet he ehr so dreugen. „Pressen" sä Hannes Reiher doarto.
Nu harrn wi bi uns in de Klass' all uns Bibeln up de Finsterbank liggen, ünnern Disch wür keen Platz genoog, doar lägen jo all uns' annern Beuker un de Griffelkasten. Noa, - un de een'n Nomiddag - wi sünd man erst eben wedder in de Klass', - do steiht Hannes Reiher - mit sien groot Bibel in beid Handen - vör bi 'n Schoolmester an 't Pult: „Herr Meier -! Herr Meier, - de Jungs, - een van de Jungs - hett mi - 'n halben Bickbeerpankooken in de Bibel preßt!"
„'n halben Bickbeerpannkooken -?" seggt uns' Schoolmester. „In de Bibel -?"

„Joa, hier - - hier is he!", seggt Hannes Reiher un klappt sien Bibel utnanner un wiest em dat Dings: So recht in 't Middel van dat föfte Book Moses - doar backt he jo twüschen de Blöd, - seut un saftig as man een, - dat Fett is all no jeede Siet dör son goode fief Kapittel hindör.
Un uns' Schoolmester weet ne, wat he maken schall. Schall he schelln oder schall he lachen? Dat een geiht noch weeniger as dat anner. Un dorüm langt he erstmol mit een Hand ünner 't Pult un krigt den Stock her. Un denn kickt he uns all an, as wenn he uns upfreten will: „Wer hat das getan?"
„Dat hebb ick don!" seggt Hinnerk Tiemann un steiht langsam up.
„Du -?", seggt de Schoolmesters, „Wie kommst du dazu?"
„To den Pannkooken?", seggt Hinnerk, „Den hatten wir über!"
„Wieso - über? Was soll das heißen?"
„Jä", seggt Hinnerk, „wi hebbt vanmiddag Bickbeerpannkooken eten, - un do is düsse halbe nobleben. Un do hett Mudder seggt, den schull ick man ook noch wegdrücken! Un do hebb ick em mit no School nahmen."
„Und - warum hast du ihn hier bei Hannes Reiher in die Bibel gelegt?"
„Jä, - Hannes Reiher - de sammel doch al son Krom."
„Ober doch keen Pannkooken!", seggt Hannes Reiher. „Ick preß mi doch Blomen un Blöd - un sowat all!"
„Jä", seggt Hinnerk, „un ick dach, doar hörn de Bickbeern ook mit to!"
Do dreih de Schoolmester sick üm un keek 'n ganze Tied ut 't Finster. Un denn pack he sien'n Knüppel wedder weg un sä, se schulln no de Stünden mal beid no em herkommen. Un dat dän se denn ook.
Un - ick weet ne, wat doar nu eegentlich wesen is, - ober se hebbt - in de tweete Pause - hebbt se beid dat vörste Blatt ut ehr Bibeln rutreten un denn hebbt se de beiden Bibeln ümtuscht, un hebbt sick wedder verdrogen.
Un den halben Bickbeerpannkooken - den hett Hinnerk Tiemann noch gau sülben - so koolt ut de Hand - wegneiht.

Rudolf Kinau

Mackers = Freunde; Blöd = Blätter; dreugen = trocknen; nobleben = übriggeblieben; dat vörste Blatt = das erste Blatt; wegneiht = weggeputzt, verdrückt

## *Mit de Zääg ünnerwägens*

Dat fung darmit an, dat de Postbot 'n Kart brocht, wor us Mudder düchdig öwer lachen muß: „Vadder, nu kiek is - du möß na Moordörp herkamen, dar is 'n Frominsch, de will di umsünst fohren!" - „Wat will de? - Well is dat denn?" - „Dat is 'n Fro Bollmann, de schrifft: ‚Acht Tage will ich Sie umsonst füttern, aber wenn Sie bis Sonntag nicht abgeholt ist, muß ich Futtergeld haben.' - „Och so", meen Vadder, „de meent doch de Zääg, de hebb ik dar verläden Wääk up de Aukschon köfft." - „Weet ik woll", anter Mudder, „awer se schrifft „Sie" groot, denn mött se di doch meent hebben." Säker hett Fro Bollmann noch ut de Schooltied wüß, dat allns groot schräben ward, wat man anfaten kann, un wenn se de Zääg meen - de kann man jo anfaten - wenn man Glück hett! - Awer dar keemen wi eers later achter.

De beiden harrn dar ären Spaaß an, awer wi de Arbeit. Wi, dat weeren min Broer Jan un ik, he weer to de Tiet twölf un ik teihn Jahr oold; un wi beiden drahtsacken denn an'n Sönndagmorgen na Moordörp to, mit 'n blauen Handwagen, 'n bäten Stroh dr in un 'n Kalwertau. Wat 'n utwussen Keerl weer un goot to Foot, de kunn dar woll in 'n Stünn of wat henstappen - awer wi beiden Holsters - un denn mit 'n Handwagen! Dat geew ok jo vääl to kieken ünnerwägens, wi sünd ok mal 'n heel Sett stahn bläben, at dar 'n groden Hund up'n Weg stunn, bet dar well keem, de em rinreep. Un denn mussen wi uthanneln, wo wied at elk van us den Wagen trecken schull, beide togliek hebbt wi't ok mal probeert, gung awer nich so goot, Jan weer jo 'n ganzen Enn gröter at ik - un een trecken un de anner schuven, dar geew't ok Striet bi. Wenn ik achter weer, meen Jan, ik schoow överhaupt nich - un wenn he achtern weer, schubbs he mi den Wagen up de Hacken.

Wi sünd dr awer toleß doch henkamen, hebbt ok dat Huus funnen. Bollmann weer son litjen Törfbuur at de meesten de dar wahnen. De Zääg weer man litjet, son jahrig Lamm, un Jan nehm se foors up 'n Arm. Ik gung dich ran un strakel är öwer 'n Kopp - mugg se geern hebben, se keek mi ganz vergnögt an, un up'n Mal lick se mi in't Gesicht. Mudder Bollmann lach mi wat ut, un denn sä se noch, wi schulln se man goot fastholen, anners leep se wiß wedder trügg.

De Zääg keem in'n Wagen, Jan bunn dat Tau an är Halsband un sä denn: „So, nu treck du man - ik hol de Zääg fast!" „Awer naahst laat't wi dat ümgahn!" wehr ik mi. - „Eersmal sehn, of du 'n Zääg holen kannst", sä Jan son bäten van baben daal - de Groten meent jo ümmer, se könt allns bäter. - All paar Trä muß ik ok al anholen, ümmer wull dat ole Deert dr rutspringen. At wi denn van de faste Straat rünner weeren, up den Sandweg dör't Moor, wor an jede Siet 'n breeden Schloot weer, do prebeeren wi't: „Laat se doch tofoot lopen, wenn se dat afsluut will!" - Nu nehm ik dat Tau un wull de Zääg trecken - awer se reet trüggels, kien Verstand rintokriegen! Wedder rin in'n Wagen - denn sprung se rut. „Tööv, wi willt di woll kriegen!" Wi setten se in'n Wagen un bunnen se dar ganz kört an - gung awer wedder bloot 'n paar Trä goot, denn sprung se wedder rut, un nu hung se an'n Wagen un harr sik bold de Schluuk totrucken. Nu man gau dat Tau losbinnen, ehder at se us dootgeiht! Se weer awer noch lang nich doot - sodraa at dat Tau los weer, leep se weg. Wat nu? Achter an lopen nütz nix, se weer gauer. Jan gung ganz sinnig up de anner Kant van'n Weg trügg, un at de Zääg jüß an de Schlootskant Gras freet, keem he dr an vörbi. Nu harrn wi se vör us un keemen doch tominnst 'n bäten wieder na Huus to. Awer do keem dar son Drift öwer 'n Schloot, un dar muß dat unnösel Deert jo foors röwer na den groden Röbenkamp.

Wi dr foors achter an, awer ganz sinnig at son Jäger de 'n Voß naspöört. Awer ümmer wenn wi se binah tofaten harrn, neih se dr ut. Use Wagen stunn alleen midden up'n Padd. Nu keem dar een mit 'n Rad an, kunn dar garnich an vörbi, steeg af un keek sik üm. Do seeg he us jo un keem up us to. - „Wat makt ji hier in min Röben?" - „Wi willt de Zääg wedder infangen, de is us weglopen." Eers harr he us jo bannig in Verdacht, dat wi de Zääg an'n Padd langs trecken schullt harrn un weern denn mit Willens in de Röben gahn, dat se wat Bäters to fräten kreeg. Awer he hett't us denn doch glöövt, wo wi dr mit tomaat kamen weern un hett us hulpen, bet wi se wedder tofaten harrn. „So, nu laat't dat Tau awer nich wedder los!" reep he us noch na, at wi wieder gungen. Jan holl de Zäg mit beide Arms fast, un ik truck den Wagen dör den deepen Mullsand - gung ok jo nich lang, denn muß ik mi verpusten. - So kaamt wi jo sindaag nich na Huus - wat fangt wi bloot an! - „Ik weet wat!", sä Jan, „wi binnt se eenfach achter an'n Wagen un treckt mit beide Mann vörn, denn möt se woll lopen." Mit twee Mann kunnen wi ok jo dahner rieten at son litje Zääg - se gung woll mal 'n paar Trää un leet sik ok ümmer wedder schlurren. Awer dat wurd ümmer schlechter, un wenn wi us mal ümkeeken, seeg dat rein gefährlich ut, wor dat Tau sik üm de Zääg ären Hals strammen deh, un ümmer weer se an't Meckern un Schreen. Do keem us 'n Frominsch mit 'n Rad inne Mööt, se steeg af an schull: „Wo könt ji dat arme Deert woll so quälen, seht ji dat nich? Ji wörgt se jo af!" - „Ja, wenn se doch nich lopen will!" - „Son litje Zääg kann doch nich so lang lopen, de möt sik doch ok mal rauhn - wennehr hett se denn toleß wat to fräten harrt?" - „Och, de schall jo woll vemorgen är Foer harrt hebben, un denn hett se ünnerwägens ok jo noch wat funnen." - Awer 'n Ruus to'n Verhalen mussen wi är jo doch woll günnen. Wi setten se an de Schlootskant, dar wuß so mooi saftig Gras. Ik harr mi dat Tau fast üm de Hand dreiht un sett mi ok daal. Do keem een up 'n litjet Motorrad an. Jan truck den Handwagen bisiet, dat de Padd free wurd. Ik dach an nix Schlechts - de Zääg freet jo ganz ruhig - un keek mi dat Motorrad an. Awer at de ool Dönnerkaar jüß bi us weer, sprung de Zääg up'n Mal hoch un öwer 'n Graben - ik seet jo an dat Tau fast un full dr midden rin, dat Water gung mi bet an'n Buuk. Jan lach mi noch wat ut - am leewsten harr ik em mit de Zääg alleen laten un weer weglopen, awer he muß mi jo eers mal ut'n Schloot ruthelpen.

Bilitjen kreegen wi dr ok Smacht bi - weer säker al lang Middag, un dat mooie Sönndagsäten wurd koold. Toleß keemen wi denn jo ok neeger an't Huus, noch äben dör den litjen Busch, denn weer't nich wiet mehr. „So", sä Jan, „den leßden litjen Enn kannst du de Zääg woll holen, nu schallt woll goot gahn, se mött ok jo mal mö weern." Awer at he mi jüß dat Tau in de Hand gäben wull, sprung de verdammte Zääg weg un leep in'n Busch! - „Worüm hollst du se denn nich fast?" schull Jan. „Ik dach, du harrst dat Tau noch inne Hand." - „Dat Denken schullst man laten, leewer de Zääg fastholen!" - Awer dat Schelln hulp jo nu ok nix mehr, wi mussen dr sinnig achter an in'n Busch. Bloot dat weer nu gar nich mehr so eenfach. Dar hulp kien Gewalt un kien Knääp, de verdreihte Zääg weer nu bloot noch up't Targen ut. Se stunn un keek us ganz frech an, un ümmer wenn wi bet up een Tradd ranweeren, sprung se gau weg. Wi vermö'en dr toleß bi, weer jo ok gar kien Utsicht, dat wi dat Ding wedder kreegen. „Wi möt Vadder oder Mudder halen", sä ik, „anners helpt dat nix." - „De willt us wat", knurr Jan, „wenn wi mit twee Mann nich mal son litjet Lamm bännigen könt! Du heß bloot Schuld! Di nähm ik sindaag nich wedder mit to'n Zäägen halen!" - „Dat will ik ok gar nich!" reep ik ganz krott - un dat meen ik würklik so. Mit hangen Kopp strumpeln wi na Huus to. Us Vadder stunn al vör de Dör un keek ganz groot: „Wor hebbt ji denn de Zääg? - Wulln se se jo nich mitdohn?" - „Dat woll - awer - se is us weglopen - dar vörn, in'n Klöterbusch." - Mudder keem ok rut un keek ganz benaut - un wi harrn beide Bang vör 'n natt Schuur. Awer do fungen de beiden an to grienen - ik wuß gar nich, worüm. Do hör ik dicht achter mi dat, wat mi den ganzen Vörmiddag argert harr - un nu doch so mooi klung: „Määäh". - De Zääg stunn dich achter us!

Hermann Lüdken

fohren = füttern; verläden Wääk = vorige Woche; anter = antwortete; drahtsacken = trödelten; Holsters = hier etwa: Herumtreiber; 'n heel Sett = eine ganze Zeit; elk van us = jeder von uns; foors = sofort; strakel = streichelte; naahst = nachher; Trä = Schritte; Deert = Tier; Schloot = Graben; Schluuk = Schlund, Speiseröhre; Drift = Treibweg; unnösel = hier: ungeschliffen; Röbenkamp = Rübenfeld; neih ut = riß aus; tomaat kamen = zupaß kamen; dahner = heftiger; schlurren = schleppend weitergehen; inne Mööt kamen = begegnen; Foer = Futter; Ruus = eine Zeitlang; Smacht = Hunger; neeger = näher; Knääp = Ideen, Einfälle; targen = necken, reizen; Tradd = Tritt, Schritt; krott = keck; strumpeln = stolperten; benaut = bedrückt; 'n natt Schuur = Schelte, Strafpredigt

## *De engelsch leddern Büx*

„Ji verdummten Jungs, hebbt ji al woller de Büxen twei? Dar schall man tegen flicken könen! Wo hebbt ji dat nu woller klarkrägen? Wenn dr de Knööp nich rut sünd, denn is dr'n Dreeangel in. Wo hebbt ji jo woller rumdräben?"
„Nu schimp man nich, Mama, min Büx is ja al ganz dull dörslaten. De kann jo garnich mehr holen", sä Heini.
„Ja, min uk, dar mag ik nich mehr mit na School hen", sä min Broer Georg.
„Wat seggt du dar? Du Snötthaak van Jung, dar magst du nich mehr mit na School hen? Flicken kaamt dr v'nabend up, un denn will ik di wiesen, of du dar noch mit na School hen magst", sä us Moder to den Jung.
De beiden Büxen wurden abends woller nakäken un flickt. Dat weer nich so eenfach wäsen. De Jung har recht, se weern al bannig dörslaten. Man se heelen nu sachs woller'n Tiet. Dat weer weet Gott nich so eenfach, de Kinner in Tüüg to holen, appartig de Jungs reeten wat af. Wenn't de Büxen nich weern, denn weer't dat Foottüüg. Wat weer ümmer up'n Utsliet.
De Jungs güngen den annern Dag woller mit de neen Flicken up de Büxen na School hen, se weern ja woller heel. Un dat weer man goot. Umtrecken höften se

sik nich, wenn se ut de School keemen. Wenn se är Lihrn makt harn, druffen se spälen. Am leevsten seeten se in de Bööm. Dat harn se dissen Dag uk daan.

Abends weer Georg sin Büx woller twei, se weer van unnen bett baben inräten. He schuul sik in de Köök rin. Moder har dat fors spitz krägen, dat he'n slecht Gewäten har.

„Dreih di is rum", sä se to em. Denn kreeg se dat Mallöör to sehn. „Nä, o nä, sovat aber uk", se schüttkoppte blot. Denn sä se: „Jung, du hest recht, de Büx is up, dor is nix mehr an to flicken. Dat lohnt sik nich mehr." Bi't Abendäten wurd dat mit Vadder besnackt. De sä denn:

„Gah morgen an'n Dag na'n Koopmann hen un haal är engelsch-leddern Büxen. Dar is kien Vergang an. Haal se groot genoog, darmit se dr noch rinwassen' köönt. Sokse Büxen köönt woll'n halfstieg Jahr holn. De kriegt de Jungs nich mehr up." Annern Dag wurden engelsch-leddern Büxen haalt. De Jungs mussen se fors antrecken. Ja, dat weern Büxen, de stunden stief weg as'n Brett. Un se güngen är'n Handbreet över de Kneen. Vadder har recht, dar weer kien Vergang an.

De Jungs stunden vör em, se mussen stramm stahn. He smunstergrien un sä: „Jungs, de Büxen sünd deftig, de kriegt ji nich twei." Moder weer dr uk best mit gestellt, nu höövt se för't eerste kien Büxen mehr to flicken.

De Dag güng hen. As Heini un Georg abends an de Burg keemen, dar harn se beide 'n slecht Gewäten. Moder keem dar eerst nich achter. Man denn fullt är up, dat Heini de Hand ümmer up den Achtersten har, wenn he dör de Köök gung.

„Dreih di is rum", sä de. He fung an to blarren. Moder treet achter em.

„Laat de Hand mal los." He strüüv sik. Snott un Tranen hungen em in't Gesicht. Denn leet he de Hand los. Wat Moder dar to sehn kreeg, versloog är den Aam. Se sloog de Handn över'n Kopp tohoop und sä:

„Kinners un Minschen, wo is't mögelk! De nee Büx is al dörsläten? Wo hest du dat klaarkrägen?" Heini keem dar ganz unschullig mit över un vertell denn:

„Papa sä doch, an de Büx weer kien Vergang. Wi hebbt dat denn utprobeert, of dat woll wahr weer. Ik hebb minen Steert an den Sliepsteen hooln un Georg hett em dreiht. Ehder as wi us verseegen, weer de Büx uk al dörsläten. Dar is ja doch Vergang an!

Louise Uhlhorn

Dreeangel = dreieckiger Riß; dörsläten = durchgescheuert, zerschlissen; Snötthaak = Schnösel; sachs = sicher, hoffentlich; appartig = besonders, überhaupt; hövten = brauchten; Mallöör = Unglück; halfstieg Jahr = 10 Jahre; fors = sofort; strüüv = sträubte; Aam = Atem; Sliepsteen = Schleifstein.

## De Appeldeef

„Du", säe Jan Spin mal in de Harfsttied to mi, un he seeg darbi bannig gnatterig ut, „glövst Du, datt ick Appels klau?"

Ick lach. „Nu woll nich mehr, wenn wi beiden dat as Jungens uk faken noog daan hebbt."
„Tjä", fung Jan Spin denn an to vertelln, „kaam ick dar doch vanmorn bi den Justizinspekter, de hier sien Ruhestand levt un de nich wiet van mi av wahnt, vörbi. He röppt mi na sien Gorn rin un klagt mi sien Leed, datt em Nacht för Nacht van sien schönen Appels klaut weerd. - Du weeßt ja, wo pinibel un püttjerig he mit sien Gorn is. - Weer'n ja man ümmer'n paar, vertellt he mi, aver mit de Tied wur'n dat denn doch'n ganzel Hümpel. Un wat dat slimmste weer, de jungen Bööm wur'n d'r ganz bi toschannen braken. - Denn sünd dat woll de Jungs, segg ick. Eben nich! seggt de Justizinspekter. Un denn wiest he mi een Footspoor, de hett sick dar dütlich un klar up den akrat harkten Weg avdrückt. Is'n Mannsstevel wään. - Un up den Gummiavsatz hett ‚Continental' stahn. Dat is nu in Spegelschrift in den Sand to lesen. Un bi dat twede ‚T' in ‚Continental', dar fehlt baben de Querstreek. Un denn träe ick an de Footspoor ran, will se mi nu doch'n beten genauer ankieken, tjä, un as ick denn wedder wegträe, steiht mien Footspoor jüst gegen de van den Appeldeef, un mien sütt genau so ut, un fehlt ok de Querstreek in dat twede ‚T'. De Justizinspekter kriggt gau een Tollstock rut un fangt an to meten. - Tjä, un beide Footspoorn hebbt bet up'n Millimeter datsülvige Maat, un . . ."
„Un denn hett he di up'n Kopp toseggt, datt du de Appeldeef weerst?" lach ick.
„Dat jüst nich", gnurr Jan Spin. „Man ick schull fors maken, datt ick ut sienen Gorn keem! Is doch nich to glöven, dat'n vernünftigen Minschen sowat van mi denken kann!" Ick lach. „De Schien is eben gegen di. Un wat so'n Justizinspekter is, de glövt an so'ne ‚Indizien', as de Richter dat nömt."
Man de Appeldeef geef dat nich to. Un weern ümmer desülvigen Steveln, de he anharr. Acht Daag gung dat nu al wedder so. De Justizinspekter wurd ümmer vergrellter. Un wat he uk anstell, den Verbreker to belurn, fangen kunn he em nich. He weer nu sowiet, datt he Jan Spin anzeigen wull. Man denn keem Jan Spin mal up'n Abend bi mi an. „Du", säe he bannig vergnöögt, „ick heff den Appeldeef faat kregen!" - „Wer ist't denn?" wull ick weten.
„He kummt hier glieks an", smustergrien Jan Spin. Un denn vertell he mi, datt sien lütt „Dochter-Söhn", de bi em siet veer Weken to Besöök weer, jeden Abend in'n Schummern, wenn Jan Spin sien kommoden Huusschoh antrucken harr, in Opa sien Steveln losgahn weer un harr sick denn in den Herrn Justizinspekter sien Gorn de Taschen vull Appeln plückt. - Ick lach luthals. „Un wat hest nu mit den Jungen maakt?" „Ick heff em na'n Justizinspekter schickt. Dar mött he nu allens bichten un Avbitte doon", säe Jan Spin.
„O, dat ward aver'n swaren Gang för den Jung. As ick den Justizinspekter kenn, ward de em nu bannig de Leviten lesen." „He is uk bannig sliepsteerts un benaut avtrucken. - Schast sehn, wenn de glieks ankummt, hett he nix mehr to verköpen!" Man da flog de Dör apen, un rin keem een lütten stevigen Jung van tein Jahr mit rode Backen un pfiffige Ogen, jüst söckse Ulenspegelogen as Jan Spin sien.

De Jung weer heel vergnögt, un harr in jede Hand een dicken, roden Appel. Jan Spin keek verbaast ut. „Wo hest du de Appeln her, Jung?" „Van den Unkel, wo ick ümmer de Appeln klaut heff", lach de Jung vergnögt, un denn hau he mit sien witten Tähnen in den enen Appel rin, datt em de Saft bi'n Mund dalleep. - „Hest denn uk allens seggt?" frog Jan Spin.

„Ja, allens", kreih de Jung, „van dien Steveln, wo ick ümmer in losgahn bün, un allens!" „Un watt säe de Justizinspekter darto?" wull Jan Spin weten.

„De hett bannig up di schimpt, Opa", kreih de Lütt, „du schust di schamen, un nich dör sone Lögen de Schuld van di av, un up unschüllige Kinner schuven."

Karl Bunje

gnatterig = verärgert, brummig; pinibel un püttjerig = genau, kleinlich; Hümpel = Haufen; akrat = akkurat, sorgfältig; träe = trete; in'n Schummern = in der Dämmerung; kommoden = gemütlichen, angenehmen; sliepsteerts un benaut = beschämt und bedrückt; stevigen = stämmiger, kräftiger; verbaast = verwirrt, erstaunt

## *Sulwst don, sulwst utprobeern ...!*

Wi gungen jo na de „Höhere Bürgerschule" in Zetel. Us Chef weer Diderk Gardeler. „Seht da kommt die Jugendwehr, an der Spitze Leutnant Gardeler..." He weer'n feinen Schoolmester, hebbt üm all väl to verdanken! „Sulwst wat don, sulwst wat utprobeern", so hol he dat in'n Unnerricht. Wi harrn uk Naturlehre bi üm. Disse Wäk weer'n wi jüst mit Berthold Schwarz an'ne Gang. De schull vör lange Tieten jo mal rutfunnen hebben, wi Pulver maokt ward. Dor weer'n „Versuch" fällig. So at Berthold Schwarz hebbt wi in'ne School uk so'n Mengels maokt un denn anstickt. Dat Füer leep dor denn ja uk so sinnig dör, Wulk van Damp blew stahn. Wi harrn us dor jo'n bäten mehr ünner vörstellt. Harr jo nich mal knallt!

Aber dat schull denn doch noch anners kamen. Laoter!

Dat weer an'n Dag, as de Oln nich in'n Huus weern. Tante Mariechen, mine „Erbstante", muß inhöen. Ik kunn best got mit ehr, up ehr kunn ik ümmer räken. Se hol mi ümmer de Hand vör'n Steert.

Min Fründ, Watzi Reiners ut Zetel, wull vandagen kamen. He wull geern wat mit us utprobeern, har he us to weten daon. Sin Vadder weer Ingenieur. He harr'n Warkstäe, dor kunn Watzi ümmer in rumklütern. He käm denn uk mit'n Rad angekrüdelt. He harr'n dünnt Rohr ut Iserblick mitbrocht. He verklar us dat: Dat Rohr weer an de een Siet dicht. Ünnen harr he noch'n lüttjet Lock dör'n Mandel bohrt. Dat weer't aber noch nich all!" „Güstern wer'k bi min Unkel. De is jo Jäger. Dor hebb ik'n paar Patronen mitnahmen. Hier sünd se", sä he un wies us n'paar richtige Jagdpatronen. Wi gungen in min Vadder sin Warkstäe, de Schoolklass.

„Sulwst wat don, sulwst utprobeern ..." De Patronen harrn wi flink utnaner.

Swart Pulver un'n ganzen Barg Schrotkoorns kämen an'n Dag. „So, nu willt wi doch mal sehn,off wi dor nich mit scheeten koent", sä Watzi. „Faot mal eben mit an!" Nu gung't richtig los. Erst dat Pulver ünnen in't Rohr. N'Propp ut Papp käm darvör. De finen Schrotkoorns achteran. Weller'n Propp in't Rohr, nu weer de Püster scharp laoden! „De Bank dor achter, de schuwt wi'n lüttjet Enn in'n Gang. Dor koent wi dat Rohr denn jo upleggen", meen Gustav. De Gang leep twüschen all de Bänk dör, van achtern bit na vörn. Dör de ganze Klass. „Un wi türt denn up de grode Wandtafel. De kann jo wat aff!" sä ik noch.
Wi leggen den „Püster" up'e Bank. Dat aopene Enn na de Wandtafel to. Ritstikken harr ik ut'e Kök haolt. „So, nu paßt up!" reep Watzi. Wi duken daal, deep ünnere Bank. Finger an'ne Ohrn. Wenn't mal knalln de?! Watzi harrn Ritstick anmaokt. He hol dat Füer nu an dat lüttje Lock achter in't Rohr. Wi hol'n de Luft an. Dat durde un durde, aber dor passeerde nix. Dat Ritsticken weer ut. „So'n Kleikram", meen Watzi. „Dat möt doch gahn! Füer, Pulver ... dat verstah ik nich!" sä Gustav. „Gif mi de Ritsticken noch mal eben weller her", sä Watzi, „ick versök dat noch mal." Wi steken use Köpp weller weg, Watzi hanteer weller mit'n Ritsticken rum. „Denn Düwel uk ..." reep Watzi. Wieder käm he nich! Een Knall, dat man meenen kunn, dat ganze Schoolhus gung in'n Dutt. Gustav weer de erste, de weller togang käm. „Hebbt ji wat afkrägen?" froog he noch ganz benaut. Een Wulk van Damp stunn vör us un dat Rohr ut Iserblick? Dat weer sidels ganz upräten. De Dör wurd upstött. Tante Mariechen. Se käm in'ne Klass rinstort, ganz ut'e Pust. „O nä, o nä, o nä, wat hebbt ji blot anstellt! Dat hett jo so knallt! Hebbt ji jo wat daon?" reep se. Se weer rein uter sick! Dat weer aber jo all noch mal got gahn! – „O, de Wandtafel!" Tante Mariechen harr dat toerst sehn. „Kiek mal, al de Löcker!" reep se. Wi harrn de Tafel drapen. 13 Löcher. Wenn min Vadder dor achter käm! De kunn in socke Saoken rein baorig weern! Denn gewt aber'n Laag! Up eenmal gung mi'n Lecht up! „Ick weet wat!" reep ick, „dor!" Up de Fensterbank stunnen all so'n Uln un Kreihn. Harrn de Schoolkinner maokt ut „Knetgummi"! „Mit dat swarte ‚Knetgummi' dor koent wi de Löcker in'ne Tafel mit dicht smeren! Dat geiht säker", sä ick un fung fors mit de Arbeit an. Gung got! Dür nich lang, dor weert all weller heel. All 13 Löcker fein dicht, weer nicks mehr an to sehn! „Jungedi,dat is jo noch mal hellsch got aflopen", sä Watzi un haol noch mal deep Luft. „Harr jo uk in't Og gahn kunnt! Wat sünd ji blot för Jungens", sä Tante Mariechen un schuddel den Kopp. Vadder hätt nicks markt. Un Diderk Gardeler? Hätt he nich uk dit mal weller recht hat? Hebbt wi nich uk bi dissen „Versuch" väl lehrt, villicht wat för't ganze Lewen? Ja, dor is doch woll wat an: „Sulwst don, sulwst utprobeern ...!"

Walter Helmerichs

Mengels = Gemisch; inhöen = einhüten, aufpassen; de Hand vör'n Steert holen = in Schutz nehmen; angekrüdelt = etwa: langsam angefahren; Iserblick = Eisenblech; wi türt = wir zielen; Ritsticken = Streichhölzer; gung in'n Dutt = fiel zusammen; benaut = bedrückt; sidels = seitlich; upstött = aufgestoßen; rinstort = reingestürzt; baorig = grob; fors = sofort; helllsch = gewaltig, sehr

# Tater-Latin

Na Schol, dor gah 'ik nich wedder hen,
so'n narrschen Kerl, wat will de denn?
Ers fragt he mi, wat ick all weet,
wo olt ick bun, un wo ick heet,
wat Vadder is un wo ick wahn,
un dorbi kann 'ck em knapp verstohn!
Weeß, „Ferkel" segg he to so'n Farken,
un „Birken" heet bi em de Barken,
to'n Koh seggt wi doch uck van „Koh",
wat meens, wat segg de Kerl dor to?
De nümt ehr nich as ick un du,
he spitzt dat Mul un segg van „Kuh",
to'n Mus segg he ganz breetmult „Maus",
man to de Pus segg he nich „Paus",
nä wat, de heet bi em van „Katz",
un as Hein Kohrs sick schür un kratz,
frag he em: „Jung, hast du 'n Floh?"
Worum segg he nich „Fluh" dorto?
„Sag' is, was gibt's vandag zu Haus?"
frag he. „Pannkok un Apfelmaus",
rep Fidi Pott; dor seet'n Uhl!
Un wedder spitz de Kerl dat Mul
un meen, ditmal heet dat van „Mus",
nä, weeß, sowat is nix för us,
de Kram hett jo nich Hand un Fot,
de Kerl, de is jo rein nich got,
dat is jo'n olen Quasselmors!
Weeß, Fiet un ick un Heini Kohrs,
wie wät' doch sülwst ganz got Bescheed,
väl bäter, as de Kerl dat weet.
Verlat di to, wat de us lehrt,
Hutz mit de Mutz, is all verkehrt,
wat de vertellt, versteiht kin Swien,
dat is jo blot all Tater-Latin!
Na sowat steiht us nich de Snut,
wi kamt dägt mit us' Plattdütsch ut.
Mal „Maus" - mal „Mus" -? Wat schall dat denn?
Nä, weeß, dor gah 'ck nich wedder hen.
Ick snack am lewsten, glöw man wiß,
as mi de Snabel wussen is.

                                        Georg Bövers.

## Sprung öwer de Ems

Dat mag dartig oder veertig Jahr her wesen, do deende links von de Ems in Jemgum 'n lütjen Knecht. Sin Herr weer de rieke Bur Heiko Poppinga, un de Jung heet Heini Bottermelk un weer'n Lippschen oder so ut disse Gegend her. De Ogen stunnen em hell in'n Kopp, un sin Mulwark keem in Gang ahn Für un Damp, ganz von sülben. Dat harr he awer uck nödig, üm sick de Welt von'n Liew to holen; denn von Hus ut weer he man minn, un sin Unnergestell harr man em'n bäten scheew inschrawen. Wenn he leep, so seeg dat ut, as wenn he mit sin Been ümmer krüzwies' dör'nanner wull; awer mit disse lütjen, scheewen Been kunn he wieter springen, as man em totroen deh, un dar hett he sick mal föftein harde Daler mit verdeent, un de se em gäwen müß, dat weer Heiko Poppinga, sin Herr. Dat weer is Sonndagnahmiddag, do harrn all de Knecht un jungen Keerls anners nicks to dohn. Do weern se up de Weiden un smeeten mit Klot, oder se sprungen öwern breeden Sloot, enkelde mit'n Kluwstock un anner so alleen mit ähr beiden Föt. Uck'n paar Scholjungs weeren dar mit bi, un se keemen dr uck röwer, blot Geerd Schnau nich, de fullt trügg, un he keem bet an't Liew in't Water. Na, he krabbel dar wedder rut un gung na Hus; dar kreeg he von sin Moder 'n dröge Büx un'n Jack vull Hau.
As se dar nu so sprungen, do keem de Bur Heiko Poppinga her, he bleew'n Ogenblick stahn un keek to. Do kreeg he uck sinen lütjen Knecht to sehn; de stund ganz achterto un trode sick nich röwer. Heiko harr den Jungen sonst woll to lien; denn he deh, wat he kunn, un wat he mit de Hann'n nich kunn, dat makde he mit'n Kopp, un dat kunn man sick uck ja woll gefallen laten. As he em dar nu so schulen seg, do kunn he dat nich laten, un he targde em 'n bäten, un so sä he: „Na, Heini, wullt du't uck nich is versöken?"
As dat de annern hörden, fungen se an to lachen, un Fidi Flörken reep: „Dat kann he man nich. Denn fallt de Bottermelk in't Water, un dat giwt Kees!"
Dat verdrot awer den lütjen Heini, un he reep, so hell he kunn: „Klatteree! Ick kann väl wieter springen as ji!"
„Dat is recht, Heini", sä sin Herr, „lat du di man nich verblüffen. Fix öwer den Sloot! Kriggst'n Daler, wenn du röwer kummst!"
Do fungen den lütjen Heini sin Ogen an to lüchden, un he dachde bi sick: „Töw is, jo will ick woll kriegen!" un he sä: „Och, öwer den Sloot? So'n Sloot is mi väl to minn. Wenn ick spring, spring ick fors öwer de Ems."
„Kiek is den Prahlhans!" reep Heiko Poppinga. „Öwer de richtige Ems wullt du springen?"
„Öwer de richtige Ems, de ut dat Lippsche kummt un hierher na Jemgun geiht. Awer för'n Daler doh ick dat nich, tein Daler will ick darför hebben. Denn kann jedereen sehn, dat ick von dat ene Öwer na dat anner spring un krieg min Föt dar nich bi natt."
„Wenn du dat klar kriggst", sä Heiko Poppinga, un dar wurd he ganz iwrig bi,

„wenn du dat würkelk kannst, denn gäw ik di nich tein, dann gäw ick di föftein harde Daler. Föftein harde Daler för'n Sprung öwer de richtige Ems! All de Lü hier hewt dat hört."

„Is god", reep de Jung. „Awer nu mugg ick geern wäten, wennehr ick springen schall, disse Wäke oder de nächste."

„Büst du mall, Jung? Fors schaßt du springen. Wi gaht all na Dierk Janssen sin Fährhus an'n Diek, un dar flüggst du öwer't Water."

Do lachde de lütje Heini Bottermelk so recht smerig, un denn sä he: „Nä, Bur, dar is mi de Ems to breet! Wi willt na de Senneheide gahn; dar steiht de Kath, wo ick born bün, un dicht darbi geiht de Ems. Dar is se recht to paß för mine Been. Ick bün dar all röwer kamen, as ick so'n Jahr off tein weer, un ick glöw, dat kann ick uck vondag noch."

As dat de annern hörden, fungen se wedder an to lachen, man ditmal nich öwer Heini Bottermelk. Na, wat schull Heiko Poppinga darbi dohn? He lachde uck. Un üm de Sak to Enn to bringen: de Jung hett de föftein Daler krägen, man de Prow brukte he nich to maken.

Georg Ruseler

Lippschen = aus der Gegend von Lippe/Westfalen; minn = klein, kümmerlich; Klot = Kugel beim Friesenspiel Klotschießen; Sloot = Graben; Kluwstock = Sprungstange; schulen = geschützt, hier: zurückgezogen; targde = ärgerte; Klatteree = Kleinigkeit; fors = sofort; Öwer = Ufer; mall = verdreht, albern

## *De Waterpiep*

Wi weern alle dree Lehrjungs, Hein Fink, Hinnerk Uhl un ik, Lütje Kray, un weern jüs in de erste Smökelstied kamen, so Jarer seßtein of säbentein old un Kuraasch in'n Liew för dree. Wi smöken Negerzigarrn, 'n beten düer, awer piekfeinen Tobak, föftein Stück för twintig Penn, pickswart't Deckblatt un binnen mit gele Rippens. Kunn'n bloot bi Jan Voß krigen. Dar harr'm noch wat för't Geld, de kribbel örnlik noch 'n annern Dag up 'e Tung. Jan Voß harr feine Saken, all wat ton Smöken; Piepen so lang as 'n utwussen Minschen, Priem so krullig dreit at 'n Farkensteert un Zigarrn so dick at 'n Bessenstel, man dat beste un wunnerbarste wer sien türksche Waterpiep, de in'n Glaskasten up sien Tresen stunn.

Eers harr Jan Voß us man so 'n beten plietsch ankeken, wenn wi dree Sönndags middags use Negerzigarrn halen den, un uk woll so wat dör de Tänen gnorrt van wegen schnottrige Jungs un Büxen tobinnen un soderwather. Man at Hein Fink, wat de ollste van us weer, all den Rook dör de Näse pußen un binaßen all 'n Kring blasen kunn, door wurd he doch anners Sinns un neem us vör good un vull, so at us dat tokeem.

Na un do frogen wi em maal na de Waterpiep, un do verklaarde he us dat. „Dat 's 'n fein Ding", segg he, „dat smökt de Sultan Sönndags namiddags in sien Ha-

rem. Hier in dat Bobberst to middels kümmt de Tobak rin, darunner is de Waterkruuk, un hier an disse dree Timpens mit de langen Gummiröhrn ward sagen."
„All dree to lieker Tied?" froog Hein Fink.
„Dat versteit sik", sä Jan Voß. „Een kriggt de Sultan, een sien Großvezier un en sien Fro."
„Un de annern Froens?" froog Hinnerk Uhl, „ik meen, son Sultan hett doch 'n ganzen Koppel Froenslü in'n Huus."
Awer Jan Voß keek em so minnachtig van baben dal an, dat Hinnerk sik örnlik verjoog: „Dar geit en Christenminschen nicks van an", segg he bloot.
Hein Fink begösch em gau, un Jan Voß neem nu de Waterpiep ut'neen un verklaar us dat, wo de Rook eers dör dat Water muß un dar afkölen dä, un wo man denn mit dree Mann to lieker Tied den mojen, afkölten Rook upsmöken kunn.
„Junge", segg Hein Fink naßen, „son Ding möt wi hebben."
„Dat kost tominnßen sine tein Daler", meen Hinnerk Uhl, un ik översloog gau, wolange dat wi sparen mussen, um van use fief Groschen Wekenloon son unbannigen Hopen uptosparen.
„Quatsch", sä Hein, „dat maakt wi sülfs. Son Dings trechklütern, dat 's 'n Klacks förn Muurmann."
Un he wuß uk foors Raad, geef jedereen up, wat he mitbringen schull un bestell us up abens Klocke negen na sien littje Gäwelstuuw, baben unner't Dack in sien Leermeisters Huus.
„Lütje", segg he to mi. „Du bringst een van jo Oolsch er Inmakegläs mit, kann uk noch wat in wen, schaadt nich, un en holten Deckel, de dar nau up passen deit. Un Du, Hinnerk, Du moßt dree Enns Gummischlauch besorgen, weeßt woll, son Art, wor wi anners de Flitjen van maken den. Kannst dat?"
„Och", meen Hinnerk, „dat ward sachs gaan, bloot ganz nee sünd se nich meer."
„Dat 's liekervel", segg Hein, „dat anner stür ik bi, denn kriegt wi den Kraam woll trecht. Bloot nich krigen laten van mien Mester, anners gifft Schächt."
Klocke half negen sloot Schoster Sötbeer, wat Hein sien Leermester weer, de Huusdör af un klau in't Bett, un Klocke negen stellten Hinnerk un ik sinnig en Ledder an't Dack un kropen van buten in Hein Fink sien Kamer. Ik stell mien Glas up 'n Disch, un do eten wi eers maal de suren Gurken herut, de ik rein dör Tofall mit faat't harr. Denn bohr Hein tomidden in den holten Deckel en Lock, un sett den Piepenkopp in, de anners up sien Mester sien Sönndagspiep seet. Nu dree litje Löcker dargegen, dree holle Hollunnerstickens hendör, dat Glas ut de Waschschöddel vull Water gaten, un nu den Deckel upsett't un fast mit Pick versmeert, ennelk noch de dree Gummi Ennens öwer de Sticken trucken, un de Waterpiep weer klar.
Hein stopp den Kopp vull Tobak, echten Steinbömer un Lubinus, awer eher he em in Brand settde, bör he sik inne Höchd un holl en schöne Reed. „In Freud und Leid", segg he, „staat wi dree Vagels hier in düster Nacht tosamen, en Fink, en Kray un en Uhl. So willt wi denn en Vereen grünnen, den ‚Klub der Feuervögel',

un willt tosamenholen in Nood un Dood un jegliche Gefar. Lütje, sett den Piepenpott up de Grund, un nu sett't jo inne Huck ümto, so at dat bi'n türksche Waterpiep wesen mutt."

Dat död'n wi denn jo, slogen de Bene ünnert Liew un setten us in'n Kring üm de Piep ümto, jedeen en Schlauchenn in'n Hals.

Un do keem denn ennelk de grote Ogenblick, wo Hein den Rietsticken an sien Büx in Brand kreeg un em owern Piepenkopp holl. „Nu!" kummandeer he, un dar gungt ant Sugen. -

Batsch, dar harrn wi alle dree den Hals vull Water un speen un prüstern rein för dull un unklook üm us to.

Dammi, dar fehl noch wat an.

„Lat mi is alleen", segg Hein un soog. Jo, de Hollunnerstickens gungen to deep daal, ganz bet in't Water raf; na dat leet sik ännern. De wurn inne Höcht trucken, nee verpickt un nu noch maal gelopen. Nu noch maal an't Sugen, all dree to lieker Tied, un sü, un sü, de Piep wull all in Gang komen, dar leet Hinnerk loos un bölkde: „Ji riet mi jo dat Sewers ut'n Hals, mien ganze Sluuk is all drög."

Dar schimpen wi awer loos. Son Döskoop, jüß wull de Piep all brennen, dar maak he son Kraam, de nelke Keerl. Na, töw man, dat schull mit inne Statuten, dat nümms den Slauch flutschen laten druff, ehr dat he Verlöw darto harr.

„Dat Schietdings hett jo nien Luft", schimp Hinnerk, „wi möt ehrs is örnlik dörpußen."

„Könt wi jo doon", segg Hein, „denn is alltohoop up Kummando - een - twee - dree!" Un wi pußen mit vulle Backen henin, at wenn wi jeder en Posaun vörn Hals harrn un wulln Jericho ümblasen. Weet de Dunner, wo dat keem, mit 'n maal stoow de Tobak piel inne Höcht un us inne Ogen, un achterher en Strull Water, dat wi all dree vör Verbaastheit achteröver up'n Puckel fullen un Hinnerk mit sien langen Been den Waterpott raakde, de öwerkopp sloog - dat Glas twei, de Piepenkopp twei, un Water un Schören un Tobak un wi all dree mittenmang in all den Swienkraam up de Eer.

Jüß at ik hochkiken kunn, flog de Dör apen, un dar stund at 'n Gespenst in sien blaukarreert Hemd mit de naakden rugen Bene Schoster Sötbeer, de grisen Har piel in'n Enn, de Ogen vör Grugen wied ut 'n Kopp un de groten Tenens an sien knökern Föt in de natte Floot hochbagen at 'n Schippstewen. Ik seeg blot noch den Spannreem in sien Fuust, dar weer ik all inne Höcht un ut'n Finster, översloog mi up de Ledder un leet mi unnen nich maal Tied, ümtokiken, of dat Hein oder Hinnerk weer, de dar mit 'n Buuk up de Finsterbank leeg to spaddeln un to kölben, un of dat Sötbeer sien Spannreem weer, de dar so barbarsch up dat natte Achterdeel rümdanzte. Ik weer toträen, at ik eers all mien Bulens un pöten Arms un Benens in't Bett versteken harr.

Jan Voß sien Waterpiep heff ik van do aff an man immer son beten betsch ankeken, un at Hein Fink mi na veertein Daag maal verklaren wull, dat wi en Konstrukschoonsfeler maakt harrn, wiel dat wi kine Ventils inboot harrn, un dat he

dat nu vör wiß herutharr, dar sä ik doch: „Hein, laat us leber bi de Negerzigarrn bliben, wenn s' uk dür sind, is doch beter at son türkschen Kraam."
Hinnerk Uhl harr awer de Näs, oder uk dat Achterdeel so vullkregen, dat he foors utträn dä ut den „Klub der Feuervögel".
„Dat brennt mi noch", sä he, un föl sik vörsichtig achter an de Büx.

August Hinrichs

erste Smökelstied = Zeit der ersten Rauchversuche; Kuraasch = Mut; krullig = geringelt; Farkensteert = Ferkelschwanz; plietsch = schelmisch, pfiffig; binaßen = beinahe; Kring = Kreis; dat Bobberst to middels = zuoberst in der Mitte; Timpens = Zipfel; minnachtig = verächtlich; begösch = beruhigte; naßen = hernach; unbannig = hier: gewaltig; klütern = basteln, werkeln; foors = sofort; sachs = vermutlich; liekervel = egal; Schächt = Prügel; klau = hier etwa: kletterte, stieg; kropen = krochen; holle Holunnerstickens = hohle Holunderstücke; bör = hob; Sewers = ausfließender Speichel; Sluuk = Schlund, Speiseröhre; nelk = albern, sonderbar; töw = warte; nien = kein; piel = steil; Verbaastheit = Verwirrung; raakde = berührte; Schören = Scherben; vör Grugen = aus Angst; Spannreem = Spannriemen; spaddeln = zappeln; kölben = glotzen; pöten = hier etwa: lädiert; betsch = bissig.

## *Don Kieschott in Hollwäg*

För 350 Jor is dor in Hollwäg mal 'n Buur wäsen. De stamm ut Spanien. Dorüm har he uck so 'n komischen Naam. He heet Don Quixote. Dat kunn 'n de Hollwäger nich utspräken un sä 'n to üm „Kieschott". Dat bedütt up Plattdütsch „Tüterbüx". Kieschott weer den Herzog von Alba weglopen, as he de Hollanders mit Gewalt katoolsch maken wull. Bäten Geld har he uck mitbrocht un sick 'ne lüttje Stär köfft. Dat weer up de Köterhörn.
Arbeiden moch Kieschott nich geern. Sien moje Stär leet he gans verkamen. In'n Hoff wuss nicks as Tüüch un Skröönneddeln, un sien Rogg weer so dünn as Bähngrass. Toless har he bloot noch een Perd in'n Stall, so'n richtigen olen Krüppenbieter. Dat weer'n Mähr. Dor kunnst de Rippen an telln, un ähr Fööt weern so groot, as wenn se Trippen an harr. Kieschott sä to ähr „Rosinante", dat heet up Plattdütsch „Lüttje Roos". He sülm weer mal in Madrid up de latinsche Sgool wäsen, weer awer nich wiet kamen. Läsen kunn he uck, de meisten anner Hollwäger Buuren kunn dat domals noch nich. Dorüm dachen se, he weer 'n Junker. Am leewsten seet he aster't Füer mit 'n dicken Ritterroman up de Kneen. Wenn dat richtig Mord un Dootslag geew, frei he sick un maak 'n Fuust un hau too, as wenn he dor mit bi weer. Dinn sprung Molly, sien swarten Hund, de bi üm an't Füer leeg, up, as wenn he seggen wull: „Wüllt wi loos, Vadder?"
Toless sett Kieschott sick in'n Kopp, dat he 'n groten Held weer un de Welt erlösen möss. All de Riesen, Räubers un Deew woll he utrotten. Richtigen Ritter woll he weern. He maak sick 'n Lanz ut'n Bohnenrick. In de Spitz sett he'n Nagel in. Uck astern in de Stävelholschen hau he sick n' Draatstiff, dat sgolln de Sporen wäsen. Am lewsten woll he waller na Spanien. He fööl sick so alleen. In Hollwäg weer üm dat in'n Winter to koold, un in'n Sömmer dönner üm dat to faken. Awerlang weer he rein tüterig in'n Kopp. He seeg Dinger, de dat gornich geew.

He dee kien Minsch watt. De Lüd moggen üm all geern lieden. Weck duur he, denn jeder kunn sehn, dat he nich to sien Rech keem, so mager weer he. In'n Sömmer broggen de Nabers üm awerlang 'n Bookweetenpannkook öller Mölk un Krööm. In'n Winter har Öltjen Anna (de deen dor as Maat) üm mal 'n Wussball brocht. Siet de Tied kunn he de Deern nich waller vergäten. He geew ähr stilken 'n feinen spaanschen Naam: „Dulcinea", dat heet up Plattdütsch „Mien Sööte". Anna weer all 'n bäten öllerhaftig, uck tämlich dick, awer dat gefull üm jüs, denn he sülm weer lieke so mager as sien Rosinante. Wenn Anna lach, denn maak se 'n ganz breeden Mund, van een Ohr ben't anner. Arbeiden kunn se as 'n Keerl. Dat pass jo uck, dinn he moch am leewsten tokieken, wenn anner Lüd sich afrackern. Dag un Nach grübel he dorawer na: Wo kaam ick bloot an de Deern ran? Seggen moch he ähr dat nich. Up'n mal har he dat rut. He woll ähr wiesen, wat he för 'n Held weer.

As he eenmal ut de Grootdör keek, seeg he dor dich bi Öltjen Hus 'n Ries, de hau immer met sien langen Arms üm sick to. „Pass up", dach he, „de will mien Dulcinea wat andoon". „Tööv Düwel", sä he. „Di will ick helpen." De Lanz halen, Stäwelholtschen an un rup up sien Rosinante, dat weer man so eens. Dinn zuckel he loos, hess nich gesehn! Molly bläk vöran. Steert in de Hög, all de Kinner aster üm an. As he bi Öltjen Huus vörbi keem, stunn Dulcinea vör de Dör. Se lach üm an mit ähr'n breeden Mund. Wat frei he sick! „Nu nimmt se mi", dach he, „wenn ick den Ries dor to Fall bring." Do geew he sien Rosinante de Sporen, un in'n Galopp, as wenn se Füer ünnern Steert har, gung dat up den Ries loos. Mit eenmal kreeg Rosinante 'n Slag an'n Koop, un dinn he ok een. Beide flogen wiet weg in Heinemann sien Hawer. Kieschott weer ganz benaut, un Rosinante leeg up 'n Rügg bi üm un spattel mit de Been. Anna har dat seen, keem flink anloopen, bör üm waller hoch, nehm är schettrig Snötdook un verbunn üm den bloodigen Kopp. Rosinante keem uck waller up de Been.

„Wat wolln Ji hier?" frag Anna. „Wi wolln Di blot retten vör den grooten Ries." „Grooten Ries?" sä Anna. „Ji sünd jo gegen de Möhl anreden un hebbt een mit de Flögels an'n Kopp krägen" (De Hollwäger Möhl har do noch kien Swickstell). „Dinn hebb ick mi woll verkeeken", sä Kieschott. Dinn broch Anna de beiden na Hus. Don Kieschott hink up de linke Siet, Rosinante up de rechte. Molly leep trorig achteran, Steert twüschen de Been. Jeden Dag gung Anna hin un pläg Don Kieschott. Toless geew dat 'n groote Hög. De ganze Köterhörn weer kaam. Dor geew dat soväl Stuut un „Heet un Sööt" (Wittbeer), as jeder man rünner kriegen kunn. Un wenn een van de Hollwäger Jungs un Deerns swarte Hoor un brune Ogen hett, dinn stammt se säker af van Don Kieschott und Dulcinea.

Georg Willers

Hollwäg = Hollwege bei Westerstede; Stär = Bauernhof; Tüüch un Skröönneddeln = Unkraut, Brennesseln; Bähngrass = dünnhalmiges Pfeifengras; Sgool = Schule; Trippen = Holzschuhe; aster = hinter; Bohnenrick = Bohnenstange; Draatstiff = Nagel; sgolln = sollten; awerlang = manchmal; Mölk un Krööm = Milchsuppe; Maat = Magd; Wussball = Blutwurst; bläk = bellte; benaut = bedrückt, hier: verstört; spattel = strampelte; bör = hob; Snötdook = Taschentuch; Swickstell = Mühlenuntergestell; Hög = Hochzeit

## *De Esel in dat Löwenfell*

Een Esel, gries un fuul un stuur
- so is de Aart nu von Natur -,
de smeet sik malins in Statur:
He wull nich mehr den Huckpack spälen,
Jan Hau, de schull em nich mehr quälen. -

Un de harr Slump; fund an de Straat
wat Bruuns, just na sin Grott un Maat.
Gau kroop he in dat Löwenfell
un keem nu arig in de Tell.
De Deerter all, wenn se em seegen,
dat Bävern in de Knaken kreegen,
se deenern, as't vör'n König recht,
un deen, as't sik to hören pleggt. -

Dat harrn se nich in'e Kunnen krägen,
un he wudd't sülwens nich gewahr:
Een Eck van't Ohr, de Längde wegen,
keek noch ut't Fell un wies sin Haar. -

Keem langs den Weg de Mullersknecht
Jan Hau. De grient: „Süh, so is recht!
Een Löw - un een mit'n Eselsohr!
Kumm, Frund! Di bring ik in din Spoor! -

Wor wunnert sik de Deerter all!
Dar slurrt he hen, dat is doch mall,
droog eben Königsnaam un - Jack,
nu krigg he Hau un drägg den Sack! -

Ja, Lü, wat dat nich allens gifft!
Dat Fell alleen, dat hett kin Drifft,
dat Eselshart den Esel blifft! -

Jan Heinken

gries = grau; Slump = Glück; kroop = kroch; keem nu arig in de Tell = etwa: ihm wurde nun eine erhebliche Achtung entgegengebracht; dat Bevern = das Zittern; Spoor = Spur; hett kin Drifft = hier: hat keinen Wert

## De Wunnerdokter

O Minsch, will de grimmige Dood di verdarwen
Un liggst du all trorig to Bedd, üm to starwen,
Denn wenn noch mal van dien Liew de Malesche
Un laat di salben van den Scheper van Esche;
He hett nich studeert,
Doch he weet, wo't mankeert,
He riwt un he reckt,
He salwt un bespreckt:
Kanditer, kandater, pieterpater, lawei,
Will't Plaster nich helpen, denn helpt woll dat Ei!

Sien Kunst hett he lehrt, dat kann man verbürgen,
Van den Herzog van Lüneborg, Willem Jürgen;
De dreep em un froog em: „Nu segg is, Jan Meenen,
Is hüt mit dat Höden noch wat to verdeenen?" -
„Nä, Herr, dat is slecht!
Man is hier bloot Knecht.
Dor word man väl jagt,
Un hett man sick plaagt,
Denn is man stief un verdreetlich un old
Un hett in sien Büdel nich Sülwer un Gold."

„Denn weer doch Dokter, de Lüd to kureeren,
Denn kannst du jümmer mit Veeren föhren;
Möst bloot up de Näs 'n Brill di drücken
Un sett up dien Kopp de högste Perücken." -
„Ick hebb man nicks lehrt,
Hebb gor nich studeert,
as up Schaap un up Swien,
Un kann kien Latien.
Ick kann mit Öllje un Traan bloot smären
Un gor kien Mixturen tosamenröhren."

„Denn röhr di man Öllje un Traan tosamen;
Wenn du klook büst, schöt di de Dummen woll kamen.

Möst Plaster ut Pick un Eier smären;
Denn schall dor woll Gold un Sülwer ut weeren,
Un statt Latien
Möt dat Plattdütsch sien;
Denn klingt dat gelehrt,
As harrst du studeert:
Kanditer, kandater, pieterpater, lawei,
Will dat Plaster nich helpen, denn helpt woll dat Ei!"

De Dood, de grimmige Dood will würgen
Den Herzog van Lüneborg, Willem Jürgen.
In de Karken, dor bäet de swarten Papen,
Doch de Dokters, de seggt: „Hier is nicks to hapen;
Denn deep in sien Liew
Sitt dick un stiew
De swärende Not
As 'n Kindskopp groot.
Em smeckt keen Beer mehr, keen Schinken un Klaben,
Dat Beste is woll, man lett em begraben."

Do sä dat Volk: „Uns' Herr schall nich starwen!
De Wunnerdoktor lett nüms nich verdarwen;
De kann mit sien Plastern de tieplichsten Saken,
De kann sülfst Dode lebennig maken.
De riwt un de reckt,
De salwt un bespreckt,
Un dat kann de Mann,
Wat keener nich kann,
He sä up Latien de knifflichsten Knäpen,
Un tein Professoren hebbt dat nich begräpen."

De Dokter, de wull nich; he harr woll sien Mucken,
Doch keem he tolest, up'n Kopp de Perucken.
Halwdood süht he dor den Herzog nu liggen,
Se salwt em den Buuk un knippt em den Rüggen;
He riwt un he reckt,
He strickt und bespreckt,
He seggt up Latien:
„Sta up, ollet Swien!
Kanditer, kandater, pieterpater, lawei,
Wenn dat Plaster nich helpt, denn helpt woll dat Ei!"

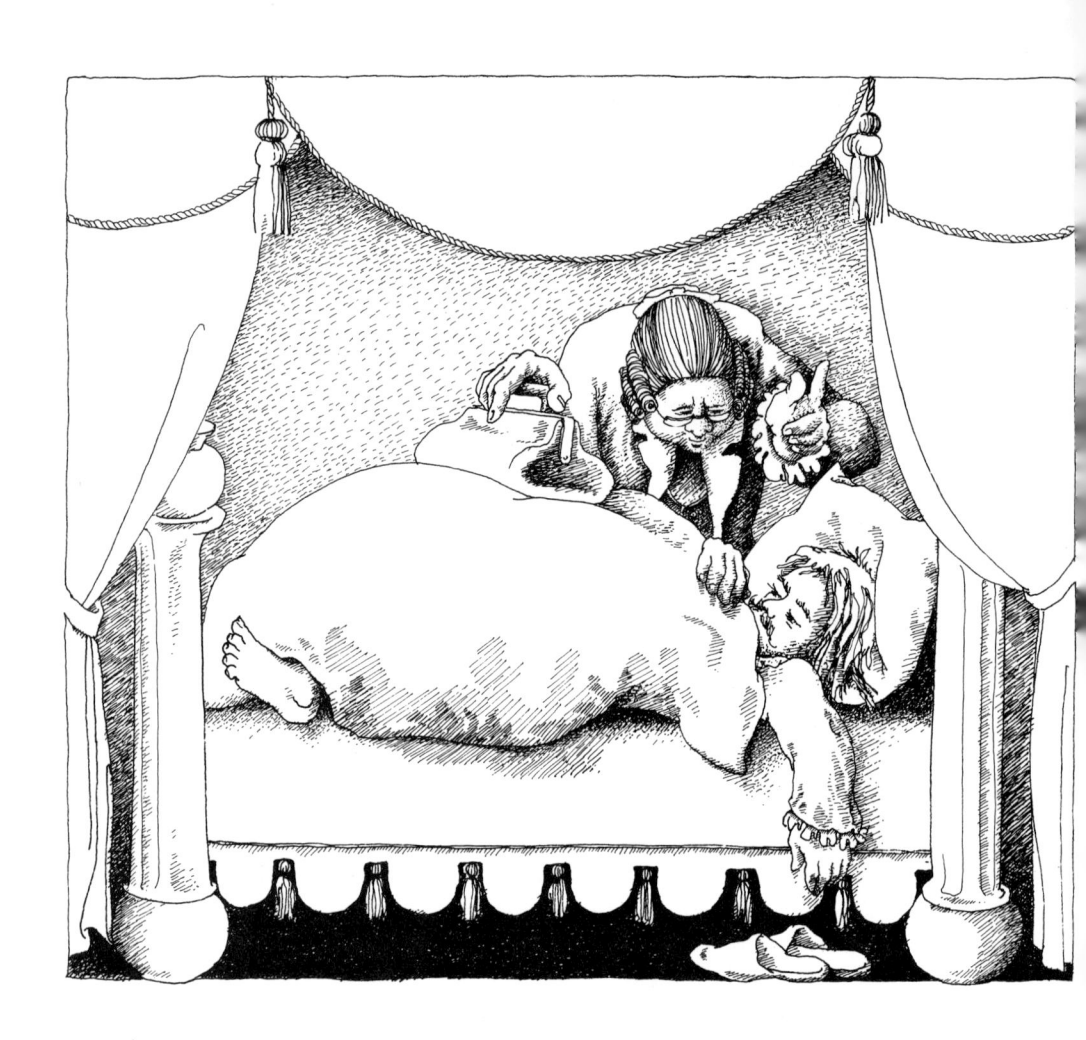

Herrjeh, is de Herzog lebennig woren;
He denkt an den Scheper vor twintig Johren!
Kanditer, kandater - he lacht ganz unbännig,
He lacht, un he lacht, un dor platzt dat inwennig:
Jüh, weg geit de Dood
Un Jammer un Noot.
De Klocken, de klingt,
Un dat Volk, dat singt:
„Uns' Dokter kann würklich de tieplichsten Saken,
Un Doode kann he lebennig maken."

Gesund weer de Herzog un schickde in 'n Schäpel
Den Dokter tein Daler un 'n sülwernen Läpel,
Un to Winachten hett he de Paters eern Segen
Un ut de Kanzlei 'n Orden kregen.
Un wo he sick wiest,
De Lüd em priest:
„Dat is noch 'n Mann,
De würklich wat kann!" -
Kanditer, kandater, pieterpater, lawei,
Wenn dat Plaster nich helpt, denn helpt woll dat Ei!

Georg Ruseler

wenn = wende; mankeert = fehlt; mit Veeren = mit vier Pferden; Pick = Pech; swärend = schwelend; tieplich = kompliziert; riwt = reibt; Schäpel = Scheffel (= Maß); wiest = zeigt

## *De Schandarm van Gannerseer*

Dat weer 1945. At de Krieg to Enn gung, do weer dat mit'n Mal anners, at dat wäsen weer, un dat gung ok nich so to at vandagen. Dat Geld weer nich vääl wert, un kopen kunn man bold nix. Tuuschen un Swarthanneln, dat weer de Hauptsaak. Man wer harr wat to tuuschen? Un de Engländer un de Polizei, de weern dr uk bannig achterto.
In de Tiet, do weer up'n Hingstlage 'n Buur, den sin Huus un Hoff, Stall un Schüürn weern noch in een van de leßden Kriegsdaag afbrennt. He harr so vääl at nix beholen: kinen Ploog un kinen Wagen. Un he möß doch sin Land bestellen, wenn he in'n Sömmer un in'n Harvst wat arnten wull.
Nu weer dar up'n Haast, nich wiet van Hingstlage, 'n Slösser, de dröff noch Auto föhrn, wenn dar een in't Krankenhuus möß, oder wenn he för sin Warkstä wat nödig harr. De keem eenes goden Daags na den Buur, den he goot kennen dee, un sä to üm: „Ik weet achter Delmhöss 'n Smid, de hett noch 'n Ploog, den he di woll gäven will." - „Wat will he darför hebben?" froog de Buur. - „Hunnert Pund Roggen, hunnert Pund Havern un 'n halv Schaap." - „Dat is mi de Ploog wert", sä de Buur, „ik mutt plögen un sein; dat is för us wichtiger at de ganze Politik. Dat Schaap, dat kann ik vanabend noch slachten." - „Denn köönt wi morgen froh föhrn. Ik bin bi tein lang hier", sä de Slösser.
Den annern Morgen föhrn de beiden los. In so'n lüttjen Anhänger achter är Auto harrn se hunnert Pund Roggen, hunnert Pund Havern un 'n halv Schaap.

„Wenn wi dar man goot mit henkaamt", dach de Buur, sä aver nix, un de Slösser sweeg uk.

Dör Waarnborg un Tungeln keemen se dör, un an Ollnborg weern se al goot vörbi. Do mit'n Mal, wor de Strat na Tweelbääk afgeiht, do gung dat nich wieter. De Autos hulln all an de rechte Siet, un dar keem uk al'n Polizeikeerl, de wies de Autos an de Siet un harr 'n Schild, dar stünd up: „Halt - Kontrolle."

De Buur, de dach: „Wenn se us dat afnahmen hefft, wat wi achter in'n Wagen hefft, denn künnt wi foorns ümdrein; denn sünd wi to Middag woller in 'n Huse." - De Slösser sä uk nix. Man wat he dach, dat schull sik bold utwiesen.

Dat duur nich lang, do schoot dar 'n Wachtmeister van de Polizei up üm to un ranz üm an: „Was haben Sie da im Anhänger?"

„Hunnert Pund Roggen, hunnert Pund Havern un 'n halv Schaap, dat is gistern abend eerst slacht't."

De Wachtmeister reet sinen Mund apen un sä: „Menschenskind! Wissen Sie nicht, daß das verboten ist?"

Do steeg de Slösser ganz langsam ut sin Auto rut, gung an den Wachtmeister ran un sä sinnig to üm: „Dat is för Dinen Kollegen, den Schandarm van Gannerseer." Den kenn de Slösser. Mit üm tohoop harr he bi de Ollnborger Dragoner deent.

De Wachtmeister van de Polizei, de wüß nich, wat he to höörn kreeg un noch weniger, wat he dar up seggen schull. He fung an to stötern un sä: „Was? Was - sagen Sie da?"

Do gung de Slösser noch 'n Trä nöger na üm ran, hullt de Hand an'n Mund un sä noch wat sinniger: „Dat is för Dinen Kollegen, den Schandarm van Gannerseer."

Do verdreih de Wachtmeister de Ogen in'n Kopp, un at he se woller in sin Gewalt harr, do keek he mal rund üm sik to un na beiden Sieden an de Autos langs, un do sä he ganz patzig to den Slösser: „Machen Sie, daß Sie weiterkommen!"

Dat leeten de Slösser un de Buur sik nu ja nich tweemal seggen, föhrn an Delmhöss vörbi un halen sik den Ploog, dat de Buur woller plögen kunn.

De Schandarm van Gannerseer, de hett in sin ganz Läven dar nix van to wäten krägen, wat he dr to bidragen harr, dat nu up den Hoff in Hingstlage woller 'n Huus un 'n grode Bargschüürn steiht un de junge Buur mit'n groden Trecker plögen, sein un arnten kann.

De ool Buur un de Slösser, de sünd al beide doot. Wenn se mit de Tiet baben den Schandarm van Gannerseer mal draapt, denn möögt se üm de Geschicht ja woll vertellen. Anners ward he se nich mehr gewahr.

Wihelm Grotelüschen

---

weern dr uk bannig achterto = etwa: sahen einem kräftig auf die Finger; foorns = sofort; stötern = stottern; Trä = Schritt; nöger = näher; Bargschüür = Scheune

# Dör dat Jahr

## *So*

Vörvörjahrstiet.
Noch liggt unner't swarte Kleed
de Grund un ückert sük neet.
So
slöppt noch dat Hart in de Bost.

Un Maimaand kummt.
Dat spruutjet un gröönt un deit
un breckt de Knoppen un bleiht!
So
röögt sük dat hete Bloot.

O Sömmersünn!
Miteens draggt Rosen de Doorn,
Mahnblömen brannen in't Koorn.
So
brannt wall de rode Leevd.

Un Harvstwind weiht,
jagt Blatt för Blatt dör de Lücht,
un Sömmer un Sünne verflüggt.
So
weiht ok dat Glück vörbi.

Och witte Snee!
Nu weet de slapende Eer
van Lüst un Jammer nix mehr.
So
kummt dat Leven to Rüst.

                                              Wilhelmine Siefkes

ückert = regt; spruutjet = sprießt; Lücht = Luft; Rüst = Rast, Ruhe

## Wilsede

Noch drievt
de brunen Ekenblö
över den
griesen Heidjerpadd.

Noch seilt
de Regen
in'n Wind
as Swarms
över de Heide,
kolt un natt.

Man
de Snucken,
de lammt al,
de Vagels,
de singt;
gäält bleuht de Wilgen.
De Knuppen springt.

Oswald Andrae

Ekenblö = Eichenblätter; Snucken = Heidschnucken; Wilgen = Weidenbäume; Knuppen = Knospen

## *Kiek is, de Spreen sünd woller dar!*

Wenn Lechtmeß wesen is un de Sünn so ganz sinnig woller höger kruppt, röögt sick de eersten Planten un Deerter. Man Vörjahr is't noch nich, mehr so 'ne Aart Vörvörjahr. Snee un Küll hefft är Regeer noch nich togewen, man af un an gifft't al moi warme Dage, un an schulige Stäen stäakt Sneeklocken un Krokusse äre Köpp ut de griese Eer, un de Haselkatten fangt an to stuwen. Denn ward use Wintervolk in Hoff, Holt un Hagen ok kregel. De Bookfink fraagt: „Wor is is is

is is denn mien sööt Lieschen?" De Meesk roppt: „Spinn dicke, spinn dicke, spinn dicke!" Ok Kortjann hett'n Kopp woller baben un prahlt: „Köning bün ick, Köning bün ick!" Un de Swartdroßel kann äre Neeschier nich mehr för sick beholen un fraagt: „Kaamt väl mit na joe Hochtiet? Kaamt väl mit?"
Un in dit Fragen un Ropen mengelt sick ok bold de Stimmen van de eersten Sommergäst. De Spreen sünd't, de bi äre olen ‚Wahnhüser' baben in de buterste Twiege van de noch kahlen Bööm sitt un all Lüe vertellen willt, dat se woller mit är räken könt. Ganz wiet sünd se nich weg wesen, jüst bit na Engelland, Frankriek, Spaanjen un Itaaljen, bloots enkelde hefft mal eben 'ne Stippvisite na Afrika röwer maakt.

Un wenn du di so'n Keerl dör't Feernglas bekickst, denn süst du eerst, wo vergnöögt he is in sien gröön, blau un vigelett klöörte swarte Siedenkleed. Wo sien guldgäle Snawel geiht! Een richtig Leed is't nich, wat he dar to Gehöör bringt, he hett jümmer van allens wat up Lager: dat Schracheln van'n Heister, dat Knarren van den Bokraan, dat „Rieke Lüe" van den Pirol un väle lüttje Strophen van anner Vagels. Versteiht sick, dat he bi siene Hochtietsleder babento düchtig mit de Flunken sleit.

Tja, denn geiht't eerst mal an de Arbeit. Wo steiht't mit de Sommerwahnung? Is dar noch allens in'e Reeg? Dat weer to schöön, wahr to wesen. Foors belävt he een gräsig Spektakel: de Lüüntjes hefft sick bi em inquarteert un denkt nich dar an, siene kommodige Stuuv to rümen. Helpt all nix, de mutt he eerst mal an de Lucht setten. De Snawelkrieg wahrt ok nich alltolang. De Lüüntjes möt bannig Feddern laten un seht to, dat se na buten kaamt. Un Feddern, Plünnen, Stroh un Heu fleegt är na; so'n Kraam mag de ole un ne'e Hüürmann in siene Wahnstuuv nich li'en.

Denn richt he siene Wahnung so ganz na sien Smack in. He hett Glück, ok siene tokamen Fro seggt dat Wäswark to, un so packt se nu beide mit an. Bold hefft se ene schulige Stuuv. Dat is man goot, wieldat de Winter faken noch mit Snee un Küll trüggkummt.

Un wenn't denn vörbi is mit de Schuurn un de Oostermaand to Enne geiht, denn leegt fiev bit seß helligblaue Eier in't Nest. Gode seßtein Dage möt de Ollern se besitten. Man mehrstiets deit dat de Fro. De Keerl hett denn woll 'ne gode Tiet, man siene Fro lett he doch nich versmachten. Jüst 's abends is he geern mit de annern Swartröck in ene grode Runn tosam.

So dra de eersten Schreihäls dar sünd, kummt ok för em ene bannig drocke Tiet. Denn is't ut mit awerdarige Leder. Dag för Dag sütt'n denn de Ollern de Blöer an Bööm un Strüker afsöken un in'n Gaarn na Sniggen, Rupen, Käfers un Wörm hacken, dat se de smachtigen Snawels stoppt kriegt. Un elkeenmal, wenn se na'n Kasten trüggkaamt, gifft't een groot Geschricht, jedereen will toerst wat hebben. Woll dree Wäken wahrt de Foortiet in'n Kasten, denn kiekt de Lüttjen ok al een na'n annern ut't Lock rut. Un veertein Daag later maakt se äre eersten Fleegversöken, bit hen na'n Appelboom, na de Wäschelien oder wat dar jüst so up'e Naberschup is. Dar laat se sick wieterfoorn mit all Aarten van Karvdeerter, Sniggen, Wörm, Bäärn un so dr wat her. Man dat wahrt nich lang, denn könt se sick ok sülms behelpen, un bold sitt Bööm un Busch vull van de lüttjen Gesellen.

Heinz Edzards

---

Spreen = Stare; Lechtmeß = Lichtmeß (2. Februar); schulige Stäen = geschützte Stellen; Haselkatten = Haselkätzchen; stuwen = stäuben; kregel = lebendig, munter; Meesk = Meise; Kortjann = Zaunkönig; vigelett klöörte = violett gefärbte; Heister = Elster; Bokraan = Baukran; Flunken = Flügel; Lüüntjes = Spatzen; kommodige Stuuv = gemütliche Stube; Hüürmann = Pächter; Wäswark = Anwesen, Wohnung; schulige Stuuv = geschützte Stube; so dra = sobald; awerdarige = übermütige; Sniggen = Schnecken; Foortiet = Zeit des Fütterns

## Pingsten

Blomen in't Haar! Witte Blomen in't Haar!
Schöne Tiet! Gröne Tiet! Pingsten is dar!
Allens, wat güstern noch duuknackt un deep
in'e Eer, in Tacken un Telgen sleep,
Wischen un Feller, de Strüük an'e Straat
wiest wedder stolt ären Maientietsstaat.

Luster, wo selig dat Vagelvolk singt!
Wo dat dör Garen un Kruuthoff henklingt!
Hell lacht de Sünnschien. Gääl brennt de Braam.
Vörjahr, dat reckt sik un haalt ganz deep Aam.
Dießel un Doorn sülm, de weert dat gewahr:
Schöne Tiet! Gröne Tiet! Pingsten is dar!

Kiek is, bi't Heck de ool düster Dann!
Väldusend Lechter, de steek se sik an.
Hart, o min Hart! Maak ok du di nu praat!
Weg all, wat soor is! Noch is't nich to laat!
Schöne Tiet! Gröne Tiet! Hooch-Tiet van't Jahr!
Bleuh-Tiet un Freu-Tiet! Pingsten is dar!

Heinrich Diers

duuknackt = gebeugt; Tacken = Äste; Telgen = Zweige; Wischen = Weiden; luster = horch; Braam = Ginster; Aam = Atem; soor = dürr

## Scharp un söt

In'n Sommer, wenn dr dat hart hergung bi dat Heun, kreegen de Knechten namiddags bi Klock soß immer noch 'n littjen Sluck, to'n Vermunnern.
„Kumm", sä Vadder is mal to mi un geef mi Buddel un Glas, „bring dat eben na't Land hen. Kannst Ipi ja mitnehmen."
Ipi weer mine Kusin. Dör mine ganze Kinnertied kann ik mi de groden Ferien nich ahn Ipi denken. Wi weern so een Slag, richtige Dördriwers in dat neeschgierige Oller von tein - twölf Jahren, un verdrogen us best.
Ipi un ik gungen denn ja los, dwaß dör't Feld. Ik heelt den Buddel hoch: klar as Water leet de Genever. „Probeern much ik em woll mal!" sä ik. Ik weer immer for dat Probeern. Probeern geiht awer Studeern. Vadder sien Prüntje, sinen Swatten-Krusen, harr ik ok all is probeert, - igitt, smeck de bitter! Man Ipi meen nu ok, weeten mussen wi dat doch mal, wat dat mit so'n Sluck up sik harr, un hier keem ja allens god to paß, un denn wulln wi dat man nich länger upschuben.

Wi gungen achter so'n groden Tömelhocken, goten us jeden 'n Glas in un jumpen dat dal. Wo't makt wurd, wussen wi.

„Slecht smeckt he nich", sä ik, as wi fudder gungen, „man he brennt in de Kehl."

„He kiddelt in'n Hals", sä Ipi.

„Kiddelt?" sä ik, „dat weet ik nich, hett he kiddelt?"

„Ja", sä Ipi, „he hett kiddelt."

Ja kiek, dat harr ik nich recht mitkreegen. Darum, as wi wedder achter 'n Hocken keemen, nehmen wi noch 'n Littjen.

„Kiddeln deit he woll", sä ik, „man he smeckt ok söt."

„Söt?" sä Ipi, „scharp, ja. Man söt?"

„Ja", sä ik, dat is dat ja just: scharp un söt."

Wat wull dat all helpen: wi harrn den Kram anfungen, wi mussen em nu ok to En'n bringen. Wi gungen noch mal achtern Tömelhocken un nehmen noch 'n Prov, slogen den Proppen fast up den Buddel, as wenn Vadder dat sulben dan harr, - un weern dar nu achter, wat dat mit den Genever up sik harr.

Ja, dar weern wi achter! Use Ogen sehden nich mehr so recht klar, de Tömelhokkens fungen sinnig an to wackeln, un use Beenen -.

„Is di ok so wunnerlich in de Been?" frag ik Ipi. Ja, Ipi wuß ok nich recht, wat se noch von är eegen Beenen holen schull.

„Ik will di wat seggen", sä ik. „Lat us 'n bäten achtern Hocken sitten gahn, dat wi den Kram hier -" un ik wies' mit'n swenken Arm wietluftig awer de Hockens hen, „dat wi den Kram hier eers is wedder to'n Stillstand krigt!"

„Ja", sä Ipi, „dat lat us don."

„Is ok väl bäter, de Knechten krigt den Sluck eers, wenn se de Arbeit dan hebbt", sä ik, un keem mi bannig slau vör.

Wi gungen achtern Tömelhocken, reeten Heu rut, maken us 'n Nest un leggen us lang. Möd weern wi, - och, so möd!

As Vadder 'n stundstied later up't Feld keem: „Na, wo sund de beiden Deerns denn?" frag he. „Hebbt de den Sluckbuddel nich brocht?"

„Nä", sän de Knechten, „wi hebbt se dar achtern wohl ankamen sehn, man hier wesen sund se nich."

Vadder gung los, us to söken. Eenerwegens mussen wi ja afbleven wesen. As he na usen Hocken keem: ja, dar leegen wi un sleepen. Sleepen, as wenn wi de meerste Arbeit bi't Heun harrn don mußt. De Wind streek us awer dat Haar un de roden Backen, de Arms harrn wi een um'n annern slan, as wenn wi us fastholn wulln, un de Geneverbuddel leeg twuschen us un blänker in de Sunn, as grien he sik een.

„Ji hebbt dat nödig", sä Vadder. „Den ganzen Dag dot ji niks, un nu liggt ji hier un slapt." Man denn kreeg he den Buddel to faten. „Sund ji dar bi wesen?" frag he, as he sehde, dar fehl allerlei rut. „Hebbt ji von den Genever drunken?"

„Drunken nich", sä ik benaut, „wi hebbt em blot probeert."

„Dat ji mi dat nich wedder dot, ji Heilunken!" sä Vadder un dreih sik gau af.

„Nä", sän wi un togen sliepsteerts achter em an.
„Na, un wo smeck he denn?" frag Vadder na 'n littje Tied.
„He kiddel in'n Hals", sä Ipi, un ik sä: „Scharp un söt!"

Alma Rogge

Dördriwers = Herumtreiber, zu Streichen aufgelegt; dwaß = quer; Prüntje = Kautabak; Tömelhocken = Heuhaufen; fudder = weiter; eenerwegens = irgendwo; benaut = bedrückt, beklommen; sliepsteerts = beschämt

## *De¹ Arntetiet², de is vergahn*

De Arntetiet, de is vergahn,
De Landmann hett sien Arbeit daan,
Dat Körn sitt in de Schüern.
Us bangt nich mehr üm't lewe³ Brot,
Den Hunger un de Wintersnot
De köönt⁴ wi nu woll stüern.

Nu kaamt ok all un dankt den Herrn!
Ut all us Möe⁵ dar kann nix weern,
Schickt He⁶ nich Sünn un Regen.
Wi weet dat doch ut lange Jahrn,
De beste Fliet, de is verlaarn,
Gifft⁷ Gott us nich sien Segen.

De Herrgott meent nich us alleen;
Up em draff hopen jedereen,
Dat ganze Volk mutt⁸ leven.
Wat waßt un riep ward⁹ up us Land,
Wi hol't nich fast in use Hand,
Gern willt wi't wietergeven.

Nu fiert de Lüe hier wiet un siet;
Doch flink vergeiht de Pausentiet,
De Harvstwind fangt an to weih'n.
Denn roppt¹⁰ us Gott an't ne'e¹¹ Wark
Un wi gaht wedder frisch¹² un stark
An't Plögen¹³ un an't Seien.

Franz Morthorst

Fliet = Fleiß

Im Original: 1 = Dei; 2 = Arentied; 3 = leiwe; 4 = käönt; 5 = Maite; 6 = Hei; 7 = Giw; 8 = mott; 9 = wett; 10 = röpp; 11 = neie; 12 = frisk; 13 = Pläugen

## Harvst

De Nacht de kümmt. Bleek warrt dat Licht.
Geel hangt dat Loof un bruun.
En Buurfru mit mööd Gesicht
geiht langsam lang den Tuun.

Se hett ehr Dagwark achter sik.
De Hark de hangt ehr swöör.
Un ut de Bööm sackt tick un tick
de Bläder up de Eer.

Hermann Claudius

bleek = bleich; Loof = Laub

## Harwst

Lütt Swulk,
frömd is dat Land
in dat du flagen büst.
Leer is dat Nest
ünnern Balken. -
Man dien Leed,
lütt Swulk,
heff ik nich vergäten!

Erika Täuber

Swulk = Schwalbe

## Novembermaand

Novembermaand
De Dorper slaapt
Een Boom steiht alleen un frust
Dat Land liggt still un stief
At een Rookfahn
fleegt Wildanten
an den grauen Himmel hen

stääkt wiet den Hals vorrut
slaat up un daal är Flögels
Awer Land un Water
drifft är dat Lengen
na de warme Sunn na Süden

Annedore Christians

frust = friert; Lengen = Verlangen, Sehnsucht

## *Advent*

Is dat een Dagg! -
Sünn ward ne wak.
Gries liggt de Dak
op Hus un Bom.
Läwen ward Drom
an so een Dagg.

Niks is mehr wahr.
Lut ward nu lies',
bunt ward nu gries;
angsthaft all Doon,
numms magg sik tro'n,
niks is mehr wahr.

Hör-wat een Klang! -
In Dörp un Stadt,
in elkeen Hatt
singt warm un wiet
Vörwiehnachtstied!
Och - wat een Klang!

Hell brennt een Licht!
Fluckert un brennt;
un singt: „Advent!
De stille Tied -
Christ is nich wiet!"
Hell brennt een Licht!

Walter Artur Kreye

gries = grau; Dak = Nebel; in elkeen Hatt = in jedem Herz

## Vör Wiehnachten

Jan Steenken sitt in sien Kontor,
hett siene leve Noot,
dat Wiehnachtsfest steiht vör de Döör,
warrt dat Geschäft woll goot?
He packt un rekent, schrifft un tellt,
Wiehnachten kummt, un dat - bringt Geld!

Sien Fro sitt in'e Stuuv un stöhnt:
„Wat gifft dat för'n Gedoo!
Huus un Geschäft, Geschenke, Boom -
wat höört doch all darto!
Ok noch Besöök! Dat's nix för mi:
Weer doch de Rummel eerst vörbi!"

Sophie, wat ehre Dochter is,
de freut sik op dat Fest;
denn gifft dat Kleder, Strümp un Schoh,
un - wat dat allerbest:
Den tweten Dag, denn geiht na'n Danz,
dar dröppt se em - ehrn leven Franz!

Grootvadder still bi'n Aben sitt,
lütt Heini dicht darbi.
„Vertell mi, Opa, doch noch mal
van Joseph un Marie!"
Lütt Heini lustert, moi dat klingt:
„Fre'en schall nu weren!" de Engels singt.

Denn plötert he van'n Wiehnachtsmann
un stiggt up Opas Knee,
he kuschelt duun sik bi em an,
süh, buten fallt de Snee.
Grootvadder kickt in wiede Feern -
dar över't Holt, dar blinkt en Steern ...

Rudolf Tjaden

Gedoo = Betrieb, Hektik; Aben = Ofen; lustert = hört zu; Fre'en = Frieden; plötert = erzählt; duun = dicht, eng

## Tant Hüsing

„Wiehnachten", gnurrt de ool Hüsing, „von mi ut bruukt dat kien Wiehnachten geben. - Nä, wahrhaftig nich!"
Un wenn 'n em so ankieken deit, wo he dar up'n Sonndagmorgen in Hemdsmauen in sien Kraamladen achtern Ladendisch steiht un Kringels in de Tuut tellt, söben up een viddel Pund, nä, söß un 'n halven - denn kann 'n dat sachts gloven.
Nä, för den olen Koopmann Hüsing bruukt dat kien Wiehnachten to geben in de Welt.
„Wat meenst du", seggt he an sien Fro, „vonwegen Wiehnachtsgeschäft? Säker doch, dar koopt se Rosinen, Zukade, Zockergoot un 'n Slips, den nüms umbinnen deit, un Rum koopt se, neiht sik fix wecke achter, dat de Buddel al langst för Wiehnachten leddig is. Dicke Zigarrn warrt smöökt, allens um Wiehnachten. Man na Neejahr, denn laat se anschrieven un blievt mi allens schullig, disse - de -!"
Nä, he is nich för Wiehnachten.
Man Tant Hüsing um so mehr.
Mit rode Backen steiht se dar un tuutjet ok Kringels in. Bi ehr gaht acht up'n Viddel, ok woll nägen, un se höögt sik över den Bedriev, de nu losgeiht. Ehr Ogen lücht up, wenn de Ladendöör nich mehr still steiht, un ehr Lachen warrt nich all in den lüttjen Kraamladen, de so proppevull is, dat dar kien Muus dörtwitschen kann.
Allens kannst hier kriegen. „Tööf, Marleen", röppt se na de een Kannt hen, wor 'n Deern just an't Wöhlen is un sik 'n nee Kleed utsöcht. „Tööf, heff di doch een upspaart - in mien beste Stuuv. Tomatenroot, dat lett moi för di, Deern, mit dien helle Haar, dar findst amenn över Jahr to Wiehnachten 'n Brögam mit."
Liekertiet packt se twee Buddel Rum in för Hannes Hecht, de is Wachtmann up'n Füürschipp un kummt to Wiehnachten nich na Huus.
Denn straakt se Heini Wessels över sienen Flaßkopp.
„Wat hest seggt, lütt Jung? För twintig Penn? En Wiehnachtsgeschenk för twintig Penn för dien lütt Süster? - Hier! De Negerpopp! Steiht fofftig an? Enerlei, de wünscht se sik! Dartig Penn driggt de Wiehnachtsmann!" Un selig stappt de Jung na Huus. He wuß ja - Tant Hüsing!
De ool Hüsing kickt suur as Essig, man sien Fro, de warrt dat gar nich gewahr. Wenn he ehr nahstens de Leviten leest, denn lacht se em wat ut. So is se nu mal. He kummt dar nich gegen up - sintemalen -, ja, dat Geschäft hett al ehren Vadder tohöört. Un wenn se dat ok nich utspälen deit. Wiehnachten kriggt he dat to föhlen.
Wieldeß he brune Seep un Bohnerwaß un 'n achtel Pund Holländer Kääs inpackt för Fro Heuer, bindt doch wahrhaftig sien Fro 'n rode Sleuf um den Pralinenkasten, den Krischan Meyer sien Ollsch hebben schall, dat eerstemal siet Jahr un Dag mal wat babento to Wiehnachten.

Un denn geiht se mit Opa Hüürkamp an't Överleggen, wat't lieden kann, swarten Krusen oder bäter Raseerseep. Se weet ja, he mutt mit sien lüttje Rente langs.
Un wat't nich lieden kann, dat markt Tant Hüsing sik in'n Stillen. Dat bringt denn de Wiehnachtsmann na dat lütt Achterhuus, 'n echten Wiehnachtsmann, de kienen Namen hett.
Ja, züh, un Wiehnachtenabend, denn is Tant Hüsing so mööd, dat se nich mehr up ehr Fööt stahn kann. Man se is glücklek, is se. Se denkt an all de Freud, de Hilligabend utpackt warrt, un de se inpackt hett.

Thora Thyselius

Hemdsmauen = Hemdsärmel; sachts = sicher, gewiß; leddig = leer; tuutjen = eintüten; höögt sik = freut sich; dat lett moi för di = etwa: das steht dir gut; amenn = vielleicht; nahstens = nachher; sintemalen = weil; Sleuf = Schleife; swarten Krusen = Tabaksorte

## *De Wiehnachtsmann*

De Wiehnachtsmann kööm jedes Jahr an'n Wiehnachtsabend jüst ümmer in de Karkentiet, wenn wi Kinner mit us' Vadder na Karken müssen un blots us' Mudder inhöden dröff, üm den Wiehnachtsmann to Hand to gahn - as se sä.
„Vadder, dröff ik ditmal en Reis to Huus blieben? Ik wull so geern den Wiehnachtsmann mal sehn!"
„Wiehnachten gaht wi na Karken!" knarr Vadder.
Wat schull ik maken? Do müß ik mit em gahn un mit de annern, as jeden Wiehnachten ...
Aver ditmal harr ik för den Lichterschimmer un all de Wunner in de Wiehnachtskarken keen Oog; mien Gedanken flögen na Huus: Ik stell mi jeden Ogenblink vör, dat nu, nu jüst de Wiehnachtsmann an us' Döör kloppen dä - un toletzt wörr dit Bild so groot in mi, grötter as de Angst vör Vadder sienen Zoorn; un as he dar blang mi nu jüst as stevig vör sik hindrööm, in'n Chor von de ganze Gemeen: „O du fröhliche..." un darbi na siene Aart de Ogen tokniepen dä, üm sik ganz hintogeben an den Gesang, do stohl ik mi lies von sien Siet hinweg, ut de Karken rut, un lööp dör den sneesülbern Wiehnachtsabend na Huus hinto un krööp in de Stuuv in dat Harmonium.
Us' Harmonium wöör so groot as so'n Hackelskisten, mit twee Regen Tasten, mehr as so'n lüttje Orgel. Dar seet ik faken in, wenn ik wat utfreten harr; dit

Versteek harr us' Vadder noch nich funnen. Ik drück denn blots de Peddbräder dal un quengel mi dar trüch-oors henin - dat Peddlock wöör so groot as so'n Höhnerlock - de Bräer de wüppen wedder hooch, un ik plier twüschen jüm dör un künn de ganze Stuuv so in Foothööchte schöön översehn . . .

Dar huck ik nu un luur un lüüster op jeden Luut in'n ganzen Huus un wöör vull freidig Bangen: De Wiehnachtsmann, de Wiehnachtsmann! Glieks, glieks müß he kamen!

Mit eenmal - mit eenmal dä sik de Döör apen. En Ruuschen un Knistern weih in de Stuuv, en lieset Klingen . . . Ik hööl den Aten an, dat Hart dat pucker mi bit in'n Hals. Ik kneep de Ogen dicht. Ik waag dat nich, dar hentokieken . . .

Ping - ping!

Oh, dat fiene ‚Ping'! Dit sülberne, geheemnisliese Klingen von de lütten Klocken! Allens, wat Wiehnachten an seligt Ahnen in sik dröög, klüng in dissen himmelfienen, fierlichen Luut. Oh, nu stünn he wißlich dar, in de Döör, de Wiehnachtsmann!

Langsam dä ik mien Ogen apen, - un lööt mienen Mund uk glieks mit apenjappen vör Verwunnerns! Denn wat dar op de Döörsahln stünn, wöörn blots en Paar ole, keputte Pampuuschen, de mi ganz bekannt vörkömen . . . ‚Nanu', dach ik, ‚deukerweg, de Wiehnachtsmann hett doch jüst op'n Haar so'n Paar ole, tweie Huusschoh an as us' Mudder! Un ik heff ümmer glöövt, he dröög son grote Holschenstebeln.'

Vörsichtig drück ik de Peddbräer dal un steek mienen Kopp dör dat Lock un keek na den Disch.

Oh! O Herrlichkeit! Dar stünn de Dannenboom! Un all de Smuck hung dar an, un de sülbern Klocken klüngen jümmer noch.

Un wer stünn dar vör? - Us' Mudder!

„Herrijeh!" rööp ik, „wo is denn de Wiehnachtsmann?"

Junge, wat hett Mudder sik verfeert, as ik mit 'n Mal den Kopp dar so ut dat Harmonium steek un losbölken dä! Se fahr rüm un starr mi an. Ehr fluckern de Ogen vör Schreck as so'n utgahenen Talliglichter.

„Junge, wat hest du mi verjaagt! Wat maakst du denn dar? Ik dach, du wöörst in de Karken!"

„Ik bün jüm utneiht! Ik wull doch den Wiehnachtsmann so geern mal sehn - wo is de bleben?"

„Wat, du büst weglopen ut de Karken?! Junge, Junge, dat gifft ja noch wat naher, wenn Vadder na Huus kamen deit!"

„Verraad mi man nich, denn finnt he mi nich! Segg, wo is de Wiehnachtsmann? Wo is de afbleben?"

„De is al wedder weg."

„Ik heff em doch gar nich stappen höört mit sien groten Holschenstebeln!"

„De Wiehnachtsmann kann flegen!"

„Flegen!"

Ik stunn wunnerbastig un keek ut dat Fenster in de winterblitzigen Steerns ...
Schaad, nu harr ik den Wiehnachtsmann jüst so eben verpaßt. Aver ik nöhm mi
wißlich vör: tokamen Jahr, denn steek ik mienen Kopp wat flinker ut dat Harmonium rut, glieks wenn de Döör apengüng und dat dar so wunnersam rinruusch -
un lüe; denn kreeg ik em ja woll endlich man en Reis to sehn mit mien sehnlichen
Ogen - den Wiehnachtsmann ...

Christian Holsten

inhöden = das Haus hüten; en Reis = etwa: einmal; blang = neben; stevig = hier etwa: ausdauernd; Hackelskist = Kiste für Häcksel; trüch-oors = rückwärts; plier = zwinkerte; Döörsahln = Türschwelle; deukerweg = etwa: zum Teufel noch 'mal; verfeert = erschrocken; utneiht = weggelaufen; wunnerbastig = etwa: höchst verwundert

## *De Dannenboom*

De Dann'nboom steiht in stille Eck
un lett so smuck un gröön
De Lütten kiekt dat Wunner an:
„Wat is de Boom doch schöön!"
Doch Vadder seggt: „De Boom is scheef!"
Un Moder meent: „He is to small!"
Un Opa brummt: „He ist to lütt!"
Un Oma queest: „He nadelt al!"

De Dann'nboom steiht in stille Eck
un denkt: „Snackt ji man to!"
He lett jüm quarken. Un he grient:
„De Minschen sünd wull so ..."
He reckt sien Telgen, böört sien Licht,
is nix as tru un wohr.
Un wiest jüm all mit hellen Schien
den Weg in't nee'e[1] Johr!

Otto Tenne

queest = nörgelt; Telgen = Zweige; böört = hebt

1) Im Original: niege

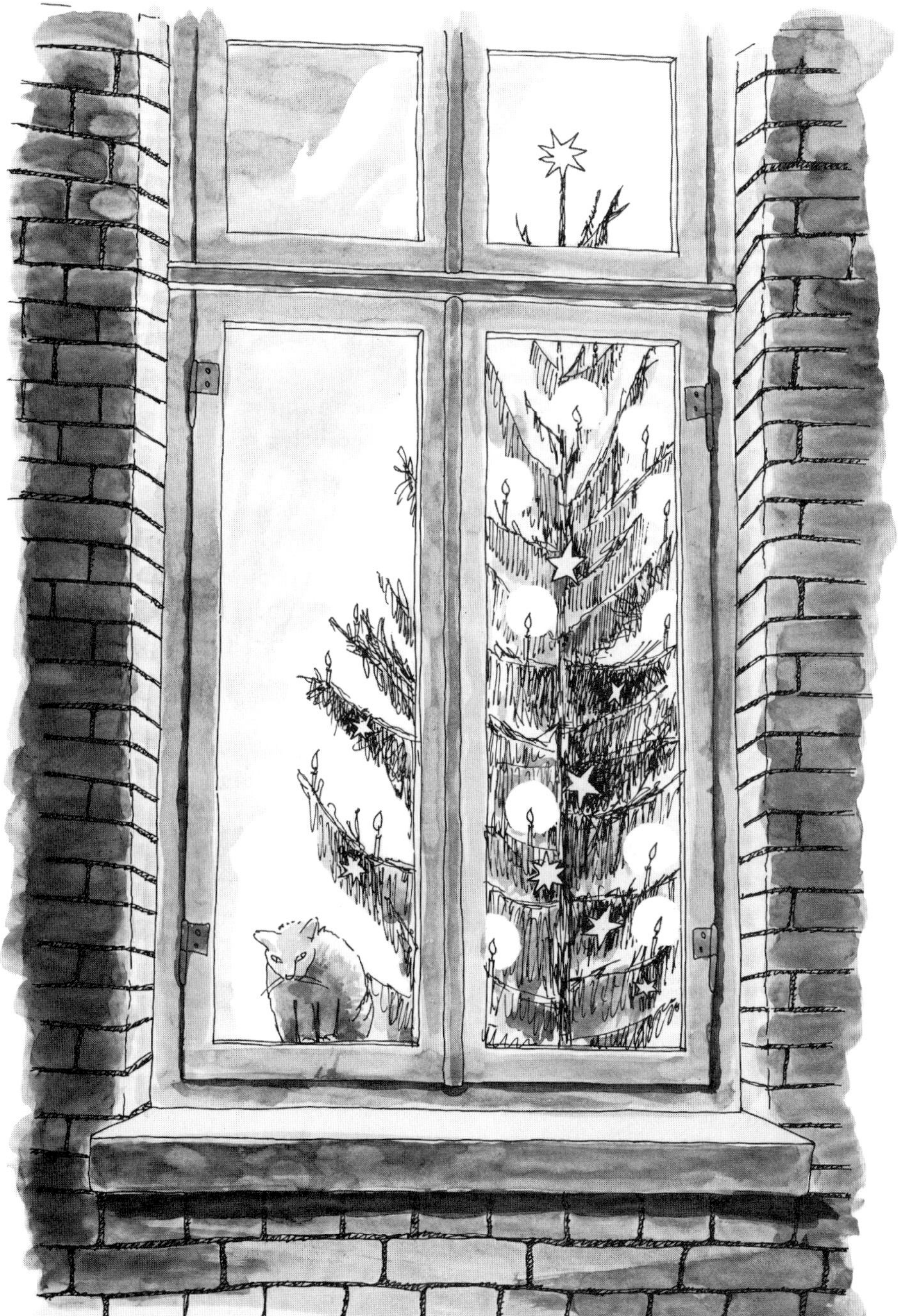

## De gerechte Wiehnachtsmann

Wenn dat up Wiehnachten togung, stund bi Maler Reimers nich blot de Warkstäe, nä, ok noch de ganze Daal full Speeltüg. Lütte Handwagens un Schuvkaarn, Släen un Puppenwagen, Peerställ un Koopmannsladen, Puppenstuven un Schaukelpeer brochen em de Lüe vör Wiehnachten in't Hus, datt he se anmalen schull. För de Reimerskinner weer dat de herrlichste Tied, wenn Vadder den Wiehnachtsmann mit helpen moß, as Mudder sä. So langen dat noch nich anmalt weer, druffen se d'r mit späl'n. Man to'n Hillgen Avend weer't denn all wedder weg, un Maler Reimers sien Kinner mussen sick denn mit'n Paar Fuusthandschen, wullen Schaal un wullen Strümp, de Mudder heemlich strickt harr, tofräen geven. Un wenn't mal wat Extras överher geev, denn weer dat'n bunt Taschendook, paar Griffel, oder'n Bleepenn un'n beten Buntpoppier.

För'n Maler up'n Dörpen is dat in'n Winter 'ne lege Tied. De Groschens sünd rar, un Mudder hett denn ehre leve Not, all de hungrigen Snuten satt to kriegen.

De lütte Heini, he weer de jüngste van de Reimerskinner, gung dat erste Jahr na School, un he prahl nu vör Wiehnachten gewaltig darmit, datt Vadder den Wiehnachtsmann mit helpen moß. Un wenn sien lütten Kameraden över all de Herrlichkeiten, de up Reimers Daal stunnen, vör luter Wunnerwarken den Mund nich mehr to kregen, denn weer Heini bannig stolt up sienen Vadder. Datt Wiehnachten nix mehr dar weer un he d'r nix van avkreeg, daran dach Heini in dissen Ogenblick garnich.

As nu in de Adventstied Heini sien öllsten Broer Jan, de nu al dat drüdde Jahr bi'n Discher in de Lehr weer, s'abens na Fieravend mal mit sien Mudder alleen weer, sä he: „Mudder, weeß wat? Van't Jahr schall use Heini aver mal'n rejellen Wiehnachten hebben, so as he'n noch nich hatt hett."

Mudder Reimers keek ehren Öllsten verwunnert an: „Woso meenst dat? - Hefft wi bet sowiet nich ümmer'n schönen Wiehnachten hatt? - Hett nich jedeneen van jo ümmer noch sien Part kregen? - Un heff ick nich ümmer noch Stuten backt, un Pepernöt un Syrupskoken? - Un weer us Dannenboom nich all Jahr bunt un schön as man een?"

„Ja, Mudder, dar fehl nix an", sä Jan, „Vadder un du, ji beiden hebbt us ümmer so'n schönen Wiehnachten maakt, as't man jichtens gung, man . . ."

„Man?" frog Mudder, nu so'n beten risch, „denn hett d'r na dien Dünken doch noch wat an fehlt?"

„Och, Mudder", sä Jan nu so'n beten benaut, „nu weer doch nich glieks bös. Du weeßt doch, wo dat bi us togeiht. Vör Wiehnachten steiht bi us dat ganze Hus full van dat schönste Speeltüg, un wenn de Hillge Avend kummt, is d'r nix mehr. -

Weer doch wunnerschön, wenn use Heini nu ok mal to Wiehnachten so'n schönet..."

„Nu swieg blot still", snä Mudder em dat Wurt av, un as Jan ehr verbaast ankeek, sett se ganz liesen hento: „Meenst du, datt mi nich faken dat Hart blödd hett, wenn wi't to Wiehnachten all wedder weggeven müssen? - Wo geern harr'k jo ok mal so'n Speeltüg ünner'n Dannenboom stellt. - Man wi harrn't ja nich darto. - Un up'n Wiehnachtsmann kann usereens sick ja nich verlaten."

„Nä, up'n Wiehnachtsmann kann'n sick nich verlaten", sä Jan, „dat weer dat ja jüst, wat ick nich begriepen kunn, as ick d'r noch an glöven de, datt he us to Wiehnachten allens wedder weghaaln de. Un denn segen wi nahst all de Herrlichkeiten, wo wi ok ganz geern 'n beten van hatt harrn, bi de annern Kinner in 'n Dörpen, de na usen Dünken nix ortiger weern as wi."

„Tja, watt wullt denn maken?" frog Mudder un wisch sick liesen mit de Schört över de Ogen, „du verdeenst ja as Lehrjung noch nix."

Da lach Jan Reimers. „Ick weet al, wat ick maken will. - Weeß noch, Mudder, dat Schaukelpeerd, wat Bur Renken verleden Jahr för sienen Jung kregen hett, wat use Heini dat geern lien mug? He weer d'r doch nich bi wegtoslaan. Un wat weer he trorig, as dat denn'n Dag vör Wiehnachten mit'n Mal weg weer."

„Un nu wullst du för usen Heini so'n Schaukelpeerd maken?" frog Mudder.

„Ja", sä Jan vergnögt, „man dat schall noch veel gröter un schöner weern as dat, wat Bur Renken verleden Wiehnachten kregen hett. - Un Vadder mött dat so schön anmalen, as he't noch sien Leev nich klar kregen hett." - Un'n beten sinniger settde he hento: „Nu is't noch Tied, nu glövt Heini noch an'n Wiehnachtsmann. - Un eenmal schall he dat doch beleven, datt dat ok'n gerechten Wiehnachtsmann givt, de nich blot ümmer de rieken Lüe dat Beste henbringen deit."

Un as Mudder seeg, wo de helle Freid ehren Jung ut de Ogen lücht, da wuß se, datt he sienen lütten Broer tokamen laten wull, wat he sick fröher, as he noch lütt weer, woll ümmer wünscht, aver nie nich kregen harr. Un se streek ehren Öllsten över't Haar un sä liesen: „Wat ward de lütte Heini sick Wiehnachten frein!" „Ja wat ward de lütte Heini sick frein!" Dat säen ok de annern, Vadder un all Bröder un Süsters, un se frein sick all in'n Vörut mit. Soveel Vergnögen harr ehr de Adventstied noch nie maakt as nu, wo dat üm Heini sien Schaukelpeerd gung.

Un denn stund dat enes goden Dags up de Daal mang all dat anner Speeltüg. Heini reet beide Ogen wiet up. So'n Peerd, so stark un so grot, harr he noch nie sehn. Man as he d'r sick fors upsetten wull, as he't anners ok ümmer dan harr, wull Vadder dat nich hebben. - Ditt Peerd drüff he nich anfaten, sä Vadder, dat harr de Wiehnachtsmann em extra inknütt, dat schull'n Jung kriegen, de muß al de artigste van all Kinner in de ganze Gegend wään.

Wenn Heini ok wuß, datt dat ja doch nich för em weer, so kunn he d'r sick doch to frein, so langen se't noch in'n Hus harrn. Woll hunnert Mal an'n Dag gung he üm dat Peerd to, un av un an streek he mit sien lütten Hannen över Rürg un Hals, un leet Mähn un Steert, de sogar ut echte Peerhaar weern, dör sien lütten Finger glien. Un as Vadder denn ennelk anfung mit Malen, da wuß Heini garnich mehr, wat he seggen schull. - Feinen Appelschimmel maak Vadder d'r van. De harr'n knallrode Sadeldeek up, de mit Gold un Silver verziert weer. Un dat Toomtüg, dat glänz van Lack un Klack. - Un wat harr dat Peerd för blanke Ogen! Dat Füer stov d'r man so herut! Richtig wild seeg dat ut, jüst so as de, de he mal in'n Zirkus up'n Jahrmarkt sehn harr.

As Heini mal so'n Wurt fallen leet, datt he ok woll mal so'n schön't Peerd hebben mug, lachen sien Bröder un Süsters em wat ut, un se säen, dat schull he sick man ut'n Kopp slaan, dar weer doch sien Daag nich an to denken, un denn högen se sick stillkens, wenn se daran dachen, wat ehr lütte Heinibroer woll för Ogen maken wurd, wenn de schöne Appelschimmel Wiehnachtsavend nu doch för em ünnern Dannenboom stund.

Man in all de Vörfreid slog as'n kolen Schulp Water dat Mallör, wat Mudder jüst acht Daag för Wiehnachten passeern muß. Se weer so unglückelk fulln, datt se sick de rechte Hand braken harr.

Mudder dach bi all ehr Pien bloot an de Dokterreknung, un wat dat wedder kosten de, un datt se nu nich mal mehr stricken un neihn kunn, un datt dat nu woll man'n lütten Wiehnachten avgeven wurd. Man da säen de annern, datt se garnix hebben wulln, wenn de lütte Heini man sien Schaukelpeerd kreeg.

Heini, de noch kien Ahnung van sien Glück harr, hör woll mal van de grötern Kinner in de School, datt dat garkien Wiehnachtsmann geev. Dar wull he denn aver nix van weten. Denn lachen em de annern Kinner wat ut, off he denn ümmer lütt blieven wull. - So langen he noch an'n Wiehnachtsmann glöv, weer he ok noch nich grot.

Man Heini holl isern an sien Gloven fast. - Wo schull he anners denn woll to so'n schön't Schaukelpeerd kamen, wenn't kienen Wiehnachtsmann geev. - Köpen kunnen sien Öllern doch al sien Daag kien.

Enen Dag för Hillgen Avend keek Bur Renken tofällig bi Maler Reimers rin. Do seeg he den schönen Appelschimmel, de dar noch ganz alleen up de Daal stund. De annern Speelsaken harr de Wiehnachtsmann al all weghalt. Bur Renken maak grode Ogen, as he dat schöne Schaukelpeerd seeg, un fors wull he dat för sienen Jung hebben. De harr verleden Wiehnachten ja erst een kregen, meen Vadder Reimers. „Dat ol spillerige Ding", sä de Bur minnachtig, „dat is al langen twei. Dat hefft wi in't Füer haut!" Un denn bekeek he sick den Appelschimmel van al Sieden. „Junge", meen he, „is de stabil un deftig boot, dat is doch'n ganzen annern Snack! De kriggt us Fidi so licht nich twei, wenn he ok woll'n ganzen Gewaltbreker is." Un denn fung he an to snacken un to hanneln, he wull d'r ok'n dicken Pries för geven. Man Maler Reimers leet sick up nix in, dat weer al verköfft, sä he. Do legg de Bur föftig Mark up'n Disch. Man Reimers bleev fast, dat Peerd kunn de Bur nich kriegen. Do legg de noch tein Mark to. - Man do keem Mudder un sä, dat Peerd weer nich to verköpen, un wenn de Bur noch wat toleggen de. Dat schull ehr Heini to Wiehnachten hebben. Do boot de Bur ehr kortweg hunnert Mark för den Appelschimmel. As Mudder Reimers den Pries hörde, wurd se richtig so'n beten bleek, un se dach an de Dokterreknung, un datt d'r noch wat överbleev, datt se de annern Kinner ok noch'n lütte Freide to Wiehnachten maken kunn. Un se wull Vadder al'n Wink geven, datt he't doch man don schull. Man do sä de, datt se erst noch Jan fragen müssen, de harr dat Peerd maakt. Annern Dag schull Bur Renken denn Bescheed hebben.

S'abends, as de lütte Heini all in sienen Alkaven van Wiehnachten un van den schönen Appelschimmel dröm, seet de Familje Reimers noch in de Döns, un se snacken sick de Köpp warm üm Heini sien Schaukelpeerd. Kien wull d'r wat van weten, datt Bur Renken dat kriegen schull. „Dat weer ja noch schöner", sä Jan, „datt de dicknäsige Bur darmit avtreckt! Lever hau ick't in't Füer!"

Un wiel Jan dar'n beten lut bi weer, keek Mudder vull Sorg na den Alkaven röver, off Heini d'r ok woll nich van upwaakt weer. Man de snork as'n Rott. - Ja, snorken de he dull, dat Mudder man blot nich mark, datt he waak weer. - Un nu wurd he gewahr, datt dat schöne Schaukelpeerd em todacht weer. - Man he kreeg nu ok de Wahrheit to hörn, wat dat mit den Wiehnachtsmann up sick harr, un datt allens blot van Vadder un Mudder keem. Un nu schull he ok noch denn Appelschimmel kriegen. Heini wuß nich, of he wenen oder lachen schull. Do hörde he, datt Vadder sä, Jan schull sick den Kram man erst noch mal beslapen. He harr dat Peerd ja maakt, un wat he morgen fröh sä, dat schull gelln.

Do sä Mudder, datt Heini doch egentlich al veel to groot för so'n Schaukelpeerd weer, un datt dat doch nich recht weer, wenn al de annern Kinner dar ünner lien schulln.

Man Vadder wull d'r nix mehr van hörn un sä, dat weer nu Tied na'n Bett.

Heini leeg musenstill ünner sien Bettdeek un dach an den schönen Appelschimmel, un off he'n nu woll würkelk kriegen schull. Man denn dach he ok wedder an sien Bröder un Süsters, datt de nu nix to Wiehnachten kregen, un datt Mudder de hunnert Mark doch so god brüken kunn. - Hunnert Mark! - Dar kunn'n na Heini sien Dünken ja woll de halve Welt för köpen.

As Mudder sick nu över em dalbög un nakieken wull, off he uk god todeckt weer, smeet Heini mit'n Mal sien Arms üm ehren Nacken un wull sien Mudder wat in't Ohr flüstern, man för luter Snuckern kunn he d'r nich to kamen.

„Jung", sä Mudder ganz verbaast, „du büst waak? Du hest doch woll nich lustert?"

Man do harr de lütte Heini sick fat, un he schoov sien hete Back ganz dicht na Mudder ehr ran un flüster ehr heser un upgeregt in't Ohr: „Mudder ick bün nu doch grot! - Un ick brück kien Schaukelpeerd mehr! - Un an'n Wiehnachtsmann glöv ick ok nich mehr. Un . . ." Man mehr kreeg he vör luter Snuckern un Wenen nich rut.

Da düker Mudder sienen Kopp an ehre Bost un legg em sinnig dal un deck em to un sä: „Nu slaap man, mien Jung, dat ward sick morgen all finnen."

Den annern Morgen bleev Heini isern darbi, datt he nu grot weer, un datt so'n

Schaukelpeerd ja blot för lütte Kinner weer, wo em ok nix mehr an liggen de. Da packen Jan un Heini den Appelschimmel s'abens, as dat man eben düster weer, up'n Släen un brochen em na Bur Renken.

As se nu sinnig un liesen mit den Släen dör de stille Winternacht trucken, sä de lütte Heini to Jan: „Nu büst du de Wiehnachtsmann." „Un du den Wiehnachtsmann sien lütten Knecht", anter Jan, un darbi lach he ganz liesen. - Un de Steerns blänkern so hell un klar van'n Heven, un de lütte Pingel, de se an ehrn Släen bunnen harrn, de klung so fien, datt een woll denken kunn, dat Christkind oder de Wiehnachtsmann trucken de stille Dörpstraat langs.

As de beiden den Appelschimmel bi Bur Renken avlevern, tell he ehr tein blanke Goldstücken up'n Disch. De geev't damals noch, as disse Geschicht passeert is. - Un de grode Jan knütt de Goldstücken in sien rodet Taschendook, un steek dat denn to ünnerst in sien Büchsentasch. Man vörher föhlde he erst noch to, off d'r ok kien Lock in weer.

As dat Christkind, dat in all Hüser un in all Minschenharten kieken kann, naher in Maler Reimers sien Hus keek, seeg't den lütten Heini för'n Dannenboom stahn, un sien Ogen lüchen veel blanker un klarer as all de hellen Lichter. Un dat Christkind harr woll noch nie in so'n glückelk Hart keken, as in den lütten Heini sien.

Un as dat Christkind denn naher ok noch in Bur Renken sien Hus rinkeek, da harr Renkens Fidi den schönen Appelschimmel jüst den Steert utreten. - Un Bur Renken, de an de hunnert Mark dach, de he för dat schöne Peerd betahlt harr, legg den Jungen över't Knee un vergaller em den Achtersten. Un Fidi bölk un schree, as wenn he an'n Spieß steek.

Do dach dat Christkind an den lütten Heini, de nu grot weer, un den sien Hart för Glück un Freid bold överleep, un do gnifflach dat Christkind richtig so'n beten in sick rin, wiel dat doch noch'n gerechten Wiehnachtsmann geev, wenn de Minschen d'r ok woll nich mehr so recht an glöven wulln.

Karl Bunje

---

Bleepenn = Bleistift; lege = schlimme; rar = selten, knapp; sien Part = seinen Teil; jichtens = irgendwie; risch = lebhaft; benaut = bedrückt; verbaast = verstört nahst = hernach; högen = freuen; Schulp Water = Schuß Wasser, Wasserguß; Pien = Schmerzen; spillerige = zerbrechliche; minnachtig = geringschätzig; Alkaven = Wandschrankbett; Döns = Stube; gnifflachen = verstohlen lachen, schmunzeln

*Snee danzt dal...*

Snee danzt dal,
de Wind weiht frisch,
Dodenlaken deckt de Wisch.
Sinnig ruschelt - as in'n Droom -
kahle Busch un naakte Boom:
Winterslaap is noch kin Dood -;
ünner'n Snee waßt all dat Broot!

Erich Haferkamp

# In us Land

## *Wo ik her kam*

Wo ik her kam
is dat Land so free un wiet,
wasst dat Gras un bleuht de Klee,
ruckt de Luft na Solt un See,
blänkert Water, ruschelt Reith,
jagt de Wulken, Wind de weiht
wo ik her kam.

Jeden Dag
tweemal loppt de Flot dar an,
awer't Watt un Butenland,
stiggt an Diek un Öwerrand,
spöhlt un wöhlt um Pahl un Steg,
sackt denn sinnig wedder weg
jeden Dag.

Mine Lüd
gaht ärn stillen, sturen Gang.
Wat se willt, dat fat' se an,
holt är Wurt un staht ärn Mann.
Blot wat är in'n Harten liggt
seggt se nich - seggt se nich
mine Lüd.

Wo ik her kam
is dat Land so free un wiet,
wasst dat Gras un bleuht de Klee
ruckt de Luft na Solt un See,
blänkert Water, ruschelt Reith,
jagt de Wulken, Wind de weiht
wo ik her kam.

Alma Rogge

ruckt = riecht

## *Wat ick as een lüttjen Jung bi't Kaidrieven un Ossenhöern seen, hört un beläwt hebb*

För de sworre Landarbeit weer ick in mien Kinnertiet noch to lüttjet. Up mi luur in'n Sömmer dat Ossenhöern. Wenn Anfang Mai dat Westerstärer Mart vörbi weer, keem de Bees na buten. Morgens na't Melken dreef ick de Kai na'n Kamp. De leeg up de Tegelee, ungefähr 'n half Stunn weg. Abends vör't Melken haalen wi se waller na Huus. Ünnerwägens keem wi awer 'n Sträk. Dat weer so'n lüttje Bäk, dor moggen de Kai geern ut supen. Ich frei mi awer de Steekeln, de in dat kloare Water herümflitzen. Achtern up'n Kamp weer dat gans still. An'n Wall stunn väl Strüker un Bloom: Nöt, Quäkenbärn, Spräken un wilde Sereejen un Sülk. Dor maak ick to Pingsen för all de Kai 'n Krans van. Den bunn ick ähr üm de Hööerns.

Dat Kaidrieven nehm nich soväl Tiet as dat Ossenhöern. Wi harr'n groote Driewossen, dormit kunn man lichter dör natte Wischen un awer't Moor. In't Huus harr'n wi nich so rech wat to fräten för de Ossen. Dorüm möss ick se, wenn se nich vör'n Wagen brükt wurd'n, na't „Nee" bringen. So sän wi to de nee Wisch. Dat Gras dor weer nich väl weert, un dogg nich för Melkkai.

In de Midde weer dat Nee fuchtig. Dor wussen Rüschen, un faken kreeg ick mien Föt natt. Up den annern Enn wussen Porst-Strük. De broken wi af un packen se in't Bettstroh. Dor gung de Flöh van weg. As ick mal 'n Porst-Struk mit na de Sgool nehm, sä Thöle, de Sgoolmester, dat weer gorkien Porst, dat weer'n Gagel. Up den annern, drögen Enn wuss meist Swienhoargras un Kattsteert. Dor bleih'n Bloom'n, de dat dor vandagen nich mehr gift: Zittergras, Tabaksbloomen, „Gotteshand un Düwelsklau" un Enzian. De Tabaksbloom harr ähr'n Naam v an den eigentümlich Rök, de rook binah as Kamellen. Van de dunkelgoldgälen Bloom maaken de Aptekers Arnicatinktur. Wenn'n Perd sick stött harr un'n dick Been harr, möss dor gau een na Westerstär un wat haalen. As eenmal Grünjers Perd'n slimm Been harr, möss ähr Jan, de mit mi na't Sgool gung, in'n Galopp na'n Apteker. De harr üm wat utlacht. De Jung har „Arnicastinknur" hebben wollt. In Holsteen seggt se to de Tabaksbloom uck Wulfsbloom. Dat Woort sgall van dat hochdütsche Wolferlei herkamen. De Holsteener Buurn maaken ähr Tinktur sülm. Se gooten eenfach 'n halfen Budel Kloaren awer de Bloomblör un leeten dat'n bäten trecken. „Gotteshand un Düwelsklau" harr runde fach'n Plakken up de Blör. In de Eer harr disse Plant witte junge un swarte verdrägte Knullen. De swarten weern van vergangen Joar. Ut de hellen wuss de Bloom tokam Joar waller nah.

Wor de nee Wisch 'n bäten moorig weer, bleiht de himmelblaue Enzian. Den moch ick geern lieden. Nu wasst de dor nich mehr. As ick oolt weer, läs ick eenmal, dat dat nu 'n Alpenzug gift, de „Blauer Enzian" heet. Do möss ick an mien Koheerntiet denken, as ick in de Wisch bi mien Ossen leeg un mi awer den Enzian frei.

Ick keek awer nich bloot de Bloomen genau an. Domals geew dat noch 'n Barg Hasen. Meistens jagen se mi 'n Sgreck af, wenn dor mit'n mal een ut sien Lager upsprung, wo ick hinträden woll. Eerst susen se mit wiete Sprüng af, dinn möss ick lachen, awer wenn se so tweehundert Trär weg weern, setten se sick up'n Steert un spitzen de Ohren, as of se seggen wollen: „Kannst mi nicks!"

Wenn ick up'n Buuk in't Gras leeg un na de Ossen keek, de sick dor gans in Fräden dickfreeten, hör ick awerlang, dat'n Vagel baben van'n Struk mi wat tooreep. „Tschaarrk - tschaarrk, tschaarrk - tschaark!" klung dat. Dat weer de Dickkopp. He harr'n krummen Snabel un'n roten Rügg. Ick kunn dütlich verstahn, wat he mi vertellen woll. He woll mi warskauen un woll seggen: „Kumm mi nich to nah! Gah nich bi mien Ness! Nimm mi nich mien Fräten!" Dat sögg he sick betieds tohoop un steek dat up Hageldoorns fass: Käfers, Rupen un Würmer. Dorüm heet he up Hochdütsch uck „Neuntöter". Wenn de Jungen utflagen weern, seeten se de eerste Tiet in Drüppels bi'n anner up'n Struk, un de beiden Oolen sleppen ähr Foder too.

Wenn de Sünn moje sgien, leeg ick geern up'n Rügg un keek na den blauen Himmel un de witten Wulken. Dor swäben baben de Swagen in wiete ruhige Bogens. Dat leet, as off se väl Tiet harr'n un mit'n anner spälen. Wenn't na Rägen utseegh, sägeln se ilig leeg awert Gras, wor de Mögen noch'n bäten mit'n anner dansen un spälen, vör se sick flink ünner de Grashalms un Blör verkrepen kunnen, wenn de eersten Drüppen full'n.

Awerlang bi moje Wär klung dat mit'n mal van hoch baben, as wenn dor'n Zäg mecker. Dat weer de Bäwermoder, de Ostfreesen seggt „Bäwerbuck". De hört to de Snippen. Mien Vader sä, „he" will „se" anlocken, jüs as de Hahn de Henn roppt un mit de Flunken haut, wenn he'n Öhlk funnen hett un wat van ähr wüll. De Bäwerbuck lett sick sgräg na de Bäwermoder fallen, wenn he mit ähr anbendeln wüll. Meistens maakt he so'n Theater, wenn dat rägen will.

Uck de Kreien sünd Wärpropheten. Bi goot Wär roppt se eenanner ruhig un langsam too: „Quaarrk, quaarrk". Wüll dat rägen, denn verstäkt se sick wor in Boom un roppt gans bedröövt: „Kruuk, kruuk". „Denn källt de Kopp", sä us Vader. De Kreien sünd gans slaue Rackers. Meistens sünd se in Sgorren ünnerwägs. Wenn tein öller twintig up'n Boom sitten gaat, denn möt up dree, veer Sieten, ungefähr hundert Trär af, een uppassen, dat dat groote Flock nich awerrumpelt ward. Geihst du mit'n Gewehr öllern Stock in de Hand up de Sgorr too, warskaut disse een Krei all de annern. Mit eenmal is dat gans Volk mit'n groot Gequark in de Luch, jüs as so'n Feldwache Soldaten lebendig ward, wenn de utstellte Posten sgütt.

Georg Willers

Ossenhöern = Ochsenhüten; Bees = junge Rinder; Steekeln = Stichlinge; Quäkenbärn = Vogelbeeren; Spräken = Faulbaum; Sereejen = Syringen; Sülk = Geißblatt; Driewossen = Zugochsen; dogg = taugte; fuchtig = feucht; Rüschen = Binsen; Porst-Strük = Porst oder Gagelstrauch; Sgool = Schule; Kattsteert = Schachtelhalm; Tabaksbloomen = Arnica; Gotteshand un Düwelsklau = geflecktes Knabenkraut; Dickkopp = Neuntöter; warskauen = warnen; sgien = schien; Swagen = Schwalben; leeg = tief, niedrig; awerlang = manchmal; Bäwermoder = Sumpfschnepfe oder Himmelsziege; Snippen = Schnepfen; Öhlk = Regenwurm; Flock = Schar, Menge; sgütt = schießt

## De dicke Fisch

Min eersten Aal hebb ick al fungen, annerlest, as wi van'ne Brügg ut in 'ne Bääk angelt hebbt. Den Aal - he weer man minn - hebb ick an'ne Angel noch dör'n Watergraben trucken, meist bit na Huus hen. Ick harr jo Angst, he kunn mi anners ünnerwegs dotblieven.
Vandag is dat so'n richtigen Sömmerdag. „Wenn 't uk noch nich na'n Gewitter utsehn deit, de Aal schööt bi so'n Wär uk woll biten", meen Gustav. Wi willt denn jo los, na de Bääk, in't Lehmland. „Hol eben de Fork, mööt jo noch Öölken söken", roop ick Gustav to, „ick hol al de Angeln." Duurt nich lang', do hebbt wi noog Mettjes in'n Pott. De ganz dicken köönt wi nich brüken, de kriggt „Wacke", use Aant. Se hört dr ganz mit to, is meist taam und nimmt mi de Öölken ganz behott ut'e Hand. Wi nähmt us Retschup, maakt den Angelhaken fein in'n Kork fast un treckt los. „Seht man to, dat ji'n ornliche Mahltied mitbringen dot", röppt Moder us na un gniffelt sick een. Ünnerwegs mööt wi över 'ne Weide, is'n Richtweg. Jan Gravekasten, de Buur, hätt junge Bullen in dissen Placken drewen. Wi sünd jüst över dat Heck wegklattert, do fangt de Derters ok al an to roren. Sünd reinweg narrsch! Stort' los un stööt ehre lüttjen Höörns vor Kröpels Gewalt in'ne Grund! So vergrellt! „Paß up, de sünd bannig in'ne Gangen", waarschaut Gustav mi, „wenn di een to na kummt, hau üm fix een vör 'n Kopp!" Bold staht wi heel un ganz an'ne Bääk. Wi söökt us'n deepe Kuhl ut. Dor sitt am meersten. „Du, gah dor'n bäten wieter hen, anners vertakelt sick use Angels", meent Gustav. Wi hebbt jeder gau'n Öölk up'n Haken maakt un smiet de Angeln nu in'ne Bääk. Denn gaht wi sitten un laat us Been över't Water bummeln. Of dat vandag wat bringt? Wi bliewt ganz still besitten un kiekt up den Kork.
De Sünn schient heet van'n Häwen. Wiet weg stiegt Wulken hoch, groot, upquullen, Gewitterwulken. De Luft röögt sick nich. Dat Water in'ne Bääk löpt ganz sinnig wieter, de blaue Häwen un de Angelstock spegelt sick. Blot dor... Schoster un Snieder glied flink hen un her, spält Kriegen up de glatte Bahn. Alls is so sinnig, so tofrän. Achter us steiht'n Lauerk hoch in'ne Luft up een Stääd un quinkeleert ehr Leed. Un överall een fien Gesumm... Brummer, Immen, Flegen, se sünd all ünnerwegs, spält un söökt sick ehr Deel in Blomen un saftig Grön. Un wi? Bliewt still besitten, lustert still vör us hen. Hört dr ganz mit to, sünd ganz mit inspunnen in all dat Leven üm us to. Un vergäät bold, wo wi sünd.
„He bitt!" röppt Gustav up mal. De Kork van sin Angel dukt flink up un dal. Ganz behott treckt he de Angel hoch, aber ... „Schietkram!" schimpt Gustav, „dor hätt mi doch'n Stickelstark den Öölk affreten! Junge, wenn'k den tofaat krägen harr!" He halt sick'n Öölk ut'n Pott un hätt sin Angel gau weller trecht.
Up mal fangt min Angel an to dümpeln, de Kork geiht flidig up un dal. Ick bör mi ganz behott in'ne Been, pack den Angelstock un ... Do passeert! Ick will mi

noch fastholn, an de Kant, an dat Gras. Aber helpt nix. Koppheister plumps ick in'ne Bääk, in de deepe Kuhl mit dat väle Water! Un strampel vör Gewalt mit Hann un Fööt, ick kann jo nich swemmen! „Gustav, help mi, help mi doch!" bölk ick luuthals, as ick 'n Kopp wedder baben Water hebb. Gustav is ja kien Bangbüx, he springt achter mi an. He kriggt mi gau an'n Kragen tofaat un treckt mi wedder an Land. Nu staht wi beide dar as begatene Pudels, dat Water löpt us ut Jack un Büx. „Junge, Junge, wat hebbt de Aal sick woll verfeert!" meent Gustav ganz trohartig. „Kiek, dor is 'n Stück Eer ut'e Kant rutbraken", seggt he denn un wiest up de Stä, wo ick in't Water pultert weer. Nu man gau na Huus! Den Weg dör de Bullenweide? Nä, dat holt us to langen up! Wi gaht up'n richtsten Weg, ümmer in'n Galopp!

„Wi gaht achter dör'n Stall", röppt Gustav, as wi bi'n Huus ankamt. Moder hätt us al in'ne Künn krägen. „O, wat is passeert? Hebbt ji insäten? Man flink in'ne Waschkök!" röppt se. Se löppt vörut un holt Handöker. „Los, flink uttrecken, anners verküllt ji jo!" drifft se us an. Bold staht wi naaksteerts in'ne Waschkök un kiekt bedrööwt an us rünner. Moder ruppelt us af un denn: „So, foors in'ne Puuch!" Jungedi, dat flutscht man so.

Bold sündwi weller mollig warm un fein gestellt. Is jo all goot aflopen un Moder hätt nich mal schulln! „Junge, Junge, so'n dicken Fisch hebb ick min Lewdag noch nich fungen", seggt Gustav ümmer, wenn he van use natte Angeltour vertellt.

Walter Helmerichs

minn = klein, minderwertig; Öölken, Mettjes = Regenwürmer; Retschup = Geräte; gniffelt = lächelt verstohlen; waarshaut = warnt; Lauerk = Lerche; Stickelstark = Stichling, dümpeln = untertauchen; up'n richtsten Weg = auf dem kürzesten Weg; Puuch = Bett; verfeert = erschrocken

## *De lüttje Held*

Vandagen is Sönndag. Ik hebb den Wecker 'n paar Stunn ehter aflopen laten at anners, man at ik ut de Dör kiek, regent dat, wat dr rünner wüll. Güstern schien de Sünn noch so moi, un nu is dat so'n Schietwäär! Na ja, denn treck ik mi eben 'n Fell mehr över. Ik wüll mal wedder na den verdreihden Buck kieken.

Ik treck min Mantel an, hang Glas un Kugelbüchs üm un stävel los. De Regen lett al na, un at ik achtern Busch ankam, kiekt de ersten Sünnenstrahlen al dör de Wulken.

De Busch lett, at wenn he brennt, so stiggt de Dunst up. Af un to fallt mi noch'n Drüpp van de Bööm un Strüker in't Gesicht. Dat Veeh hätt den Slaap ok ut. De

Beester staht up, schüddelt sik dat Water ut't Fell un fangt an to fräten. Nu bün ik dar. Ik sett mi an't Heck dal, so kann ik de Weide, de Kartuffeln un den Kleever överkieken un möt den Buck ja sehn könen, wenn he ut den Rogg kummt un denn na'n Kleever treckt.

Mit'n Mal verjaag ik mi. Een van de groten Beester, de gegen mi up de Weide loopt, springt an de Siet, snufft vergrellt un geiht sinnig trüggut. Wat hett de denn? Ik nehm dat Glas hoch un kiek, man ik kann eerst nich so recht wat in de Künnen kriegen.

At ik nu dar länger henkiek, seh ik mit'n Mal, dat so'n lütjet Ding, so'n Fust vull Feddern vör den groten Beesterkopp suust, un wedder stufft dat Beest 'n paar Träe trüggut. Lütjen Foot vör den Kopp fallt dat Ding denn dal in't Gras. Nu bilütjen kann ik ok sehn, wat dat is. Dat is'n lütjen Rebhahn. He steiht nu to, at wenn he wedder angriepen wüll. Örnlick groot makt he sik. Den Kopp hollt he stief vörut un kickt sin Feend in de Ogen. De Flittschen staht biesiet, at wenn he wedder in't Gesicht fleegen wüll. Un dat Beest geiht wieder trüggut.

Wat mag in den lütjen Kirl vörgahn, denk ik so bi mi. Of de woll nich mehr ganz recht in'n Kopp is? Ik kiek dar noch'n bäten rüm, un denn seh ik, warüm at de lütje Gesell verrückt spält.

Gode tein Träe achter de beiden verscheeden Feende löppt de Rebhenn mit'n gode Dutz Küken över de Weide. Se wöt woll wedder na de Kartuffeln to. Dat krimmelt un wimmelt in't Gras van dat lütje Volk. Se hebbt dat ja drock, man so gau könt de lütjen Küken in't Gras nich lopen.

Se brükt dat ok gar nich ilig hebben. De lütje Rebhahn steiht noch ümmer vör dat Beest un mött dat. He steiht noch ümmer Oog in Oog mit sin groden Feend. Sin bruunt Böstschild is moi to sehn in de Sünn. Ja, denk ik bi mi, dar steiht de lütje „Siegfried".

Nu wüll de Rebhahn achter sin Volk an. He glövt woll, de Henn is al mit är Kükens achtern Draht in Säkerheit, man se sünd noch nich so wiet. At he nu flink 'n paar Träe an de Siet löppt, kummt üm dat Beest fors na. Nu süht de Rebhahn aver, wat los is, un denn flüggt he dat Beest fors wedder in't Gesicht, dat dat verjagt achterut geiht un sik bold hensett't.

Ünnerdes is dat Rebhöhnervolk aver in'n säkern Haben, un at de Hahn dat markt, flüggt he bi dat verdatterde Beest vör de Näs weg in de Kartuffeln rin, sin Volk na. Schall ik nu noch sitten blieben, töben bit de verdreihde Buck kummt un mi denn ok noch argern laten? Nä, nu gah ik na Huus.

Renke Ulken

ehter = eher, früher; Heck = Weidetor; Kleever = Klee; Beest = Rind; trüggut = zurück; in de Künnen kriegen = erkennen; bilütjen = langsam, allmählich; Flittschen = Flügel; mött dat = wehrt es ab, hält es zurück

## In't Nett gahn

In't Naturkunnemuseum in Ollnborg geef dat vör'n paar Jahr snaaksche Kunstwarken to sehn: elektronenoptische Fotos van Spinnen. Ick heff se mi dotiet nipp ankäken. Man Spinnen kunnst bold gar nich künnig weern, wieldat se man ganz lüttje Dele dar van wiesen, de een mit blote Ogen nich sütt, un de denn een paardusendmal vergrottert wurrn sünd. Mit de Hülp van de ‚Technik' kunn een so to'n Bispill Footklauen, Warten un Fangdrö'e as so grode Wunnerwarke ankieken un verstund doch'n bäten mehr van dat „Lewen an den sieden Draht", as se de Utstellung nömen.

Kokons geef't ok to sehn un een groot Modell van de Krüüzspinn, van den grottsten Achtbener ut us Gegend, wor so väl Lüe bang vör sünd, un de kien bäten gefeerlik is. In ganz Düütschland schall dat öwerhoop bloots twee Aarten van Spinnen gewen - den Doornfinger un de Waterspinn - wor de Minschen wat van markt, wenn de är biet. Man wi bruukt nich eernsthaftig Angst darvör to hebben as vör de ‚Swatte Wätfro' oder de ‚Tarantel' an't Middelmeer. Un doch gifft dat ene ganze Reeg Minschen, de sick bannig verjaagt, wenn är is ene grottere Spinn tomööt kummt. Worüm woll? Scheet är jümmer woller Schudergeschichten öwer de Achtbener ut äre Kinnertiet to, wenn se up mal so'n Deert künnig ward? Oder is't amenn ene Aart Awerglowen, de so een Afscho gegen dat swatte, grode un langbeente Deert „ut ene anner Welt" in är upkamen lett? Un wo wiet is dat mit diene Kuraasch her, wenn du 's morgens so een Langbeen öwer de Bettdäken lopen süst, wieldat du 's nachts bi apen Finster slapen hest?

Öwer Spinnen in ole Vertellsels un in Awerglowen will ick vandagen awer nix schriewen, man öwer een egen Belewen mit ene Krüüzspinn, dat ick verleden Harfst an'n Lethediek harr. Dar weer ick an een Namiddag henföhrt, dat ick noch'n bäten van de Sünn in'n Ooltwiewersommer afkreeg.

So seet ick denn unner de wiet utladen Telgen van ene ole Fuhr up'n mojen Teppich van Kroonsbeern, Beentgras un Bessenheide an't Öwer van den Diek. Mehrstiets wahrt dat ja jümmer'n ganz Sett, bit dat ick an een ne'en Oort mitkrieg, wat dr passeert, man ditmal gung dat as in'n Film. Na un na stellen sick all vör: de Kohsteert mit blänkern Flögels, ene Wespe, de vergrellt up een soren Tacken rumkroop, darna Miegemken, de är Padd jüst an mien Sittels langs gung, de Schosters upt't Water ... Man mit'n Mal schoot ick duppelt tohoop. Do full een Schoof Anten mit'n groot Gesnater up'n Diek in. Denn weer't woller still, un ganz kommodig lehn ick mi an den Boomstamm. Man dat wahr nich lang, do wurd ick jüst vör mi in'n Machandelbusch een wunnerbar Radnett künnig.

Mi steek de Hawern, un ick smeet 'ne lüttje Kroonsbeer in't Nett, de Spinn to targen. Man se röögde sick nich. Ick smeet noch mal ene so ganz sachen van unnen up. Dat Nett bewer rein een bäten. Man de Spinn leet sick nich sehn. Do

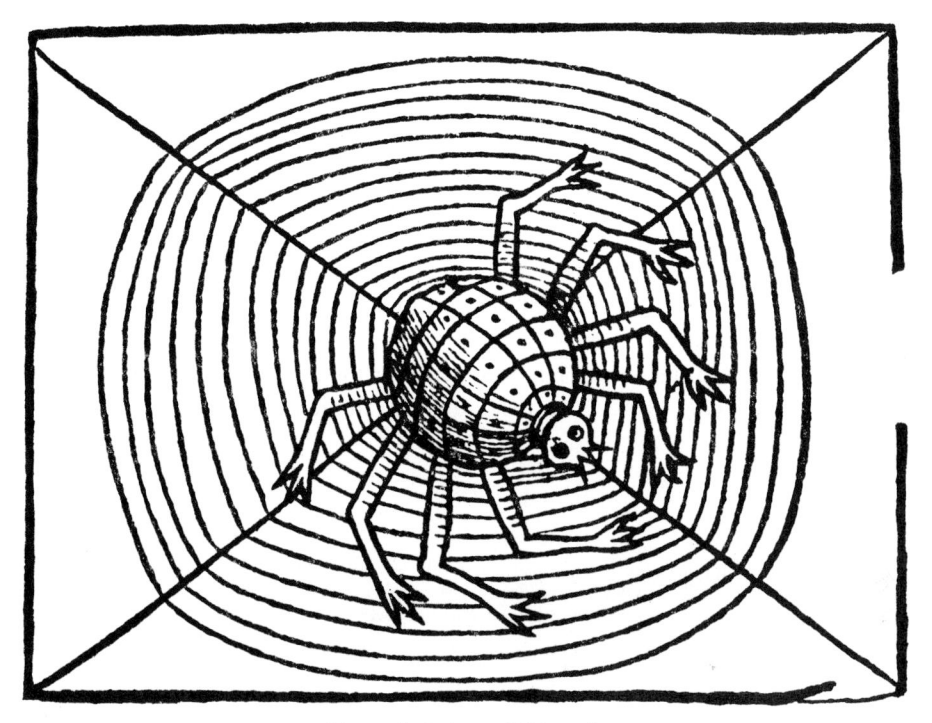

*Een oolt Spinnenbild ut den*
*„Hortus Sanitatis"*
*(1491)*

versoch ick dat mit ene dode Blindfleeg, de mi tovöörn gräsig staken harr. Awer ok van de wull de Spinn nix nich wäten. Oder weer dat Nett amenn leddig? Ick fung 'ne anner Blindfleeg, de sick up mien Arm jüst vullsugen wull, gung dicht an't Nett ran un smeet se dr gau rin. Man do keem Lewen in dat Nett. As'n Hoffhund schoot de Spinn ut är Versteek rut, balanceer up een Draht langs, greep de Fleeg un wickel se mit Spinndrö'e so gau in, dat de Fleeg bold utseeg as een Kokon. Wor wuß dat Deert dat van, dat de ene Fleeg doot weer un de anner lebennig?

As ick denn so seet un noch an't Sinneern weer, keem mit eens woller Unrauh in't Nett. Dat bewer arig. Ick stund foors up un gung'n bäten nöger an den Machandelbusch ran. Ja, dar harr sick doch glatt 'ne Moßimm in't Nett vertakelt. Wat nu? Of de Spinn mit är woll wat weern kunn? De harr doch tominnst een Stickel! Man dat schien, as of de Spinn dat wuß. Se tööv allens eerst mal af un leet de Moßimm spaddeln. Sülms as de sick verspusten dee, keem se nich. Se spikeleer dat af. Do fung de Moßimm woller an to spaddeln, man nich so düchtig mehr. Se kunn woll nich mehr so recht. As se denn bloots noch so'n sinnig Drinsen van sick geev, do schoot de Spinn up de Moßimm loos. Un dat weer man een Ogenslag, do harr se är intütert. Een kunn bold menen, dat de Moßimm dat nu ok ganz egaal weer. Mit ären Stickel kunn se sick ja doch nich mehr wehrn. De Spinn harr wunnen.

Man up'n Weg na Huus to harr ick bold een slecht Geweten, wieldat ick de Moßimm nich hulpen harr. Awer: Mutt sick de Minsch nich rutholen ut den Lewensstriet in'e Natur?

Heinz Edzards

---

snaaksche = seltsame; nipp = genau; künnig weern = gewahr werden; Warten = Warzen; tomööt = entgegen; Kohsteert = Libelle; soren Tacken = verdorrte Zweige; Miegemken = Ameisen; kommodig = bequem; targen = necken; leddig = leer; Moßimm = Hummel; spaddeln = zappeln

## Kennt Ji noch den Bookwetenjannhinnerk?

Wenn sick de Lüe fröher an'n Ranne van't Moor Weiden un Feller anleggen wullen, denn fungen se är Wark jümmer mit Smullen an. Man se mossen allens mit de hannen maken, mit Spannwark kunnen se dar nich hen, Pär un Rör sackden to deep in. So heetde dat, duchtig topacken, dat se de Strüker, Heide un Grasbulten mit Biel, Spa'en un Quick afhaut kregen. Een suur Stück Arbeit! Dat sore Wuddelwark un de baberste Moordäken stickden se denn an, un nasten bruukden se bloots noch de Bulten tweitohau'n, den Bodden een bäten dörtokrabben un Bookweten in de Asch to sei'n. För twee of dree Jahr leet sick up so een Smehlflach goot dat „Taternkoorn" anbo'en. Denn wullen de Planten nich mehr, wurrn geil un spierig un brochen nich mehr recht wat. Man de Anfang weer maakt för't tokamen Gras- of Ploogland.

Awer nich bloots in't Moor hefft se dat Kultiveern mit Smullen anfungen. Dat gung ok up de Sandheide. Un dar kunnen de Buurn mit Pär un Ossen torechtkamen. Laat in'n Harfst nehmen se sick een Stück van är Heideland vör, wor noch ene rejelle Bast- un Humusschicht up weer. Dat schillden se in ploogscharbrede Striepens. De blewen denn bit to't Vörjahr liggen, dat se moi utdröögden. In'n Oostermaand, wenn de Sünn al warmer schiende, steken se de Schullen in so meterlange Ennen, lichten se up un stellden se as Däker gegen'nanner, dat de Wind dar moi dörstrieken kunn. Un wenn se dröög noog weern, kregen se dar Füür unner. Elkeen Dag nehmen sick de Männslüe so'n lüttjet Flach vör, bit allens afsmullt weer, wat se kultiveern wullen. De Asch wurd ut'nannerkleit un up dat Land verdeelt. Denn gungen se dr noch mal mit'n Ploog dör un mit de Egg achteran.

Enne Mai weer't Tiet, dat de Bookwetensaat in'e Eer keem. De wurd ganz dünn seit, up een Schäpelsaat kemen so acht bit twolf Pund. Wenn de Saat in'e Grund weer, gung't dr noch mal mit 'ne holte Egg röwer. Gode hunnert Dage moß de Bookweten wassen. Denn weer he riep. „In twolf Wäken ut'n Sack un woller in'n Sack", heetde dat. Een bäten scho'en de Lüe vör den Frost, den kunn de Bookweten nich verknusen. Man ok'n Grummelschuur of een Hagelslag, wor de Bleuhkopp van kaputtgungen, weern verdraten noog.

Wenn dat Koorn Enne August, Anfang September 'ne brune Klöör krägen harr, weer de Bookweten riep un wurd ganz behott mit de Seißen afmeiht, dat de Ekkern nich ut de Drufels rutfullen. De Froonslüe bunnen de Garwen un hulpen mit bi't Upstellen. Ja, un stunnen de Hocken denn in ene lange Reeg, kemen ok foors de Vagels - de Duwen un dat Barkwild - un halen sick ären Deel.

Na een Sett wurd de afdröögde Bookweten up'e Daal brocht un duschen. Bit to'n eersten Weltkrieg gung dat in väle Hüser noch mit Flegels, wenn enkelde Buurn ok woll al Doschmaschinen harrn. Ja, un denn keem dat Koorn na de Möhl, wor de Muller in een extra Sichtgang dat fiene Mehl towege kreeg.

Elkeen Morgen geev dat bi de Lüe up'n Lanne Bookwetenjannhinnerk. De Froonslüe backden em na äre egen „Rezepten". Mit Eier, Water, Melk, Bottermelk oder Koffi un - nich to vergäten - veer Stücken Speck broch jede so een egen Smack an den Kraam. Un wenn een is 's morgens dör't Dorp gung, keem een de Pannkokenruch ut all Hüser in'e Mööt. Ja, mit den Bookwetenpannkoken hefft de Minschen ären eersten Smacht stillen kunnt. Ole Lüe vertellt vandagen noch, wo se as Kinner den Pannkoken twüschen twee dicke Snäen Swartbroot mit na School kregen, mit'n bäten Zucker of Sirup dr up. Man nich bloots för de Minschen weer de Bookweten dar, ok Deerter kregen wat af: de Swien den Kaff, de Schaap dat Stroh und de Küken den Gort.

Ja, un wo sütt dat vandagen ut? Bi de mehrsten Familjen steiht de Bookwetenjannhinnerk nich mehr up de Spieskaart. De jungen Lüe kennt em bold gar nich mehr. Man Bookwetenmehl gifft dat jümmer noch. Wo weer't denn mal mit ene Kostproov?

Heinz Edzards

---

Bookwetenjannhinnerk = Buchweizenpfannkuchen; Quick = Gerät zum Plaggenhauen; sore = verdorrte; nasten = hernach; Smehlflach = abgebrannte Moorfläche; Taternkoorn = Zigeunerkorn; ut'nannerkleit = auseinander gekratzt; Schäpelsaat = etwa 10 Ar; scho'en = scheuten; Klöör = Farbe; behott = behutsam; Drufels = Trauben; Sichtgang = sichten, sieben; elkeen = jeden; in'e Mööt = entgegen; Smach = Hunger; Kaff = Spreu; Gort = Grütze

## Bookweeten-Janhinnerk

Dor nimmt man to:

125 gr. Bookweetenmehl
2 Eier
¾ ltr. Melk un Water (half un half)
½ Tass Koffee oder Tee
½ Teeläpel Solt
½ Teeläpel Zucker.

Fein verröhren, dat dor een dünnen Pannkokendeeg van ward.
2 Stünnen stahn laten.
Speck in ganz dünne Schieben in de Pann anbroaren laten, ganz bäten Röövöl darto doon un in dat heete Fett de Pannkoken brun broarn.
Se mööt ganz heet äten weern, mit Sirup.

(Dat Rezept steiht in dat
„Edewechter Kochbuch")

## Dat Water

„De hunnert Jahr Water drinkt, ward ok oolt."

Volkswoort

Wat hefft wi dat vandagen doch kommodig. Willt wi Water hebben, denn dreiht wi den Waterhahn apen. So weet't wi alltohoop gar nich mehr, wat för'n grode Herrgotsgaav dat Water is.
Dat weer in de ool Tiet anners. Slimm weer dat up'n Klei. Dar mussen de Lü meisttiets dat Rägenwater sammeln. Dar stund denn ok in de Köök dat „Druppfatt", wo dat Water, wat'n för de Minschen bruken dee, eerst reinefeert wurd. Ok up de Halligen harrn de Lü dat stuur. Up de höchste Stä leeg de „Feding". Dar weer dat Water in för Minsch un Veeh. Disse „Feding" weer dat hilligste Goot för de Halligglü. De Hallig harr ja kinen Diek. Jan Rasmus kunn bi'n Stormfloot över de ganze Hallig wegbrusen. Sloog nu dat Soltwater in de „Fe-

ding" hennin, denn harrn Minsch un Veeh nix mehr to drinken. Darum wurd ok de „Feding" rund umto mit'n fast Bollwark säkert un baben mit'n Deckel todeckt.

## *De Sood*

Ok up'n Sann hett dat in de ool Tied faken Knääp kost't, goot Water to kriegen. De „Sood" muß gegen't Huus, nich wiet van de Siedeldöör liggen. Dat weer denn Slumpsaak, wenn man dar jüst goot Water in'e Grund dreep.
Harr een sik eenerwägens 'n nee Huus boot, denn muß dr ja ok glieks 'n Sood her. Den boo he sik sülben. De Naberslü hulpen. Eerst wurd dat Lock graben: dör den „Arf", dör den Lehm un den Knick. Bet man up dat Grundwater keem, muß man to'n minnsten 4 Meter, faken ok bet to 8 Meter deep graben. Oever dat Soodlock stell man ut Pahls 'n „Dreestell" mit'n Takel up un haal so de Eer mit Emmers na baben. Eerst wenn sik unnen goot Grundwater sammel, kunn man uphören to graben. De Grund wurd mit Eekenbohlen utleggt. Blot in de Mitt bleev 'n rund Lock, dat dat Water dardör hochstiegen kunn.

## *De Soodschacht*

Nu kunn de Soodschacht upboot weern. Dat Muurwark weern Soden van witten Torf. Disse Torfsoden mussen besunners graben weern. Se weern meist 30 cm lang, 20 cm breet un 10 cm hoch. Weern se dröög, denn wurrn se schraad dörsaagt, dat man nahst bi'n Gegen-'n-anner-leggen den runnen Schacht kreeg. Twüschen de enkelnden Soden wurd Sand un Moß leggt. Mit'n Maatstock van 1,20 Meter un'n Lot tomidden in sorg man darför, dat man den Schacht ok liek un akraat um'n hoch kreeg. Dat Moß wuß wieder, de witten Torfsoden sogen Water up un wurrn wedder gröter. So keem't denn, dat de Schacht nahst heel fast weer.

## *Soodkasten un Treckelwark*

Weer de Soodschacht klaar un dr de Eer umto wedder moi faststampt, denn wurd dr baben de Eer de Soodkasten umto sett't. De weer meist veerkantig un 1 Meter hoch. Gegen den Sood wurd nu 'n fasten, baben twillden Eekenpahl ingraben. Dat weer de Soodsuul oder de Soodboom. In de Twill van de Soodsuul dreih sik in'n Bolzen de Soodswengel. Dat korde Wuddelenn van dissen Soodswengel weer de „Soodsteert". An dat anner, dat lang Enn, hung dat Soodrick, dat mit'n Klinkwark den Emmer droog, de in'n Sood dallaten weern kunn.

## Dat Waterhalen

Hefft ji't noch belävt, wenn de Buurfro oder de Magd Water ut'n Sood halen dee? Dör de Siedeldöör gung se mit ärn Emmer up den Sood to, kling den Emmer in dat Soodrick in, faat dat Rick un leet den Emmer in'n Sood dal. 'n Slag mit'n Emmer, dat he in't Water keem. Wer he vull, denn wurd dat Soodrick mitsamt den Emmer wedder hochhaalt. Weer de vulle Emmer baben, denn wurd dat Soodrick an sik ranhaalt, de Emmer up den Soodkasten stellt un wedder utklinkt. Dat seeg lichtfardig ut, un dat weer't ok. Blot, man muß dr eerst den Slag van hebben.

Heinrich Diers

kommodig = bequem; reinefeert = gereinigt; Jan Rasmus = die Nordsee; Slumpsaak = Glückssache; Arf = Humus; Knick = Ton; schraad = schräg; nahst = hernach; akraat = genau; twillden = gegabelten; Soodrick = Brunnenstange

## De Stormfloot

Wat brüllt de Storm?
De Minsch is'n Worm!
Wat brüllt de See?
'n Dreck is he!

De Wind, de weiht, up springt de Floot
Un sett up den Strand ehrn natten Foot,
Reckt sik höger un leggt up't Land,
Patsch, ehre grote, natte Hand.

De lütte Diek, dat lütte Dorp,
De Floot is daroewer mit eenen Worp.
Dar is keen Huus, dat nich wankt un beewt,
Dar wahnt keen Minsch, de morgen noch leewt.

Wat brüllt de Storm?
De Minsch is'n Worm!
Wat brüllt de See?
'n Dreck is he!

*Gustav Falke*

Worp = Wurf

## Ol Büsum

Ol Büsen liggt int wille Haff,
de Floth de keem un wöhl en Graff.

De Floth de keem un spöl un spöl,
Bet se de Insel ünner wöhl.

Dar blev keen Steen, dar blev keen Pahl,
Dat Water schoel dat all hendal.

Dar weer keen Beest, dar weer keen Hund,
De ligt nu all in depen Grund.

Un Allens, wat der lev un lach,
Dat deck de See mit depe Nach.

Mitünner in de holle Ebb
So süht man vunne Hüs' de Köpp.

Denn dukt de Thorn herut ut Sand,
As weert en Finger vun en Hand.

Denn hört man sach de Klocken klingn,
Denn hört man sach de Kanter singn,

Denn geit dat lisen doer de Luft:
„Begrabt den Leib in seine Gruft."

Klaus Groth

schoel = spülte fort; Beest = Stück Rindvieh; holle Ebb = etwa: bei niedrigster Ebbe; Kanter = Kantor

## *Fieravend an'n Haven*

Wedder'n Damper! Wedder 'n Troß:
Luter Lüüd vun Blohm un Voß!

Swaar, swaar, swatt in't Gesich'
stampt dat över de Lannungsbrüch.

Wecke hebbt Iel un drängelt sik vör
De Kaffeetänk klötert achter jem her.

Weck, de smökt en Piep Toback,
maakt mankdör en lütten Snack.

„Kuddl! Hein! - Bi Teedje Smidt
dar nehmt wi noch en Lütten mit!"

Baven kickt de Avendsünn
in de lesten Finster rin.

Ünnen ut dat Water stiggt
hier en Lücht - dar en Lücht.

Rook un Dunst, un Suus un Bruus ...
All na Huus! - Na Huus! -

Hermann Claudius

Iel = Eile; Kaffeetänk = Kaffeeflasche; mankdör = zwischendurch

## Van dat Brotbacken in olen Tieten

All veertein Daag backen wi. Dinn wurd van nicks anners snackt as van de Bakkeree. Abends vör den Backdag stellten wi den Backtrog in't Ünnerslag up twee Stöhl. Dinn keem Vader mit'n Sack vull Mähl up'n Rügg, bög sick krumm un leet een Viertel van dat Mähl awer de Sgüller weg in den Trogg lopen. Dree Viertel van dat Mähl blew also in'n Sack. Dinn keem Moder mit'n Kätel warm Water un goot dat awer't Mähl un rör dat dortwüschen. Up'n Disch harr se vörher den Suurdeeg al praat leggt. De weer so groot as'n Buuskohlkopp. Den harr se van de lesste Backeree awerlaten un in'n fuchtig Dook in't Sgapp leegen hatt. Den verdeel se in lüttje Krümels dör de neen Deeg un dinn gung dat Knäden los, ümmer mit twee Füs. Weer'n sture Arbeit för ähr. Us Vader menn: „Egentlich mössen wi dat so maaken as de Ostfreesen. As ick dat lesste Mal witten Streesand haal van Grosander, harr'n se den Trogg up de Grund stahn, un de Ool stunn mit upkrempelte Büchs in'n Trogg un trampel ümmer mit de bloten Föt in'n Deeg herüm." „Kan'k jo gornich glöben", sä Moder. „Harr he sien Föt dinn uck eers wuschen?" fraag ick. Wi Jungens leepen jo in'n Sömmer meist mit sgetterige blote Föt herüm.

Den Vördeeg, ungefähr Viertel van den gansen, bestreen wi mit Mähl un dinn decken wi üm mit ole Däken un Laken warm too. Dinn gähr he bäter. Acht Stunden, bet annern'n Morgen, leeten wi üm stahn. Dinn knäden wi dor noch mal soväl Mähl un warm Water twüschen, dat de ganze Deeg ungefähr dubbelt soväl weer as an'n eersten Dag. Na twee Stunden gooten wi den Rest Mähl un uck waller Water in'n Trogg, un dinn gung dat Knäden van neen los, in'n Sömmer 'n Stunn, in'n Winter anderthalf Stunden. Dinn wurden de Brör formt. Bäten Deeg bleew as Suurdeeg för de tokamen Backeree awer, wurd in Dook wickelt un trüggleggt. De enkelten Brör weern'n grooten Foot lang un bleewen in'n Sömmer ungefähr halwe Stunn, in'n Winter 'n Stunn up'n Disch liggen, so dat se ördentlich Tiet harrn uptogahn. As lüttje Jung moch ick se geern tellen. Meistens weern dat so bi tein herüm. Ehe se in'n Backawen keemen, wurden se noch mit Water öller Öljе besträken, anners sprungen de Körsten up.

De Backawen dröff in olen Tieten nich in'n Huus wäsen. Dat weer för de Strohdacken too gefährlich. He möss alleen un ungefähr twintig Trär weg in'n Hoff stahn un weer goot dree Trär lang un twee Trär breet. De dicken Müern un dat runde Binnengewölbe weern ut Tichelsteen. Baben weern Pannen up. De Fars weer so hoch as'n Keerl. De Bodden, wor de Brör up liggen sgollen, weer ungefähr 'n Tratt baben Eer un möss moje glatt wäsen. De Dör weer ut Holt öller Isen un van binnen mit platte Steen un Lehm utplaastert, so dat se kien Hitz dörleet. Mi keem us Backawen ümmer vör as so'n lüttjet Nedersachsenhuus för Kinner.

Wenn wi backen woll'n, bötten wi veer Stunn vörher 'n goot Füer in'n Awen. Dor hören achtig Soden drögen Torf to, so dat de Temperatur toless bet tweehundert Grad weer. Wenn dat Füer nich mehr rook un smool un dor bloot noch Gloot weer, maaken wi de Dör too. Na ungefähr dree Stunden haal Vader de glönigen Törfköhlen mit'n isern Racker ut'n Awen, dinn keem he mit'n natten Bessen öller mit'n Pahl, wor'n fuchtigen Sack umwickelt weer, un wisch de Asch un Köhl ut'n Awen, so dat de Bodden gans rein weer. Dinn wurden de Brör mit'n hölten Schuwer in'n Awen sgawen. Se dröffen nich so dich tohoop liggen, anders backen se an'n anner. Dat Kantenbrot möss'n bäten van de Müer afbliewen, dat de Körs nich to hart wurd. Veer Stunden möss dat Brot sitten. Ick kunn de Tiet gornich abtöben bet de Set Brot goar weer. Ick moch dat so geern rüken, un dat nee Brot smeck bäter as Stuut.

An usen olen Backawen möt ick ümmer noch denken. He harr, jüs as us ool Huus, woll'n por hundert Joar stahn. Woväl Brör dor woll al rutkamen sünd! De Minschen, de dat äten hebbt, sünd al lang doot.

Wi bruken den Backawen awer nich bloot ton Roggenbrotbacken. Wihnachten, wenn dor Hög weer öller mal een begraben wurd, geew dat Stuut. Wenn dat Brot ut'n Awen weer, keem dor Appelstücken un Zwetschen rin to'n Updrögen. Annermal, wenn de Hitz dor rut weer, steek Moder dat Bett in'n Backawen. Se sä, dor gaht de Flöh van doot. De Dörnsen mit de Alkoven Bettstärn weern uck lich'n bäten fuchtig un mullsch. Inbött wurd jo meist den gansen Winter nich. So lang as de Awen noch warm weer, leet sick dor uck moje Holt un Törf in drögen. Ick moch uck geern bi'n Backawen stahn. He weer mi as'n Frönd, de jüs so groot weer as ick. In'n Sömmer seet dor geern de Fleegensnapper up de Fars, he flog ümmer hoch, wenn he'n Fleeg öller 'n Mög snappen woll.

Up de Pann van usen Backawen wussen sünnerbore Planten. De harrn beide so dicke Blör, de brüken gorkien Water van unnern. As ick na't Sgool keem, frag ick mal den Sgoolmester, wo de woll heeten. He sä ‚Huuslook' und ‚Mauerpfeffer'. He kenn uck de latinsche Naams: ‚Sempervivum tectorum' un ‚Sedum acre'. Moder sä, wor Huuslook up't Huus stunn, dor slog de Blitz nich in. Wenn de Kai ähr Jütter verfüert harrn, kaken wi Saft van Huuslook, dinn wurd dat bäter. Wenn ick an usen olen Backawen denk un Moder bi't Brotbacken un Vader bi't Inschuwen un't Uttrecken van nee Brot seh, wenn ick in Gedanken an de wieten gälen Roggenfelder, mit de blauen un witten Bloomen dortwüschen, langs gah, dinn war mi rein wehmödig in't Hart.

Georg Willers

Ünnerslag = Räume im Niedersachsenhaus zwischen dem offenen Herdfeuer und den niedrigen Seitenfenstern; Sgüller = Schulter; Sgapp = Schrank; Füs = Fäusten; sgetterig = schmutzig; Trär = Tritte, Schritte; Tichelsteen = Ziegelstein; Fars = First; bötten = heizten; Körs = Kruste; abtöben = abwarten; Hög = Hochzeit; Dörnsen = Wohnstuben; Alkoven Bettstärn = Wandbetten; fuchtig = feucht; mullsch = muffig; Huuslock = Hauswurz; Jütter = Euter; verfüert = entzündet

## *Seggwiesen van't Brot*

Brot hört överall up'n Disch. Darum ist't ok nich to verwunnern, dat't dr so väl Seggwiesen van gifft:

Is een to rieve mit allns, denn seggt de Lü van em: „He kann dat Brot nich in't Schapp holen." Van den Prahlhans heet dat: „Groot't Schapp - Brot knapp." Van een, de grannig is, meent de Lü: „He bitt sik leever'n Stück van'n Finger af, as dat he'n Stück Brot weggifft." Een, de mit dat, wat he hett, tofrän is, segg woll: „Fleesch wat, Brot satt." Van'n dotkranken Minschen seggt man: „Em hebbt se dat leßte Brot backt" oder „He hett de leßten Knust bold up." Van de Armen heet dat: „Se hebbt nich mal dat dröge Brot" oder „Een Dag Brot mit Water, den annern Dag Water mit Brot." Van'n Minschen, den an'n verkehrten Enn spart, seggt man: „He ett Botterkringels, wiel he dat Brot sparn will." Van'n slechten Minschen heet dat: „Kien Hund nimmt'n Stück Brot van em."

Ok van't Backen un van'n Backaben weet't de Lü to vertellen: „He is man halv backt." „För mi ward allerwägens Brot backt" oder „Annerwegens ward ok Brot backt." „Backen un Waschen gifft reine Hannen." „He smökt, as wenn'n Lüttmann backt." „Egenbackt Brot smeckt an'n besten." „Gegen Backaben kannst nich anjahnen." „Dat ward 'n heten Dag, sä de Hex, do schull se in'n Backaben verbrennt weern." „Nu bün ik ut de Welt, sä Jan, do seet he in'n Backaben."

na Heinrich Diers

rieve = verschwenderisch; grannig = geizig

## De Holschenmaker

Vadder Nehls weer'n Keerl, de liekut sine Wege gung un ok numms sine Not klagde. Väl seggen dee he nich. Man dat dee bi mi ook nich nödig. Ick har gode Oogen to 'n Kieken un een noch scharpert to'n Knipsen. - As ick em besöken dee, sagde he just mit'n Kaffsag' 'n Barken dör. „Süh, Dag Vadder Nehls, wullt dor Holschen van maken?" „Jao, man disse slechte Enn möt dr ers vör weg, de docht nicks." „Nimmst denn blot Barken, oder kanns ok annert Holt bruken?" „Ellernholt nehm ick ok gern, Pappeln geiht ok, blot de treckt' Water. Wenn de Holschen denn toleß dünn weert, gifft natte Föt." „Wo is't denn mit Eeken, de holt doch ewig?" „Dat woll, awer dat is to hart to bearbeiten un ok rikelk swor an'n Föten." „Wenn du mi nu 'n Gefallen don wullt, Vadder Nehls, denn kunnst du mi woll is wiesen, wo du dien Holschen makst!" „Jao, worum woll nich, dar is jo necks bi!" -
Nu klöwde he een Pluck dör, behaude de Stücken bäten, nehm sin Dassel (Dwarsbiel) un haude de Hacken rut. He klemmde de beiden Klossen in'n Holschenbuck un kielde se so fast, dat se dr nich rutkunnen. Mit den runnen Beetel mak he den Hacken mehr Luft un sett dat lange Bostbohr an, dat de Teen Platz krigt. - Immer gröter, immer breeder nimmt he dat Bohr, bitt dat Lock so grot is, dat de fiew Süsters Platz genog hebbt. Nu kricht he so'n krummet Holschenmeßt mit'n langen Stäl un gifft em den letzten Dreih van binnen, anners kunn de grode Krischon sick woll bold äwer Liekdorns beklagen!
So, nu is dat Rügste dahn, rut ut'n Buck! Den letzten Schick kriegt se mit son lang't Tochmeßt, dat sitt in 'n Oese. - „Süso, Mester, wat sechste nu?" „Fein hest dat makt, Vadder Nehls." - „Wenn du di dor nu noch'n Stück Ledder öwer nagelst, kannst d'r moi mit dör'n Schiet lopen. Krichst gewiß kien natte Föt. Un wenn se di noch nich warm genog sitt, steck dr noch halw Schoof Stroh 'rin - denn lat den Winter man kamen!" -

Heinrich Kunst

---

liekut = geradeaus; Barken = Birke; Eller = Erle; klöwde = spaltete; Pluck = Block, Klotz; Klossen = Klötze; Liekdorns = Hühneraugen

Dat Holt ward torechtsagt.

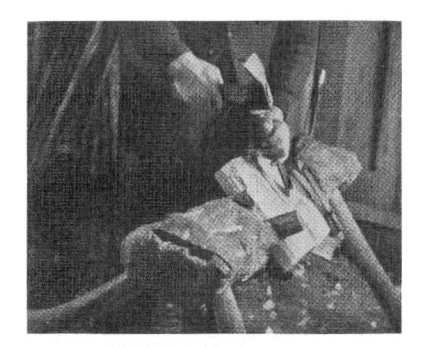

De erste Form.

In' Holschenbuck inklemmt.

De lange Bostbohr.

Dat Letzte.

Klor.

95

## As de Slachter noch bi us keem

Wo dat mit dat Slachten fröher gung, dat heff ik ja sülben nich mehr mitbeläwt, man miene Oma hett mi dat allens verklaart. Bi us keem Slachter Künnemann ut Döhlen. Mien Vadder wies em dat Swien, un dat wurd denn mit'n Reep achter de Tähn fastmaakt un na buten brocht. Versteiht sik, dat dat Swien dar oornlik bi gillt hett. Buten leeg al'n Bund Stroh, wor dat Swien slacht weern schull.
Wenn de Jolanthe woller to sik kamen weer, denn nehm de Slachter so'n Boltenscheetapperaat, holl den dat Swien vör'n Kopp un schoot dat doot. Denn wurd dat foors afstaken, un Mudder moß glieks mit de Schöddel darbi stahn un dat Bloot upfangen. Dat moß ok jümmer röhrt weern, dat dat nich stief wurd. Denn wurd dat dör een Dörslag gäwen un later för Bloot- und Rootwurst bruukt.
De Slachter goot dat Swien darna arig heet Water över'n Puckel, dat he de Bösseln mit so een Schrapper afkreeg. Denn wurrn de Klauen mit eene Aart Speckhaken afstrippt, de Sehnen van de Fööt löost un an'n Togswengel fastmaakt. De wurd mit dat Swien hochtrocken. Wenn dat Swien denn hung, wusch de Slachter dat noch mal af, nehm sien Mest, sneed den ganzen Buuk apen, dat he de Innereen rutnehmen un in ene grode Balje doon kunn. Ik kann mi goot denken, dat wecke Lüe dar bi wegkäken hefft.
De Kopp wurd denn in de Längde deelt un de Flomen van de Rippen nahmen, dat allens moi afköhlen kunn. Dat Swien keem an'n Enne noch'n bäten höger rup, dat de Hunnen un Katten dar nich rankemen.
Namiddaags keem de Fleeschbekieker un keek na, of dat Swien amenn Trichinen harr. Weer allens goot, haal de Slachter dat Swien 's abends runner und sneed dat in Stücke. De Schinken, Si'en, Speck, Pootjen, Steert un Ohrn kemen in'n Keller un wurrn insolt.
Denn wurrn de Flomen dördreiht un to Smolt utlaten. Darna keem de Mettwust, wor ok een Vörschinken mit rinkeem. De Starkste moß de Wustmaschien dreihn. Wenn dat Mett mit de Todaten arig knäet woren weer, kunn dat in de Darms kamen. De Kaakwust keem achterna. De fiene Läwerwust wurd ut een Drüddel Läwer, een Drüddel Fleesch un een Drüddel Speck maakt. De Kopp keem in de Sülte. Mit de Rootwust harr miene Mudder dat jümmer drock. Dar leet se sick nich bi stören. De Kraam moß ganz heet weren, man droff nich kaken.
Wieldat wi all so geern Hack- un Blootwust ät, moß de ja ok noch maakt weren. Vandagen ward dat Fleesch ja infro'en, fröher moß dat all anbra'et weren. Wecke pökelden dat ok in.

Gunda Deepe/Plattdt. Gruppe<br>Heinz Edzards

Bösseln = Borsten; Togswengel = Wagenschwengel; arig = tüchtig

# Allens ännert sik

## *Autos un Bäum*

Dat is woll al van manlef so wesen, un dat ward woll ook jümmer so blieben bi de Minschen: De Ooln meent, se sünd doch 'n ganz Deel kleuker as de Jungen, - un de Lütten meent, se sünd al vel wieder as de Grooten. Un af un an - mögt se woll ook beide recht hebben.

Uns' beiden Kinner sünd bit nu doch man weenig no Stadt kommen, - alle Joahr dree- oder viermol, - mehr doch ne. Un hier bi uns in Finkwarder gift dat doch würklich noch ne vel Autos, - villicht in 'n ganzen dörtig oder vierdig Stück - in fief verschiedene Sorten. - Jä, un doarbi - sünd wi mol mit uns' Kinner - up'n Sünndagnomeddag - up de anner Siet van de Elw, in Dübelsbrück oder in Flottbeck, un doar sust denn jümmer so egolweg een Auto achter 't anner an uns vörbi, - uns' Lütt Hinnik - he is nu eben elben Joahr - de weet doch gliek bi jeeden Wogen: Wat dat för 'n Marke is, - wovel de so ungefähr kösten deit, - un wovel Öl un Sprit he woll bruken deit - up hunnert Kilometer.

Ick segg: „Hinnik, - hest du dat vannacht erst träumt? Oder dinkst du di dat all sülben ut?"

„Ne, ne", segt Hinnik. „Dat weet ick, un dat stimmt ook so, ganz genau, bi jeeden Wogen!"

Ick segg: „Wonem weeß du dat denn van? In de School hebbt ji sowat doch noch ne hatt?"

„In de School ne", segt Hinnik. „Ober up 'n Schoolweg, un buten up 'n Platz in de Pause, - doar snackt wi doch bald wieder nix. - Kiek, Vadder, - dütt is nu wedder 'n ,Opel-Kapitän'! - Un dat is'n ,Mercedes 300'! Un doar kummt 'n ,Volkswogen'! - Un dat anners is 'n ,Odler'! Un denn kummt 'n ,Loyd'! Un dütt hier is 'n ,Taunus'! Un denn kummt -!"

Ick segg: „Hinnik, wes still! Ick kann de ooln bunten Nöms doch ne all behooln. - För mi sünd all düsse Wogens blooß ,Autos' - un wieder nix. Un ick mag dat dulle Susen nu ook ne mehr seehn, un mag den Larm ne mehr hörn. - Komm, wi beugt hier üm de Eck, - un goht noch 'n beeten in 'n Park!"

Un knapp, dat wi van de grote Elw-Schossee hindol sünd, un sünd up den scheunen geln Kiesweg, - do hau ick ook al mit de Hand gegen een'n van de hoogen Bäum, un frog mien'n Jungen: „Hinnik, wat is dat hier?"

„Dat -?" segt Hinnik. „Dat is 'n Boom!"

„Un wat för 'n Boom?"

Hinnik kickt den Boom 'n ganze Tied van nerden bit boben an, un schüttelt mit'n Kopp: „Weet ick ne, Vadder. Son hebb ick an's noch ne seehn, - son gift dat in Finkwarder ne."

„Doch", segg ick, „son gift dat bi uns ook, - du hest doar man blooß keen Oogen för. - Dat is 'n ‚Beuk', - mark di dat mol 'n beeten! De kannst du licht kennen - an den glatten Stamm un an de grooten Tillns!"

Un nu hau ick ook al wedder an den annern Boom: „Un de hier -? Wat is dat för een'n?"

„Weet ick ne!" segt Hinnik wedder.

Ick segg: „Dat is 'n Ahorn! - Un dütt hier is 'n Akazie!" Un nu spel ick mi up as son jungen Schoolmester - bi sien erste Utfoahrt mit de Kinner in 't Greune: „Un dat doar is 'n Eberesch! - Un dat anner is 'n Kastanenboom! - Un de doar blangen - dat is 'n Wallnutt! Un denn kummt 'n Lindenboom! - Un dütt hier is 'n Eek! Un de up de anner Siet . . .!" „Jo, jo, Vadder, - is good!" segt Hinnik. „Ober - nu lot dat man! Ick kann de ooln Nöms doch ne so gau behooln. - För mi sünd dat al blooß ‚groote Bäum' un wieder nix!"

Un as ick mien'n Jungen so beeten van de Siet anschuln doo, un will grode seggen: „Du büst jo bannig drook!" Do kickt he mi liek in de Oogen un segt: „Dat is genau so as bi di, Vadder, - mit al de verschiedenen Wogens!"

Jä, - un nu steiht uns' Spill denn jo woll „Een to een!" - as de Kinner dat nu heeten doot. Wi sünd beid liek wied un beid liek klook: Wat de een ne weet, dat weet de anner. Un wat de anner ne kennt, dat kennt de een.

Dat heet, - ganz hebb ick mi doch noch ne dolgeben. Ick kiek nu jeeden Obend mol in uns' „Blatt" un les mi dat „Lokale" dör, - ick luer jümmer, doar schall ook mol stohn: „Eine kerngesunde 60jährige Kastanie wurde von einem Auto angefahren und erheblich beschädigt." . . .

Ober ne, - bit nu steiht doar blooß jümmer: „Ein fast fabrikneuer Schütte-Lanz" - oder wat de Wogen nu jüst heet - „fuhr mit hoher Fahrt gegen einen ‚Baum' und erlitt beträchtlichen Schaden."

Wat denn würklich de Nom van dat dösige Auto mehr wert is - as de Nom van den grooten feinen Boom?

Denn wür mien Jung düttmol jo wull doch 'n ganz Stück wieder as ick -!?

Rudolf Kinau

van manlef = zeit meines Lebens; nerden = unten; Beuk = Buche; Tillns = Zweige; blangen = neben; drook = dreist, unverschämt; dolgeben = nachgeben

## *Dat ole Grammophon*

Annerlest weer dr is 'n Koppel junge Lü bi us in 'n Huus, socke, weeßtwoll, wecke se vandagen Teenagers nömt, eendoon of dat nu Jungs of Deerns sünd. Moßt ok al nipp tokieken, wenn dr weten wullst, of't n' Jann oder n' Gesche weer. Bi elkeen slodder en blaue Bux um de Benen, blot um't Lief umto harr de Buxenmaker bannig mit 't Tüüch spart. Man mit dat Pullover- un Hemdenwarks weer't ganz anners. Dat weer so wiet, dar harr 'n hannigen Keerl sik rechtschamen in wollerfunnen. Bi de Jungs krüseln sik de Haar in 'n Nack, un wecke van de Deerns harrn se so kort as 'n afbroken Swäfelstick.

Man worüm vertell ik Jo van de Kleedaasch van junge Lü! Weern heel feine Deerns un Jungs, de dar bi us in de Dönz seten, 'n Glas mit wat to slabbern in de Hand; Beer drunk kien een, se harrn ja ehr Moped vör 'n Huus stahn.

Reinweg eernsthaftig gung dat to bi all ehr Snacken, nä, Diskutieren heet dat upstunns ja. Van Politik wussen se 'n ganzen Bult van af, un so männig Ratslag harrn sik de Herren in Bonn driest achtern Spegel stäken kunnt. De Kark kreeg ok ehr Fett af, un denn kemen de Mesters anto. Man goot, dat de dr nix van mitkrägen hebbt.

Man dat mutt 'm seggen: se harrn dar Slag van. Wenn een dr jüst bi weer, sien Menen ut 'nannertopulen, lüstern de annern nipp to, un weer he fardig, denn anter em annerseen, un so gung dat stadig wieder.

Na'n Sett weern de jungen Lü dat woller mal wies wurrn, dat'm de Minschen in düsse Welt nich up'n Stutz bäter maken kann. Un nu kreeg us lüttje Sellschup den Wind mit'nmal ut'n anner Richt in de Seils. Een van de langbeenten Wichter stürde up mi dal un froog, of se denn ok woll so 'n bäten Musik maken druffen. Ehr Ohren lüchden, un se weer darbi an't Wippsteerten, dat ok 'n ruugharten Keerl sachs nich van Nä seggen kunnt harr. Man denn keem't: wor ik denn mien Stereoanlag harr? Se wurdn dr al däägt alleen mit klor; ik schull ehr man blot wiesen, wor ik den ganzen Kraam stahn harr.

Na, dar keem ik nu ja woll rejell mit in de Bredullje. Stereoanlag? Dar harr 'n Uul säten. So'n Apparat geev dat bi us in 'n Huus nich. Wat wull ik ok mit'n Kasten, de mehr Knööp harr as Omas Hochtietskleed. Un wat wurd upleßt mien goot oolt Radio darto seggen, wenn 't al vör de Tiet up't Olendeel gahn schull? Nä, so 'n Ding un männig anners wat, wor so väl Lü vandagen nich ahneto köönt, steiht bi mi nich hoch in 'n Tell.

„Oder hebbt Se kien Anlag?" - De Wippsteert stunn dr ümmer noch un keek mi groot an.

„Tscha", sä ik un fung an to smunstern, „so wat dr her, wat ji wennt sünd, woll nich, awer ... tööv man även, mien Deern ..." Un denn gung ik an't Schapp, wor mien ole Grammophon in stunn. Van rechtswegen weer't al lang in 'n Rentenoller, man kien Spier rickracksch, weer ok ümmer moi plägt wurrn; de meschen Tuut blänker, un dat swartbruune Holt harr so 'n warme Klöör. Eentlik haal ik us gode Stück, as wi dat ole Grammophon nömen deen, blot rut, wenn wi dr alleen weern, so in'n Schummern. Denn weer't ganz still, blot de Nadel kraul sinnig dör de smaalen swarten Faaren, un ut de Tuut klung Musik, wor usereen so licht bi an't Drömen kummt.

Weet de Düvel, worüm ik den Kasten nu vör'n Dag halen dee. Weern't amenn de bädelnschen Ogen van den Wippsteert? Nahstens schulln se mi sachs wat utlachen. Eendoon! Dar stunn he nu up'n Disch.

Un as ik mi dat nich vermoodt wäsen weer, so keem't. De jungen Lü harrn us gode Stück man just in 'n Kunnen krägen, do stunnen se dar, verbaast un ok verbiestert. So en Anlag weer ehr woll nie nich vör Ogen kamen. Man ehr Lachen, dat dr denn keem, dat klung kien Spier minnachtig. De een of anner van de Deerns weer dr neelk na, mal sachten öwer de blänkern Tuut to eien, de Jungs wullen allens öwer de „Technik" weten, un dat kunn'm ehr ja gau verklookfiedeln. Un nu gung't los. De een nüdel dat Fellerwark up, heel behott weer he darbi togangen, de anner legg'n Schallplatt akraat up'n iesern Teller, un de drüdde spääl Discjockey, maakde 'n arig Piterpater drbi un broch dat Spillwark an't Lopen.

Väl Pläseer hebbt wi hatt an düssen Namiddag. Danzt wurd dr ok; sogar „O Donna Clara" muß dr to herholen, obschoonst dat doch 'n Tango is un se sik bi't Danzen anfaten mussen. As ik us jungen Gäst na'n Tiet fragen dee, of denn de „Klirrfaktor" nich doch 'n Spier to foß weer, do lachden se blot plietsch, un de blauen Buxen dreihden sik noch mal so fix.

Abends weern wi dr woller alleen, wi Olen un us gode Stück. Mien Fro harr de Dönz al up Schick brocht, un as ik dat Grammophon in't Schapp setten dee, do weer't, as of de ole Kasten grienen dee un seggen wull: „Süh, dat weer nu al de veerte Generatschon, för de ik upspäält hebb. Plääg mi man goot, dennso schall'k dat woll winnen, ok för de tokamen Minschen noch 'n bäten Pläseer to maken - wenn du dr denn ok nich mehr büst . . ."

De groote Tuut gnifflach.

Dar kunn't amenn recht mit hebben - dat ole Grammophon.

Edmund Wilkens

een doon = egal; nipp = genau, scharf; afbraken Swäfelstick = abgebrochenes Streichholz; Dönz = Zimmer, Stube; upstunns = heute; up'n Stutz = auf einmal, plötzlich; sachs = sicherlich; dägt = tüchtig, bestimmt; Bredullje = Schwierigkeiten; in'n Tell = in Ansehen; kin Spier rickracksch = nichts kaputt; meschen Tuut = Schallrohr aus Messing; blänkert = blitzte; Klöör = Farbe; Faaren = Furchen; nahstens = danach; vermoot wäsen = vermuten; in' Kunnen krägen = entdecken, aufmerksam werden; minnachtig = abschätzig; weer dr neelk na = war da dicht dran, verlangte danach; eien = streicheln; verklookfiedeln = erklären; nüdel = zog auf; Fellerwark = Federwerk; 'n arig Pieterpater = tat sehr wichtig; 'n Spier to foß = ein wenig zu stark; plietsch = pfiffig, überlegen; gnifflach = kicherte, freute sich

## *Een Wäkenbook ut de Bisseler School van 1916/17*

Ick bün annerleßt so slumpwies an een groot Heft mit'n stiewen Pappumslag kamen. Dar hett een Schoolmester vör achtunseßtig Jahr fein akraat inschräwen, wat he elkeen Wäk mit de Kinner in siene School bedräwen hett.

Männigeen jungen Schoolmester ward vandagen seker vör Verwunnern schüttkoppen, wenn he läst, wat de Mesters vör siene Tiet allens könen mossen. Se weern dat, wat upstuns mang de Turners un Athleten de Tein‚kämpfer' sünd, man nich so hoochtücht, dat se jümmer een Gebreck harrn. Schoolmester Willem Hayessen stund dr dotiet ganz alleen vör, he moß de Kinner allens lehrn. In bold annerthalf Dutz Feller steiht in dat Book in, wat he de Kinner bibrocht hett. Man een kann nich läsen, wo he dat maakt hett. Dat weer seker kien licht Doon: an de fofftig Deerns un Jungs ut de Buurschup seten vör em un wullen all to de sülwige Tiet Foor hebben. Acht Jahrgäng mossen nich bloot wat to doon kriegen, se schullen ok wat leern. Dar kunn sick nums lang in'n Snack upholen.

Mit de Wäken na de Oosterfeerjen fangt dat Book an. Babenan steiht de Kunne van Gott un Jesus Christus. Dree Feller sünd dr för dar: In't Feld „Katechismus" staht de Gebeden, de Spröken un Glowensartikels in, de se dörspraken hefft. In't anner Feld kaamt de „Biblischen Geschichten" ut't ole un ne'e Testament, de de Kinner höört un läst hefft; in'e Baberklass anner Geschichten as bi de Lüttjen, dat versteiht sick. In't drüdde Feld hett de Mester all de „Karkenleder" rinschräwen, de de Kinner sungen hefft. Man dar weer't nich mit daan: Dele ut't Gesangbook un ut't Katechismus mossen de Kinner noch babento as Wäkenupgaav butenkopps könen. - Tja, un denn keem för de Groden noch de Kumfermandenunnerrich. Tweemal in'e Wäk mossen se s'morgens na Kneten, dat se bi'n Pastoor Reil elkeenmal dree Stunnen Unnerrich harrn. Seß Stunnen in'e Wäk! Of use Kinner dat vandagen woll mitmaken würrn? De jault ja al, dat se ene Stunn henmöt.

Denn kummt in dat Book dat Feld „Anschauung un Vertellen". Wat hefft de Lüttjen ut't eerste un tweete Schooljahr dar denn leert? Dat weern all so Saken ut är Dorp: Van't Vörjahr, van'n Adebar, van't Vagelnest; wo Katuffeln anhüwelt weerd; van de Heu- un Roggarnt un so dr wat her. Man in de Wäk van 'n 18. bit'n 23. in'n Harfstmaand steiht dr: „Dat Luftschipp". Dar is seker jüst een öwer de Bisseler School öwer henflagen. Een Maand tovöörn weern de beiden eersten in Ahlhorn kamen, un nu flogen dr al dree. Man an den Sonndag darna wurd dat ne'e Schipp, de L 32, öwer London afschaten. Kann ja wäsen, dat de Kinner de Mariners noch towinkt hefft up äre leste Reis.

In'n Düütschunnerrich leet de Mester de Kinner in dree Koppels arbeiden. Bold allens ut de düütsche Spraak hett he in'e Gräp harrt: van dat „i, e, ei" in'e Fibel öwer de Mit- und Sülwstluten, dat Dekleneern, de Verben, Pronomen, de Verhältniswöer, dat rechte Schriewen, dat ornlike Schriewen, bit hen na Vertellsels öwer „Een Feldpostbreef", „Dat Ahrnsammeln" of „Dat Oosterfüür". Dar weer seker Läwen in'e Klass in sücke Stunnen.

Un eerst de Räkenunnerrich! Acht Jahrgäng mossen to de sülwige Tiet an'e Arbeit krägen weern. Akraat na de Klock leep de Lex af, dat all Kinner to är Recht kemen. Wer nich jüst ‚dran' weer, moß siene Upgawen up'e Tafel schriewen. Van dat eenfacke Räken bit 20, van de Grundräkenaarten in grottere Tahlenrüümte öwer vermischte Upgawen, Beräken van Flagen un Körpers bit hen na't Perzenträken riekde dat Wäkenpensum. Ja, een Mester droff nich damelig wäsen, denn keem he dr nich mit to Ranne.

Na't Räken kaamt in't Book de „Realfächer", de Feller mit „Heimatkunne", wor steiht, dat de Kinner wat van de Tieden, van de Seeteken, de Slengen, van Marsch, Moor un Geest höört hefft, mit „Erdkunne", wor dat um de Noord- un Oostsee un um de düütschen Landschups geiht, mit „Geschichte", wor de Themen van de Babylonier öwer de Ägypter, Griechen, Römer mit na de Karolinger un in't Middeloller riekt. Man in'e Sünnerklaaswäk hett de Mester siene Kinner van de düütschen Suldaten in Rumänjen vertellt, de jüst Bukarest besett harrn. Darto geev dat an'n säwden ok schoolfree.

To de „Realfächer" höörn denn noch „Naturgeschicht" un „Naturlehr" dr to. Dar geev dat wat van de Flattermuus, den Winnewurp, den Kateker un anner Deerten, van de Suug- un Druckpumpen, van'n Schall un van't Lecht.

Man dat weer't lang nich all. Singen, Teken un Turnen moß de Mester ok noch gäwen. Un dat kunn he ok.

So harr he s'namiddags noog to doon, up all de Lexen vörtoarbeiden. Man ok de Gaarn un de Hoff bruukden Plege. Dar moß he väl ruthalen för de Kök, wieldat siene Geldkniep ok nich alltoväl hergeev.

De Winter broch denn för Willem Hayessen grode Unrauh; nich alleen, dat de Amtmann van Wilshusen in'e School keem un upschreev, woväl Katuffeln de Bisseler afläwern kunnen, dat de Groothertog Friedrich August an'n 16. in'n Daakmaand Geburtsdag harr un dat in'n Christmaand all Lüe tellt wurrn - he moß an'n 14. to'n tweeten Mal na de Musterung. So hett he gar nich mehr indragen krägen, dat de Kinner to Kaiser Willems Geburtsdag in'n Sneemaand free harrn. He harr seker anner Sorgen. Veertein Daag later, in'n Hornung, is dar 'ne anner Handschrift to sehn: He is to de Suldaten haalt wuurn. De gräsige Krieg hett em nich woller na Huus laten. In'e frömde Eer hett he de leste Rauh funnen.

Heinz Edzards

slumpwies = zufällig; upstunns = heute; Foor = Futter; butenkopps = auswendig; in 'e Gräp harrt = im Griff gehabt; Sülwsluten = Selbstlaute; Flattermuus = Fledermaus; Winnwurp = Maulwurf; Katteker = Eichhörnchen; Daakmaand = Dezember; Sneemaand = Januar; Hornung = Februar

## *In 'n Durk*

„Dei schlaopt noch in'n Durk", sän wecke Lü vör achtzig Johr wat minnachtig öwer ehrn Naober un menn' dormit: „Dei sünd uck mit dei Tied nich ganz mitkaomen."

Dei Durk, dat ole Wandbedde, wör freuher woll in jedet Burnhus tau finnen, eiher dei Schlaopkaomern mit Beddstän inne Maude kömen. Meistied wör hei anne Käöken- oder anne Staomtwand anbaut un seeg van buten boll so ut at'n

Kleerschapp mit Schuwedörns. Man sä dor uck woll „Alkoven" tau. Ünnen leegen dor'n poor Schöwe Stroh in'n, un dorup dat Ünnerbedde un dat linnen Bettlaoken. Dann kömen Päöl un Koppküssen, de mit blauwitte oder rotwitte rütkete Bettbürens betrocken wörn. Dat Bettstroh möß van Tied tau Tied upschütt't oder utwesselt weern, besünners wenn man sick dor so ne Kuhlen harinlägen har. In'n Winterdag was dat in'n Durk ganz komaudig un warm; un an dei Düsterei gewöhnde man sick. Dei Durk was faoken recht breit, so dat dor woll drei Kinner kägenänner in liggen kunn. Un dei Kinner schlöpen dor gern in. Wenn sei freuh nao'n Bedde güngen un noch nich inschlaopen kunn'n, dann keeken sei stillkens dör dei Glieben in'n Staomt; sei lustern, wat sick dei Öllern, dei bi Petroleumslüchten üm den Beutaomt tauseten un stricken un neihn, för Neis vertellen dön: „Lüttke Müse hebbt uck Ohrn", sän dei Groten dann woll, wat soväl heiten schall at: „Paß up, dat dei Lüttken dat nich all mithört!" - Aower väl friske Luft köm dor ja nich rin in'n Durk, wenn dei Klappens tauschaoben wörn. Dat was uck woll dei Grund dorför, dat inne Burnhüser dei Durke nao'n eirsten Weltkrieg mehr un mehr ute Maude kömen. So'n dumpige Bettstä wör ungesund, wüdd seggt. Vör füftig Johr geef't sogor för jeden olen Durk, dei dor affbraoken oder tau ne ännere Bettstä ümbaut wüdd, van'n Staot noch ne lüttke Geldhülpe. Un dei köm väle Lüe ganz gaut tau paß.

Werner Kuper

minnachtig = geringschätzig; Durk = Wandbett; Maude = Mode; Staomt = Stube; Päöl = Bettdecke; stillkens = heimlich; Glieben = Türritzen; Beutaomt = Heizofen

# De lüttje Porg

Min Macker Gustav keek mi kneepsch an un sä: „Du, magst den anfaten?" Un dorbi hool he mi so'n dicken, utwussen, wabbeligen Porg ünner're Nääs, de mi mit sien kolen Oogen stur anglotzen dee. Dor weer he bi mi aber an'ne verkehrte Adress! Mit Porgen haar'k jo faken to doon harrt. In'ne Wischen weer'n se ja, seeten an'ne Bääk, an jeden Sloot, an jede Waterstä. Wi harrn annerlest noch Kaulquappen fungen un in'n Weckglas daan. Harrn jeden Morgen tokäken, so na un na weern dor richtige lüttje Porgen ut wurn. „Giff man her", sä ick to Gustav un nehm üm dat glibberigen Deert ut 'e Hand.
Lewer weern mi de Porgen aber up'n anner Aart un Wies! An'n Abend, wenn de slapen Tiet käm. Na'n heeten, bruttigen Sömmerdaag, wenn wi noch achter'n Huus in'n Gaarn sitten deen. Wenn de lauwarme Luft us so mollig ankäm un de Maan jüst up Reis gahn weer. Allns üm, us to weer so sachen ... blot van de Wischen her klung dat luut un düütlich, dat grode Konzert van de Porgen! „Wat sünd de vanabend weller in'ne Gang! Luster mal to, wat för gewaltige Stimmen!" sä Vadder denn woll un föhl sick at in'n richtig Konzert. „Kannst di richtig vörstellen, wo de Deerter sick upplustert hebbt un för Gewalt ehr ‚Quaak ... Quaak' rutstöten doot", seggt Tant Mariechen, de bi us up Besöök is. „Dat Geluut schall woll de Dank wäsen, för dat gode Leben, dat de dor hebbt in Bääk un Sloot mit all dat Water un all dat lüttje Krabbeltüüg", meent us Moder. Wi lustert all gern to un sünd ok dankbar. Up eenmal is't ut. Dat is, as wenn de Herrgott sien Taktstock mit'n mal ut de Hand leggt hätt!
Ja, so weer dat, dotiet, as wi noch in Driefel wahnen deen. Vör'n poor Daag möß ick doran denken, as mien Fro mi seggt harr: „Du, maak doch eben de Schachten rein, de vör de Kellerfenster sünd. De liggt ganz vull Bloer van usen Pappelboom." Ick böör dat Röst hoch, steeg in dat Lock un fung an mit dat Reinmaken. Up mal sprung mi dor wat an'ne Büchsenpiepen hoch. Ick verjoog mi nich to knapp un as ick tokieken dee, do harr ick'n bald in'ne Künn! „Nu kiek is! Wo gifft denn noch sowat? N'lüttjen Ützeporg! Wo kummst du denn her?" snack ick so lisen vör mi her. Un as ick na üm griepen wull, verkroop he sick flink in so'n lüttjet Lock an'n Fensterrahm. Harr woll Angst! „Nu hebb di man nich so", dach ick bi mi. An sien Achterdeel kunn ick üm noch jüst tofat kriegen un truck üm ganz behott rut. Nu harr'k dat lüttje Deert in mien grode Hand. Wat nu?
Ick hebb mi den lüttjen Kerl ers mal mit Verstand ankäken. Is vandaag jo selten, dat man so'n Deert bemött! He is jo'n egen Fent! Dat'n Aober dor nich genog van kriegen kann!
Nu sitt he hier, ganz verschüchtert un noch so lüttjet un so alleen! Do fallt mi

watt in! Us Naber hätt sick in'n Goorn so'n lüttjet Bassin boot, mit väl Blomen un anner Planten ümto. Dor hebb ick üm henbrocht, ganz behott. „Du, Ernst-August, ick bring di hier noch'n mojen Gast, kannst den bi di ünnerbringen? Mit'n bäten Familienanschluß?" frog ick un wies üm den lüttjen Porg. He maak toerst'n Gesicht, as wenn he up'n Päperkorn bäten harr, reep denn aber ganz vergnögt: „Mensch, prima, de hätt mi noch fehlt in use Sammlung!" Ick hebb dat lüttje Deert vörsichtig hensett, dicht an'ne Waterstä. „Kann he woll al swemmen of suppt he aff, wenn he in't Water kummt?" wull Ernst-August weeten. Us Ützeporg hüpp erst mal mang all de Blomen un weer nich mehr to sehn. Wull sick woll erst mal ganz suutje ümkieken in de ganz annere Welt. Mit dat Water ... ja, dor wull he säker mit klor kamen.
Gung mi naher ümmer noch in'n Kopp rüm. Wat hebbt de Tieten sick ännert, wat för'n Verscheel domals un vandaag! Groot Konzert mit all de välen Porgen ut Wisch un Weide un vandagen? Geluut van de Autobahn oder van'n Moped, dat väl to gau dör de Straat larmt!

Walter Helmerichs

kneepsch = listig; Porg = Frosch; faken = oft; Sloot = Sumpf; annerlest = kürzlich; sachen = leise; luster to = hör zu; dotiet = damals; böör hoch = hob hoch; Büchsenpiepen = Hosenbeine; in'ne Künn = erkennen, bemerken; bemött = trifft; egen Fent = besonderer Bursche; behott = vorsichtig; Aober = Storch; suutje = bedächtig; Verscheel = Unterschied

## *De Padd*

Wo faken bün ik
dar langsloopen
as Kind.
Kin Steen
leeg in 'n Weg.
Himmelszääg
un Kiewitt,
Botterbloom
un Kleeverveer
weern mi Fründ.
Warm leeg
de Eer
ünner min Fööt.
Noch harr de Tiet
kinen Namen, -
un de Sünnenklock
smeet kinen
Schadden.

Backsteenhüüs
sünd groot.
Kiewitt
un Himmelszääg
hebbt annerwägens
är Nest.
Mine gälen
Blomen
sünd tweipedd't.

Erika Täuber

Kleeverveer = vierblättriges Kleeblatt

## Een Barkenboom

Nich wiet van'n Door, bi de griese Muurn,
dar steiht een lüttjen Barkenboom,
so ganz alleen, is to beduurn:
In'n Schutt, dar waßt kin Gras, kin Blom.

Blots morgens kriggt he 'n bäten Sunn,
denn lucht sin slanke Stamm so witt.
Dat is för em de beste Stunn;
numms weet, wat he in'n Schatten litt. -

Maschinen brummt van froh bet lat:
„Wat hest du Niksnutz hier to stahn?"
All Lü, de ut us Door rutgaht,
de hebbt är Daggwark fliedig daan.

De hoge Slot van de Fabrik,
de sütt em nich, den lüttjen Bom.
He puust den Rok in't Wulkenriek;
he kennt kin Lengen un kin Drom. -

Doch kamt de Lü an'n frohen Morgen
un seht den lüttjen grönen Bom,
vergät't se äre griesen Sorgen
un högt sik as in'n Kinnerdrom.

Dat bäten Grön dar twuschen Muurn
gifft är för'n Warkdagg frischen Mot.
Se denkt an äre Sonndagstuurn,
wenn se ganz tro är Arbeit doot.

Friedrich Lange

Lengen = Sehnsucht, Verlangen; högt sik = freuen sich

## De Stadt

Ik kenn' een Fischerhuus,
weer eensam an'n Strand,
un de Fischer, de tröck den Butt an Land.

Ik kenn' een Schäperkaat,
weer eensam in'n Sand,
un de Schäper, de hööd sien Schaap up'n
Kamp.

Ik kenn' een Buurnhoff,
weer eensam int Land,
un de Buur, de streu de Saat int Land.

Ik güng to sööken
den Strand,
den Sand,
dat Land

na Dag un Johr.
Een Riesenstadt
Ut Beton stünn dar.

Gudrun Münster

## De Stä

De Klinkerstraat kringelt sik as'n Worm dör't Dorp na't Sprüttenhuus hento. Dar loppt se denn as'n Twill ut'neen.
Up de linke Siet van't Füürwehrhuus hett Buur Frantzen sien Buuree. De Tacken van de Appel- un Plumenbööm in sien Gaarn böögt sik meist bet up't Dack van den lüttjen Stall, wor dat Löschfahrtüüg un all dat anner Retschup instahn deit.
So wat bi tein Trä na de rechte Kant hento kann man 'n Weg bilangs gahn. Dar kummt man na de Kark un de School hen.
An beid Sieden van dissen Weg staht ole Linnenbööm, unnern so dick, dat twee Mannslü mit äre Arms jüüst umto langen könnt. Baven sünd de Tacken as'n Dack

tohoop wussen. De Blöer gäävt 'n goden Schuul gegen Sünn un Rägen. Stadtlü schullen dr woll „Allee" an seggen.

Na mien Dünken is dit de moieste Looppadd in't Dorp.

T'enns de Linnenbööm up linkerkant kickt'n na't Schoolhuus röver. Dat sütt neemoodsch ut un is vääl grötter as de twee lüttjen Kabuffs van fröher.

Twüschen den Linnenboomweg un de School liggt de Späälplatz. In dat Huck twüschen Straat, Sprüttenhuus un Padd hebbt de Schoolkinner sik een Gaarn maakt. Strüük staht an Naber Frantzen sien Grundstück vorlangs as'n Muur, dat'n dr nich överhen kieken kann.

Kinner möögt Blomen geern lieden. Se hebbt dar 'n Reeg van paat, van elkeen Grött un Klöör. Allns ward akraat plääqt. Smuck lett dat, wenn allns grön is un bleuhn deit. Vörbigahn Lü hebbt dr är Vermaak an.

Man ik kann mi goot besinnen, as't up dat Flach noch nich so kunterbunt utsehn hett. Dat weer in't Jahr 1945. Anners nix as'n Kohweid kunn'n sehn; de weer nich inrickelt. Darwägen leepen dr ok kien Keuh rum. As in'e Wöösch wuß allns dör'nanner.

Jüüst de rechte Stä för Hack un Mack. „Müllabfuhr" geev't noch nich. Wenn een anfangen deit, enerworrns wat hentoklein, maakt anner Lü dat bald na, un denn geiht't överhen.

So weer ok hier gau een groden Meßfalt tohoop kamen. Moi seeg dat würkelk nich ut. Man wen scheer dat?

As'n Gefahr för Minsch un Deert seeg man't dotiet noch nich an.

Man dat änner sik mit'n Ogenslag. Een vääl grötter Gefahr schull dr up de Minschen tokamen. Jüüst an'n eersten Maidag 1945 mussen de Lü in't Dorp den gräsigen Krieg beläven. Gottloff gung't bannig gau vörbi. Paar Hüüs weern upbrannt. Anners weer dat Scheten man minn west.

De Suldaten van beid Kanten harrn avers allerwägens in't Dorp un up de enkelden Ackers een Barg Munition torügg laten, van all Sorten, lüttje un grode Dinger. Wat weern los, vääl weern ok noch scharp.

Kineen keek dr na. Blot wi Jungs weern neeschierig. Man us Öllern druffen dr nix van marken, wenn wi mit den Aaskraam spälen deen. För us weer't juxig. Well dach al an Malöör of so dr wat her? Up de Seggwies „Wer'n Hund targen deit, mutt mit Bieten räken" gifft so licht nüms wat.

Paar Wäken laterhen gung't an't Uprümen. Allns schull wedder in'e Reeg kamen na de malle Tiet. De Suldaten gungen bi un söchen de Munition tohoop. Ok de Gewehren un all de Klöterkraam, de van de tweischaten Panzers un Kanonen över bleven weer, keem up den Bulten.

Jüüst up de Stä bi't Sprütthuus brochen se't. Wenn'n dat aasige Gerack ankieken dee, kunn'n rein bang weern.

Anners muß ik den Linnenboomweg fakeder bilangs. Man sietdem gung ik leever 'n Weg um. Jedereen harr Noot, dar kunn alltiet wat explodeern.

Twee van de grötter Jungs kunnen dat nich nalaten, se mussen partu mank den

Isenbulten rumpütjern. Se wullen blot paar Stucken söken, de se to'n Klütern bruken kunnen. De een vergeet bi de Warkelee ganz, na den Dokter hentolopen. He schull bestellen, sien Vadder leeg krank to Bedd.

Miteens geev dat 'n „Rumms"! Een van de gräsigen Granaten harr beid Jungs ut'neen räten as nix.

Twee junge Minschen, anners krägel un jüüst nich unklook, weern dr nich mehr, fofftein un sösstein Jahr oolt.

Kineen in't Dorp kunn dat Malöör begriepen. Nüms wuß 'n Antwoort up de Fraag, woso se van't Läven kamen mussen, as de lange, gräsige Kriegstiet ennelk är Enn funnen harr.

De Öllern sünd dr är Daag nich överhen kamen.

Darna weer't blot so'n Bigahn van de engelschen Suldaten, den schetterigen Hopen bisiet to maken.

Wenn ik vandagen an de Stä vörbi gah, ducht mi de välen Blomen jümmers as Blomen up een Graff. Ik weet nich, of de Lü, de 's sönndags den Weg hendaal gaht na de Kark, sik an dit Beläven van 1945 besinnen doot. De Tiet loppt dr gau hen. Un gau hett 'n vergäten, wat nich so moi west is in't Läven. Kineen will dr mehr vääl van wäten naderhand.

Nee't un junget Läven jachtert dr nu över de Stä weg, över een Stä, wor dotiet de Dood luurn dee.

Günter Kühn

Twill = Gabelung; Trä = Schritte; Tacken = Äste; Schuul = Schutz; T'enns = am Ende; paat = gepflanzt; akraat = genau und gewissenhaft; Vermaak = Wohlgefallen; inrickelt = eingefriedigt; Wöösch = Wüstenei; Malöör = Unglück; Bulten = Haufen; fakeder = öfter; naderhand = später, nachher

## *Langwieligen Kraam*

„Ik heff kin Lust mehr, hier noch länger rumtohuken", gnurr Ralf, as he mit sin Fründ Folkert bi'n Späälplatz tohoopseet.

„Du, weeßt wat?" sä Folkert barsk un stött Ralf mank de Rippen, dat he meist van de Holtplank hendaal stoov. „Mi is jüüst wat in 'n Kopp schaten."

Ralf weer jüüst düchtig an't Hojahnen.

„Dat is hier ja ok blot 'n Spääplatz för lüttje Gören, nix för us." Bi disse Wöör smeet Folkert sik mit sin dartein Jahr reinweg in 'e Bost.

„Is ok rein garnix los vandagen", brummel Ralf vör sick hen.

„Güstern heff ik wat sehn, dat kunn us woll goot topaß kamen", maak Folkert sin Fründ neeschierig.

„Wat denn?" - „Segg ik noch nich. Los, kumm gau, wi föhrt äben hen!" Darbi kreeg he sin Dreegang-Rad her un weer ok al mit 'n Swupp up 'n Sadel jumpt. „Dat is nich wietaf. Los, pedd 'n bäten to!" weer he an 't Drieven un suus los. Ralf harr't stuur, em natoföhrn. Se weern amenn in 'n Straat ankamen, de 'n bäten bisiet leeg, achter 'n lüttjen Hagen.

„Hier is't", sä Folkert un smeet sin Rad an 'n Boom.

Ralf wunner sik. „'n ool Huus? Schient meist so, as wenn dar nüms mehr in wahnen deit." „Mh, un wat schöölt wi hier?" froog he unbedarwt.

Folkert wies em 'n halven Tichelsteen, den he miteens jichtenswor upkregen harr. „Paß goot up, wor de landen deiht."

„Du meenst . . .", fung Ralf an. „Wat denn anners!" grien Folkert. Man kunn sehn, wo 't em in de Fingers jöken dee. He wull jüst den roden Steen up dat Huus flüchten, do heel em 'n faste Mannslü-Stimm trügg. „Na, wat geiht hier denn vör?"

Weet de Düvel, wo de ole Keerl so batz herkamen weer. He muß ja woll in den Hagen up 'e Luur legen hebben. Nu stunn he dar, stütt sik up sin Krückstock un keek de Jungs scharp an.

„Ja . . . äh . . . ik . . . wi . . .", fung Folkert, de anners mit sin Snuutwark woll goot bestahn kunn, an to stamern un heel den Steen fein achter sin Rügg.

„Och . . . das is so . . .", weer Ralf an't Stötern, „wi wullen us blot mal dat Huus ankieken."

„So, so", sä de Ool un gnifflach. „Gefallt jo dat denn?"

„Nä, dat is ja al oolt", sä Folkert krott. He murk, dat de Ool är doch woll nix anhebben wull.

„Ik mag 't ok nich lieden", sä de Mann kort, „darwägen köönt ji dat driest doon." Denn harr de ool Fent doch wat markt! He wull är blot överdüweln, wull är amenn bi de Polizei verklappen.

„Wi wullen garnich . . .", fung Ralf an to verklaren.

„To, segg ik, man to! Smiet't driest egalweg rin in'e Finsterschieven!" Un dat klung as 'n Befehl van den olen Mann. As he de groden Ogen van de beiden Jungs seeg, sett he dar achterna: „Kin Bang. Över dat Huus heff ik dat Seggen, noch woll. Anner Maand ward dat afreten."

De Jungs begrepen. Tja, wenn dat so is, denn man driest up daal! Un denn gung dat Smieten los. „Klirr!" sä dat, de eerste Schiev weer dar hen. Een wunnerbaren Klang weer di dat. Denn de twede, un rumms, noch een un noch een. Se wurrn rein kregel. Wat 'n Jux!

De Oll stunn dar bi, freu sik un hiss de Jungs noch mehr up. He weer mit sin Krückstock an't Wiesen un Dirigeern as'n Trainer. He harr't lever laten schullt. Een Auto stopp midden up'e Straat, un de Fahrer fung an to futern: „Seht Se garnich, wat de Bengels dar drieven doot? Se staht dar bi un laat't är eenfach gewähren!"

„Ja, un?" froog de ole Mann swiensplietsch, keek de beiden Jungs an un plinkoog är to. „Maakt doch Pläseer, oder nich?"

„Klaar, Opa!" reep dat ut een Mund, un swutsch! suus wedder 'n Steen dör de Schieven.
„So 'n Frechheit avers ok! Dat mutt'n bi de Polizei angäven. Is ja Sachbeschädigung sowat!"
„So 'n Unverstand van so 'n ollerhaftigen Keerl! De hett ja mehr Straf verdeent as de unmunnigen Schooljungs!" sett dat Frominsch gegen den Fahrer dar noch achterher. Dör-dichthaun un Gas-gäven weern man eens un weg weer se ok al, de Bullerballers.
„Jungedi, de hebbt wi avers vör 'n Narrn bruukt." De dree „Verbräkers" kunnen sik meist nich wedder inkriegen vör Lachen. Un Ralf muß togäven, dat sin Makker mal wedder 'n dulle Saak utmickt harr.
Opa wies noch mal mit sin Stock up dat Huus mit de tweismeten Finsters. Dat leet, as gluup är't mit holle Ogen an.
„Dat weer mal min Ollernhuus. Ik bün dar geborn un in upwussen", brummel de ool Mann. „Ik mutt dat Huus verkopen. Schall 'n nee'e Straat över dat Grundstück lopen. Säbentig Jahr heff ik dar in läävt."
Sin Stock gled hendaal, dat he em wedder Stütt un Stöhn gäven kunn. Denn sluur he sacht de krume Straat bilangs.
De Jungs weern nich ganz säker. Se menen nahst, se harr'n paar Tranen in sin Ogen sehn.

Günter Kühn

barsk = barsch, forsch; unbedarft = harmlos; Tichelsteen = Ziegelstein; stamern = stottern; an't Stötern = am Stottern; gnifflach = lachte verstohlen; krott = keck; Fent = Junge; verklappen = anzeigen; hiss = hetzte; futern = schelten; swiensplietsch = keck, verschlagen; plinkoog = zwinkerte; gluup = starrte; Stöhn = Halt; nahst = danach, später

## *Butendieks*

Den koolen Brösel mang sien Tähnen seet ool Fischer Tjarks up de Bank vör sien Huus un keek dat Siel langs.
Wat'n Weer, Fisch to fangen! To seilen - to -. Ah wat, du ole Stacker! Höög di, dat du de Sünn noch sehn kannst un dat Water, wo dat glinstert, un wo satt de Wischen grönen doot mit Hunneblomen dar mang. Denk nich jümmers an dienen Kutter! „Talette Sophie", de liggt kommodig in den Kolk und rott vör sik hen. Sellschupp genog hett he von Rotten un Müüs, de danzt ehren Hochtietsdanz up mien „Talette Sophie".
Sophie, wenn du dar noch weerst! Man den Kutter kreeg se ok nich wedder flott.

Blots de Jungs, de keken denn fakener mal bi us in. Häh! Well kummt dar in witte Boxen un witte Buseruntjen den Diek langs? - Jan un Karl! Kaamt ji bi mi?
„Vadder, wo is dat mit di? Kannst den Padd den Groden langs lopen? Hest ja noch nich mal den Steeg sehn mit all de Seilscheep von usen Vereen!"
De Ool weer al upstahn. Verkneep sik dat Humpeln und dee heel risch. „Avers mien Nettwark nehm ik mit. Amenn fangt sik gar gunnert doch en Steert von'n Fisch."
Karl un Jan smeten sik dat swartteerte Nettwark över de Schuller un keken an ehre witten Boxen un Buseruntjen dal. De dree stappen dat Siel langs bit na de lange Brügg, wor en Schipp neben dat anner leeg, witte, rode, gröne, blaue, geele, brune Yachten un Jüllenkrüzer, all mit Kajüt un blänkern Reling rund um to. Een chinesisch Dschunke leeg dar ok mit mang. Kien eenzig lüttje Jüll.
„Junge ne", dach de Ool, „wor loppt dat up to? Överdarig!" Jan un Karl bleven bi een Mahagoniboot stahn. Dat weer ja woll dat eenzig, wat nich ut Kunststoff weer. „Talette Sophie" stunn an den Bug. De Ool keek sin Söhns in de hellen Ogen. Een Mahagoniyacht, wor se mit över See seilen kunnen, wor Bott weer för söß Mann to'n Slapen! Wor se kaken kunnen un sik waschken.
„Hefft ji dar noch veel an to betahlen?" fraag de Ool schoh. Man de beiden lachen: „Schulden maken hest du us ja verbaden, Vadder!"
Se harrn dat wahrhaftig to wat brocht, Dischler un Elektriker harr he ehr lehren laten. Wo wiet se nu hochkamen weern, wiesen se em mit de Mahagoniyacht „Talette Sophie".
Man nu schoot de Ool in'n Dutt. Wat dat Schipp schitterig is! Un wo dat mall ruken deit. Överall hier stinkt dat: „Dat Water stinkt."
„Wenn de Floot kummt, ward dat beter", söchen de jungen Lüd ehren Vadder to begöschen. „Wenn - -."
„Nix ward beter! Nie nich ward dat beter. Seht ji denn nich de Bööm! De Wicheln! De Pappel! De almächtig grote Esch dar gunnert! Versoort! Kien Blatt küselt in den Wind. Wor starvt he von, de Groden? Na Nordwesten - een bi een reckt de scheven Wicheln äre Wuddeln na den Heben to. Un kiek dar gunnert, dar weer, solang as ik den Groden kennen do, een Flach Land vull bleuhen Blomen. Wegreten! Dalsluukt! Dar steckt doch de Düvel achter."
De Bröder verfehren sik. Se sehn noch mehr: Dat Water harr ja heel en anner Coleur, gries seeg dat ut. Un de Ruch, ja, nu kregen se dat ok in de Künn -: fuul weer de Ruch.
Man se schoben de Gedanken bi Siet. Se wullen seilen, wullen se. Na de Butenwerser to, wor de Robben up'n Sannen in de Sünn legen. „Smiet mien Nettwark ut", see de Ool. Hier na de Butenwerser to wimmelt dat von Fisch. Fröher kunn'n hier Lachs fangen. Nu freut en sik ja al övern lütt Kringel von Aal. Glückelk weer de Ool as lang nich mehr. He seil mit sien Jungs.
Man as se denn bidreihn un dat Nett hochhieven, dar harrn se nix as dode Fisch an Bord.

Se wagen sik nich, een den annern in de Ogen to kieken, bit de ool Fischer sä:
"De Bagger! Dat heele Jahr hendör hett he kriescht, un is up un dal föhrt. Jümmers noch mehr Sand! Slick! Bit se up Steen stött sind. Deep schall dat Fahrwater warrn, so deep, dat se jümmers noch grötere Scheep den Strom rupjagen köönt! Gau! Eendoont, of dat Över brickt, of de lüttjen Haben löss beliggen blievt, liekers dar soveel Geld instecken deit. Tweislagen! All Geld up enen Bulten. Davon mööt de Wicheln starven un de urool Esch un de Fisch! De verdrägt dat Saltwater nich, dat Brakwater, dat nu mit den starken Strom drievens de Werser rupjagt.
De jungen Mannslüüd gungen darbi un smeten de fulen Fisch över Burd.
"Ji mööt ehr inkuhlen", meen de Ool.
Man de Jungen weer övel von den Gestank an Bord, un up een Nett vull mehr oder weniger keem dat woll nich an in de Werser.
Se säen kien Word. Man elkeen för sich bedach, wo he up'n qui-vive wesen wull, dat nich de heele Welt to stinken anfung.

Thora Thyselius

koolen Brösel = kalte Pfeife; Stacker = Krüppel; höög di = freue dich; kommodig = gemütlich; Kolk = Wasserloch; Sellschupp = Gesellschaft; fakener = öfter; Groden = aufgeschlicktes Land; Seilscheep = Segelschiffe; risch = rüstig, schnell, flink; gunnert = drüben, dahinten; Jüllenkrüzer = Jollenkreuzer; överdarig = übermütig, verwegen; Bott = hier: Platz; schoh = scheu; schoot in't Dutt = erschrak, zuckte zusammen; begöschen = beruhigen; Wicheln = Weidenbäume; verfehren sik = erschreckten sich; Coleur = Farbe; kregen se in de Künn = bemerkten sie; Butenwerser = Außenweser; eendoont = egal; liekers = obwohl; Bulten = Haufen; drievens = eilig; up'n qui-vive wesen = aufpassen, auf der Hut sein

## *Na us*

Na us --- kaamt wekke, --- de willt leben --- up use Eer. ---
Nicht bloß konsumeren, produzeren, funktioneren! --- Na us! ---.
Willt kieken, --- wenn de Appelboom bleuhen deit. ---
Wenn de Immen sick dr to freun deit. -
Willt leben, -- deep Lucht halen.
Na us! --- Na us? ---
Geiht dat denn noch?
Na
us?
us?

Hermann Pöpken

Lucht = Luft

# Snacken un Verstahn

## *De Knecht un de Afkaat*

Bi uns Plattdüütschen heet dat jo männichmol: „De nich üm een Utreed verlegen is, de is ok gor nich weert, datt he in Verlegenheit kümmt!" Man liekers - to so'n Verlegenheit kümmt man af un an jo noch lichter as to'n Snöven. Dorüm is dat sachts ok bäter, wenn man nich blots 'n gode Utreed op de Tung, sonnern ok noch 'n goden Afkaat bi de Hand hett. So hett jo ok sachts de Knecht dacht, de vör 'n gode hunnert Johr mol in een Lüttstadt bi'n Afkaat an de Döör bimmeln dee. Sodra de Knecht den Rechtsgelehrten in't Döörlock wieswörr, do sä he ok glieks: „Se möten mi helpen, Herr Afkaat."
„Dat kann jo villicht wat warrn", anter nu de Afkaat. He nödig den Knecht mit nah sien Schriefstuuv rin; un as se sitten deen, do fröög he: „Na, woneem knippt denn de Schoh?"
„Tscha, Herr Afkaat", anter nu de Knecht, „ik bün op't Gericht laadt. Un de seggt, datt ik 'n Wilddeef weer . . ."
„Stimmt dat denn nich?" füll de Afkaat em fraagwies in't Woort.
„Nee", schüddkopp de Knecht.
„Wodennig kaamt de op't Gericht denn aver to so'n Menen?" wull de Afkaat nu weten.
„Tscha, Herr Afkaat, dat weer so", anter de Knecht truuschüllig, „ik weer vör'n gode acht Daag op mien Buur sien Koppel mank de Röven. Man mit'n mol wörr ik bannig stutzig kieken. Ik wörr jo wies, datt dor 'n Flint mank de Röven liggt . . ."
„Flint leeg dor -?" fröög de Afkaat unglöövsch nah.
„Ja, jüst as ik seggt heff, dor leeg 'n Flint", nickkopp de Knecht. „Un ik överlegg denn ok so bi mi sülven: Mensch, wokeen mag blots dat Ding tohören!? Man ik kunn mi nich op een besinn'n, de so'n Flint hett. Dorüm sä ik denn ok toletzt to mi sülven: ‚Dat is jo wohrhaftig schaad, wenn de schöne Flint hier op de Koppel verkümmt!' Harrn se nich ok so dacht, Herr Afkaat -?"
„Dat harr ik sachts", anter de Afkaat.
„Sehn Se, un dorüm heff ik se ok opsammelt", sä de Knecht plietsch. „Ik wull se jo ok bi'n Buurnvaagt afgeven."
„So schall dat ok sien", nickköpp de Afkaat.
„Dat heff ik jo ok meent", anter de Knecht leidig, „man ik keem dor liekers mit to backen; denn as ik op'n Redder bün, do kümmt mit op'nmol een in de Mööt. Jungedi, schööt mi dat do op'n Stutz in: Du kannst jo in Düvelsköök kamen,

wenn di hier een mit de Flint gewohr warrt. Ik sä denn ok wiß to mi sülven: ‚Pack se dor man läver wedder hen, woneem du se herhaalt hest.' Een, twee, dree suus ik nu dörch 'n Knick un rop nah de Rövenkoppel. Man as ik de Flint wedder mank de Rövenblä' steken harr un jüst wedder pick in't Krüüz keem, do weer dat Malöör groot! Do stünn de Jagdopseher achter mi -"
„Un wat do?" fröög nu de Afkaat.

„Tscha, un do", anter de Knecht jaulig, „do hett de Jagdopseher den Kraam sachts in't verkehrte Halslock kregen; denn he sä mi batz vör'n Kopp, datt ik 'n Wilddeef weer un dat he mi bi't Gericht answatten wull. Wat he denn ok daan hett. Un dorüm wull ik Se ok beden, Herr Afkaat, datt Se nahstens to Verhandlung mit mi op't Gericht kaamt."

„Un wat schall ik dor?" fröög de Rechtsgelehrte smuustergrientjerig.

„Se schülln dor mien Geschicht vertelln un mien Saak richdigstelln", anter de Knecht nu drucksig.

„Nee, mien Bester, dor warrt nix ut . . ." lach de Afkaat.

„Worüm dat denn nich!?" anter de Knecht nu baff un verbiestert.

„Weil Se gor keen Rechtsbistand bruukt, mien Lever", smuuster de Afkaat, „denn dat gifft op de ganze Welt keen Rechtsanwalt, de düsse Geschicht noch bäter vertelln kann as Se sülven . . ."

Hans Heinrich Rottgardt

liekers = egal, trotzdem; Snöven = Schnupfen; Afkaat = Advokat, Rechtsanwalt; sachts = vielleicht, wohl, vermutlich; sodra = sobald; woneem = wo; wodennig = wie; truuschüllig = treuherzig; plietsch = schlau, gewitzt, listig; Buurnvaagt = Bauernvogt; Redder = enger Feldweg; kümmt mi een in de Mööt = treffe ich jemanden; Düvelsköök = Teufelsküche; Rövenkoppel = Rübenfeld; pick in't Krüüz keem = in die aufrechte Haltung kam; nahstens = nachher; smuustergrientjerig = schmunzelnd, lächelnd

## *Runkelröbensaat*

As mien Öllern van'n Dörpen na de Stadt rintrucken - ick weer duntomalen tein Jahr old - frei ick mi över all dat Nee'e, wat ick to sehn un to hören kreeg. - Man as ick mi denn so bi lütten mit de annern Kinner anfrünnen wull, da mark ick, dat se nich bloot in de School, nä, dat se uk up de Straat hoch snacken. - Dat harrn wi up 'n Dörp ja bloot in de Schoolstunnen daan. - Un wenn us dar denn uk mal 'n plattdüütsch Wurt mit mank kamen weer, dann weer dat so mit dörlopen as de Swiensködel twüschen de Plumen, un de Schoolmester harr dar kien Wurt över verlaren. - Nu meen ick ja, dat ick in de School al richtig hochsnacken lehrt harr. Man dat klung för de Stadtkinner doch woll noch 'n beten afsünnerlich. Un of ik nu platt of hoch snack, ümmer lachen se mi wat ut. - Na, gegen de Kinner kunn ick mi ja wehrn, dat weer half so slimm. Un mit de Tied heff ick ehr dat Lachen afwähnt. - Man bi de Groden kunn ick disse Method ja nich anwennen. Un datt de sick uk noch över mi lustig maken, dat weer mi doch bannig scheneerlik. Besünners de Ladendener van usen Koopmann, wo Mudder mi nu faken henschick, dreev dat rein to slimm. He weer so 'n aalglatten lakierten Mai-aap un snack bloot gäl. Wenn ick in 'n Laden keem, maak he 'n depen Dener un frog mit lurig-sötet Grienen: „Was wünscht der Herr?"

Datt he mi mit „Herr" anreden dee, arger mi al, man datt he denn naher mien Wöer up sien neelke Aart na-apen dee un sick denn rein utschütten wull för Lachen, dat broch mi erst richtig in Brast.

Vandaag mööt ik mi ja wunnern, dat de Koopmann, de doch veel Landkundschaft harr, sick so'n verdreihden överspönschen Ladendener höll. Man as Kind heff ick dar ja noch nich över nadacht. Da weer mi de Kirl bloot so toweddern, dat mi bi em kien plattdüütsch Wurt mehr över de Tungen wull.

Mal schick mien Vadder mi hen na 'n Koopmann. - Ick schull för 'n paar Groschen Runkelröbensaat halen.

Ick dach an den verdreihten Ladendener un överlegg: „Wo heet Runkelröbensaat bloot up hochdüütsch?" Röben heet Rüben, dat wuß ick. Un Saat kunn man ja uk woll up hochdüütsch seggen. Harrn wi doch annerleßt erst 'n Gedicht lehrt in de School, wo sick up „Taten" „grüne Saaten" riem. Man „Runkel", dat weer na mien Dünken al mien Daag kien Hochdüütsch. Of dat vielleicht up hoch „Ronkel" heten de? - To Unkel säe 'n up hoch ja uk „Onkel". - Man „Ronkelrübensaat", dat klung mi denn doch rein to neelk.

Da leep mi Theo Süß in 'n Weg. He weer in de School een ganz kloken un snack ümmer blot hoch. De muß dat ja weten, dach ick. - Man em so eenfach fragen: „Wo heet Runkelröbensaat up hochdüütsch?" dat mugg ik uk nich. Denn kunn he mi woll utlachen. - Da fullt mi in, dat ick ja noch so 'n feinen, dicken, bunten Glasknicker in de Tasch harr. Un wenn de mi uk suur afgung, so säe ik doch to Theo Süß: wenn he ra 'n kunn, wat ick van 'n Koopmann halen muß, denn schull he uk den schönen, bunten Glasknicker hebben. Dar weer he nu ja bannig scharp up, un he tell fors 'n half Dutz Saken up: „Mehl, Butter, Salz, Rosinen, Zucker, Zimt? -" Man ick schüttkopp bloot. Un wat he uk noch ra 'n dee, up Runkelröbensaat keem he nich. - Ick muß em doch woll bäten neger up 'n Padd bringen, dach ick, un darüm säe ick, datt dat wat to 'n Sein weer. He gluup na mien schönen Glasknicker un fung fors weder an to ra'n: „Blumensamen, Kohlsamen, Wurzelsamen, Rübensamen?" . . . „Holtstop! - Rübensamen, dat stimm ja al." „Man was für Rüben? - Gibt ja Steckrüben, Mairüben, Stoppelrüben un . . .?" „Runkelrüben", säe ick nu richtig up hoch, un ick weer mi nich ganz säker, of he bi „Runkelrüben" nich an to lachen fung. Man he weer ja 'n richtigen Stadtjung un kenn nix van Röbensorten. Darüm tipp he van een up't anner, bet he an „Runkelrübensamen" behangen bleev. Un he sprook dat jüst so ut as ick em dat eben erst vörkaut harr. Tjä, da weer ick jüst so klook as vörher. Man he bestunn up den Glasknicker, un ick muß em hergeven. Aver richtig argert heff ick mi doch erst naher, as ditmal de Koopmann sülvst ganz alleen in'n Laden weer un mi fründlich froog: „Na, mien Jung, wat wullt du denn hebben?"

Karl Bunje

duntomalen = damals; scheneerlik = genierlich, beschämend; Mai-Aap = Lackaffe; he snack bloot gäl = er redete nur vornehm auf Hochdeutsch; neelke Aart = alberne Art und Weise; na-apen = nachäffen; Brast = Wut, Ärger; överspönschen = übergeschnappten; fors = sofort

## Ferien up'n Buurnhoff

De Mutt, de hett tein Farken smeten.
De Keu, de närkaut vör sik hen.
Worüm't so is,
woso dat kummt -
lütt Klaus much geern allens weten.

Van't Johr is Sentas Buuk so swullen.
De Höhner leggt heel dicke Eier.
Worüm't so is,
woso dat kummt -
för Klaus, dar sünd dat allens Sullen.

Un wenn se stävelt över't Land,
verklaart em Unkel Buur dat fein.
Worüm't so is,
woso dat kummt -
un Klaus sien Öllern liggt an'n Strand.

De Jung is glückelk as man een.
He kickt de witten Wulken na.
De Häben hoch,
dat Land so wiet -
O Gott, wo is dat Läven schöön.

Denn waakt he up, he is to Huus,
Beton un Schosteens um sik to.
De Häben gries
un vull van Rook -
un up de Straten en Gebruus.

Sien Mudder is na Arbeit gahn,
sien Vadder fröh al na Fabrik.
Worüm't so is,
woso dat kummt -
dat kann lütt Klas gar nich verstahn.

Edmund Wilkens

Mutt = Sau; Keu = Kühe; närkaun = wiederkäuen; swullen = geschwollen; Sullen = Schwellen; Häben = Himmel

## *De Zauberböön*

Toerst weern se 'n bitje bedrööwt wäsen, man denn harrn Ilka un Martin - seß un veer Johr olt - sik doch bannig freit, as Papa sä: „Ik mutt mit Mama een Wäk verreisen, na Hambörg. Un dorüm bringen wi jo beiden na Oma un Opa hen." Oma un Opa harrn är Huus in'n anner Stadt hunnert Kilometer weg. Un so weer dat jümmer 'n lüttje Weltreis för Ilka un Martin.

De eersten Dagen bi Oma un Opa verflogen as nix: dat geew hier ja sovöl Nees to sehn! Int Tuun wies Opa sien moje Planten un Blomen; un he harr sik sogar twee lüttje Schildkröten extra för de Kinner köfft. De heeten „Cäsar" un „Cleopatra" un krupten up de Rasen herüm. Martin legg sik up sien Buuk un brull fief Minuten lang „Cäsar un Cleopatra", man de Schildkröten wullen neet mit är Koppen nicken. Do meen Ilka, dat disse Veehtüüg woll swaarhörig weer.

Ant End van de Wäk wuur dat för Ilka un Martin so'n bitjet langwielig. De Naaberskinner gungen vörmiddags na'd School, un Huus un Tuun van är Grootöllern harrn se nu ok all düchtig dörstöbert. Man se harrn bi all är Neegierigkeit wat vergäten: de Böön in de spitzgieblig Huus van Oma un Opa.

As Opa jüst de Zeitung läs un Oma na'd Koopmann gung, harr Martin up'n mal de lüttje Trapp na'd Böön rup funnen. He wink Ilka, un de beiden krupten tapp-tapp-tapp vörsichtig de enge Trapp hoch.

„Oh, wat is dat düster hier", sä Ilka, as se baben ankamen weer. Martin jammer: „Help mi doch! Ik fall noch runner!" Ilka packt Martin unner sien Arms, un mit een düchtigen „Hau ruck" stunn he ok up'd Böön.

Martin keek in dat Halwdunkel un kunn blot de dicken, schrägen Balken un'n heel Bült van groten, swarten Saaken sehn, de öwerall herumleegen. „Ilka, ik bün bang!" sä he un wull jüst anfangen to weenen, as Ilka de Klapp van de Dackluk funnen harr un de Luk apenschmeet. Mit'n mal keem dor Lücht un Sünnenschien up de dunkle Böön.

Ilka frei sik: „Kiek Martin, nu köönt wi wat sehn!" Martin reev sik eerst de Oogen, man denn reet he se beid wiet up un keek neegierig herüm: „Oh, Ilka, kiek äben, wat köönt wi hier fein spölen!"

Un nu markten de beiden, wat för een Wunnerland se hier entdeckt harrn. Dor geew dat Kisten un Kasten, Schappen un Kartons, olt Stoolen un anner Möbels; un vööl olt Kleer hungen van de Balken dal. Dat seeg ut, as wenn dor vele Lü versammelt weern. Ilka kroop van unnern in een van de lang Kleer rin. Dat rook wat muffig, man dör de helle Stoff kunn se de Böön in een mojen Schleier sehn. „Martin, ik hebb de Böön verzaubert!" reep se.

Martin harr jüst de Deckel van een Kist apen kreegen un dacht, dat he dor Gold un Sülver in finnen dee, man in de Kist weern blot Schalotten. „Wat Oma sik ok all so upbewohrt -", dach he. Denn mark he, dat Ilka weg weer.

„Wor büst du denn, Ilka", reep he bang.
„Sök mi doch! Sök mi doch!" anter Ilka achter är Kleed. Martin fung an to söken. He keek achter all Kisten, Ecken un Schappen un harr dat dorbi heel neet ielig, wiel he noch jümmer neje Saaken finnen dee. Ilka beluur Martin dör är Zauberkleed un harr groten Spoß dorin. Toleß weer dat Martin awers doch to bunt. Ilka sä „piep", un do harr Martin är ok all funnen.
Se spölten noch'n poormal Verstecker, kraamten hier un dor herüm un snacken de heel Tied över all de Wunnersaaken, de dat hier up Omas un Opas Böön geew.
„Worüm hebben de us dor nix van vertellt!" sä Ilka. „Viellicht schullen wi dor wat van to Wiehnachten kriegen", spekuleer Martin.
Mit'n mal höörten se unnen vör't Huus een Auto brummen, denn Dörenklappen un - ja, Ilka markt dat glieks - de Stimmen van Mama un Papa.
Martin wuur heel upgerägt.
„Ilka, Mama un Papa sünd weer torüg! Wi mutten runner van't Böön!" Man Ilka weer all na de Luk loopen un reep: „Nä, Martin, kumm her to mi! Wi kieken us dat van hier boben an. Dat is heel moj!"
Martin renn na Ilka hen an'd Luk, un nu kunnen se ut de Hööcht sehn, wo Oma un Opa ut Huus kemen. „Dor sünd ji ja all!" sä Oma, „wi hebben noch gor nich mit jo räkend up disse Tied. Mama anter: „Jo, de Fohrt gung heel fell. Keen Stau up'd Autobahn. Man - wor sünd denn us Kinner?"
Martin wull nett roopen: Hier sünd wi, Mama! do leeg hum Ilka är Hand up'n Mund: „Pst, Martin! Laat de us doch mal söken! Mal sehn, of de us hier boben up'd Böön finden doont!"
„Jo, goot, Ilka, dat maakt wi!" sä Martin. Un nu luurten se heel gespannt van boben, as Mama, Papa, Oma un Opa jümmer upgerägter wuurn, wiel se neet wussen, wor de Kinner weern.
„Ilka, Martin, kaamt her! Mama un Papa sünd ankamen!" reep Opa int Huus. Nix röhr sik. Oma frog Opa: „Hebben de Kinner denn neet bi de spölt, as ik na'd Koopmann weer?" Opa meen: „Ja, toeerst woll, man denn . . . weern se mit'n mal weg! Ik dacht, se weern in'd Tuun." „Dor sünd se awer neet", sä Papa, de all anfung, herumtoloopen un to söken.
„Weet ji denn gor nich, wor us Kinner sünd?" frog Mama.
All veer grote Lü leepen nu dör't Huus un Tuun, reepen „Ilka" un „Martin" un weern in grote Uprägung. Ilka un Martin keeken sik dat 'n heel Settje lang tofrä ut är Luk an. Martin frei sik: „De finnen us hier bestimmt neet!"
„Stimmt", sä Ilka, „dat is'n gooden Versteck!"
Up'n mal segen se, dat Mama heel stief stahn bleew, de Hannen vör't Gesicht hull un sluchzt:
„Wor sünd mien Kinner, wor sünd mien Kinner . . ."
„Wat hett Mama?" flüster Martin verdattert. „Ik löw . . . ik löw . . . Mama is bang um us!" sä Ilka. Dat verstunn Martin up'd Stä. He anter: „Dann mutten wi nu awer ruut us Versteck. - „Jo, Martin", sä Ilka. In disse Oogenblick reckt

Martin sik all wiet ut de Dackluk un bölk los: „Mamaaaa! Hier sünd wi! Hest us heel neet funnen. Haha!"
Mama reet de Hannen van't Gesicht un keek na boben: „Dor sünd ji ja! Ilka, Martin! . . . Hier sünd ja de Kinner!"
Opa, Oma un Papa kemen anloopen. Papa reep argerlich: „Wat maakt ji denn dor boben up'd Dackböön!" Opa reep luut: „Kaamt dor gau dal!" Oma jammer: „Oh Gott! De Kinner sünd doch anners noit up'd Böön west!" Papa rann all int Huus: „Wi mutten helpen! De kamen dor ja gor nich allenig weer herunner!"
All veer grote Lü stunnen nu an de lüttje Trapp un hievten Ilka un Martin van'd Böön dal.
„Wo sünd ji hier blot rupkamen!"
„Dat geiht doch nich!"
„Dat hebb ik awer nich erlaubt!"
„De harrn sik ja to Dod fallen kunnt!"
„Up de Kinner mutt man doch uppassen!"
„Dat woort Tied, dat de Böön wegkummt! Wat sall dat Gerümpel hier!" Se reepen de grote Lü upgerägt dörnanner. Ilka un Martin verstunnen de Welt neet mehr. Worüm weern de denn all so vergrellt?
Twee Maand laater kemen Ilka un Martin mit är Öllern weer to Besök bi Oma un Opa. Dat Eerste, wat Martin sä, weer: „Oma, Opa, köönt wi glieks up de Böön spölen?" Ok Ilka beed: „Oh jo! Dat maakt dor so'n Spaß up de Zauberböön!" Opa maak een oorich Gesicht, as he dat höör. Man Oma neem de beid Kinner ant Hannen un stapp mit är int Huus: „Kaamt man her, ik will jo woll us neje Böön wiesen." Papa sä: „Neje Böön? Wat is dat denn?" Man Oma gung al vörut un all annern achteran.
As se baben ankamen weern, wies Oma stolt na all Sieden: „Kiekt! Dat is us neje Böön! Wi habben hier'n moje, grote Spölkamer för jo utboot. Nu is hier keen gefährlichen Trapp mehr un keen Gerümpel. Is dat neet fein?"
Ilka un Martin keeken mit grote Oogen in de neje, helle Stuuw mit de frischen Geruch van de Farw un de blanken, neje Möbels. All stunn oorndlich int Rieg. Sogor een Regaal mit Legos un anner Plastikspöltüüg weer dor all. Awer - dat geew dor keen Kisten un Kasten, keen Balken un Kartons, keen Schappen un olt Stoolen mehr, keen Zauberkleer un keen Goldkist mit Schalotten.
Dor keeken Ilka un Martin sik an un fungen an to weenen . . .

                        Erhard Brückert

krupten = krochen; Tuun = Garten; Böön = Boden; heel Bült = große Menge; Schappen = Schränke; Schalotten = Zwiebeln; heel fell = sehr schnell; luurten se = beobachteten sie; 'n heel Settje = eine ganze Zeit; vergrellt = aufgeregt, ärgerlich; oorich = komisch

## De Lääsrott

Klaas harr sik so recht moi trechrakelt up Vadder sin'n Verpuußstohl. In't Fernsehn keem 'n Jugendfilm, den wull he sik ankieken. Nich at he egalweg vor den Kasten seet, nä, darto lees he vääl to geern. Sin Böker - he harr dr nich alltovääl van - harr he al meist all 'n paar Maal lääst.
Nu keem de Ansegger up de Schiev un just at he sä: „Liebe Mädchen un Jun. . . ", do knurr dat noch'n bäten un ut weert. Nix to maken, de Kasten sä nix mehr. Mudder wuß Raat. Se broch Klaas gau af van sin Trorigwään. „Kannst mi eben bäten wat inköpen: Kaffee, Kandis un Dösenmölk. Paß goot up dat Geld up!" „Ja, ja", meen Klaas, un denn stapp he to Foot loos. Sin Rad weer twei un bit't Dorp weer't ok nich wiet. De Floorenpadd weer eben, un he keem goot vorut. He klöter mit de Markstucken in sin Boxentasch un dach so bi sik: Vääl köpen kann sik een dar nich for - nich dat Slaraffenland un nich vääl Böker.
To geern harr he sik ja 'n Book kofft, awer sin Vadder weer mit Taschengeld tämlich tuuk. He harr em den Rat geben, he schull sik ut de Bökeree in't Dorp Böker lehnen, dat wull he woll betahln. De Kuraasch harr Klaas bit vadagen mit sin ölben Jahr awer noch nich harrt.
Up sinen Padd keem he an twee grode Heckpahls to rechten Hand vorbi, de meist so utsegen at Minschen. At Klaas se seeg, muß he an Mudder är Vermahnen denken.
Toeers haal he de Saken van'n Koopmann un gung denn in den Zigarrenladen anne Eck, wo'm sik an de anner Siet van den Träsen Böker lehnen künn. He soch sik 'n Book ut, dat weer unmunnig dick un groot. De fründliche Zigarren- un Bökerunkel schreev de Nummer un Klaas sinen Namen in'n blaut Heft in. Dat dicke Book harr'n Schutzumschlag van so'n Aart Packpapier un pass noch just mit in de Plastiktuut mit de Waren. To geern weer Klaas dar vor de Döör al up'n Sull sitten gahn un harr in dat Book rinkäken. Awer dat gung denn woll doch nich, wat schulln de Lü van em denken. Up sinen Padd na Huus kunn he nix anners denken at: „Wo gifft 'n ruhige Eck, wo ik min Book apen maken kann?" An't Öwer van'n Graben vor den Bökenbusch seeg he 'n moie Stää. De dröge Rüügde weer noch weeker at Vadder sin Sessel. He sloog sin Book up un fung an to läsen: van de Ägypter un de Pyramiden. He kunn nich woller uphooln, de Regen gleen vor sin Ogen hen, at wenn een mit Holschen awer't is glirrschket, un de Bookstaben kropen at luter littje Migemken in sinen Kopp rum un leten sin Hart gauer kloppen.
He schuter sik, em lepen kole Gräsen awern Puckel. Dat weer mit de Tiet koolt wurrn, un de Sunn stund al achter de Bööm. Sin Hannen weern richtig klamm, wenn he de Blöö umdreihn dee. He weer ganz in een anner Welt: in Rom, Karthago, bi Marius, Cäsar un Augustus, bi de Vandalen un de Katakomben.

Mit eens fullt Klaas sin Mudder in. He muß sik tohooprieten. He stund up, un at in'n Traan gung he loos. Den Finger leet he at Läästeeken in't Book sitten. Sin Gedanken weern bi Christoph Kolumbus up de Santa Maria, un up dat Flach Land dar an sinen Weg weer'n grode Slacht inne gang. De Trummeln, de Trumpeten un de Kanonendonner weern luut to höörn. An sin Siet gungen in rode samten Mantels Vasco da Gama un Kolumbus.
At he 'n Ruus lopen weer, keem he an'n groden Feldsteen vorbi, de dar leeg, at wull he seggen: „Sett di man daal."
Em fullt in, he harr ja de Tuut mit Kandiszucker inne Tasch. Mudder harr dar säker nix gegen, wenn he sik 'n littjet Stuck nehm.
Sin Finger sloog ganz van sulbens woller dat Book up. Un woller vergeet Klaas de Welt um sik umto.
Nu weer't so düster wurrn, dat sin Nääs al meist up de Regen van 'n 30jährigen Krieg stodd. He snater vor Kull an'n ganzen Liev. Sin Hals kullt em ok so'n bäten. He stund up un marschier wieter. Den Finger leet he woller twuschen de Sieten, wo he uphooln harr to läsen.
Sin Mudder stund inne Huusdöör, at he ganz utklaamt un mit'n heten Kopp ankeem. Se schullt nich, se strakel em awer den Kopp un freu sik, dat de Jung woller dar weer. Se verjoog sik: dat Kind harr ja Feeber.
Klaas legg sin Book up de Boort awer de Eckbank achtern Disch. He drunk sin Tass hete Mölk mit Honnig un kroop denn artig in't Bett. Sin Tänen slogen up'nanner, un hete un kole Schuurn lepen em awer den Puckel. Bold fullt he in Slaap, un em drööm, he weer up de Santa Maria, un Kolumbus klopp em up de Schuller un wies up dat Land vorut, dat eerste Land! -- darbi weer dat man bloots Oma är ole swarte, snitzte Truh, de dar vor sin Bett stund.

Annedore Christians

tuuk = gering, ruhig, hier: geizig; Sull = Schwelle; Rüügde = trockenes Gras; kropen = krochen; Migemken = Ameisen; tohooprieten = zusammenreißen; Läästeeken = Lesezeichen; 'n Ruus = eine Zeitlang; snater = klapperte; utklaamt = durchgefroren

## *Ankamen*

Se leten em geweern in'n Kinnergarden. De littje Mirko mit sin groden brunen Ogen keem ut de Türkei. Sin Ollern mussen daagsawer arbeiten, un dat Kind, dat kien Woort düütsch snacken un verstahn kunn, harr dat stuur, sik in de nee'e Welt trech to finnen.
Toeers harrn de Kinnergarden-Tanten versocht, em mit in de Spills, de se mit de

annern Kinner maken, henin to tehn, awer he keek är bloots mit sin groden Ogen an un reet sik loos.

Mirko spääl vor sik alleen. He leep all Daag rund um den Späälplatz rum, maak mit beide Hannen 'n Knullefuust un mit krumme Kneen dreih he egalweg sin Runnen. Awer sin Lippen keem anners nix at immer dat sulwige „brrrumm, brrrumm, brrrumm". Innerwägens bleev he denn mit'n Maal stahn, un dat seeg ut, at wenn he an'n Auto wat monteeren dee. 'n anner Maal holl he an, un een kunn glöben, nu maak he de Autodöör apen. Denn leep he hen un haal sik sinen Brotbüdel. He sett' sik dar daal, wo he just anhooln harr un eet sin Botterbrot. Denn gung sin Spill up de sulwige Aart wieter.

De lange Fahrt van sin Heimat in't Auto mit de Familje bit na Düütschland belääw he säker immer woller. Wer kunn seggen, wat in dat Kinnergemööt vor sik gung. Nums harr Mirko is lachen sehn, he keek bloots immer trorig in de Welt. Wenn de annern Kinner versöken deen, in sin Spill intogriepen, kummer he sik gar nich um är, un se verloorn bold de Lust, achter em antolopen.

Eens Daags kenn den Jung nums woller. He seet bleek un slapp up sin'n Kinnergardenstohl un röög sik nich. Sin Ogen keken noch troriger at anners.

At sin Mudder em afhaal, floog he an'n ganzen Liev. Se haal foors den Dokter, de'n ganz eernst Gesicht maak, at he van Mirko sin Bett keem. He verschreev Drapens un wull an'n anner Morgen wollerkamen.

Sin Mudder seet de ganze Nacht an sin Bett, un de Jung fantaseer de ganze Tiet bloots immer mit sin „brrrumm, brrrumm, brrrumm". Mit'n Maal weer he still, un sin littjen Mund vertoog sik to'n ganz fien't Lachen. Säker holl dat Auto nu an un weer dar ankamen, wo he glucklich weer, un wo de annern Kinner em un he är verstahn kunnen.

Annedore Christians

floog he an'n Lief = zitterte er; Drapens = Tropfen; foors = schnell, sofort

# Ik un de annern

## Vadder-un-Kind-Turnen

„Du, Erich kannst mi woll wat to Gefallen doon?" „Jo . . . worüm nee . . . wat denn?" „Ick will vannamiddag mit Elke so'n Billerutstellung int Gemeenhus besöken. Man nu is doch vandag ok noch dat Moder-un-Kind-Turnen för Almuth un Edzard. Un us Lüttjen freien sik dor ümmer so up . . . harrst du woll Tied? Dat düürt ja man blot'n Stünn . . . van dree bit veer." „Jo, Tied heff ick vandag woll, man . . . dat Moder-un-Kind-Turnen . . ." Dörte keek Erich mit so ruuge Oogen an, dat he nix meer seegen much. Naja, dach he, worüm eegentlich nee . . . bün ja 'n modernen Keerl. Man he kunn sik nee verkniepen to frogen: „Gifft dat denn ok Vadders bi dat Moder-un-Kind-Turnen?" „Mennichmol woll", sä Dörte un leeg ehrn Kopp scheef: „Bill di man blot nee in, dat du dor de Eerste bi büst!"
Denn fung se an, Erich heel genau vörtobäden, wo he dat allens in de Turnhall mit Almuth un Edzard anstellen schull:
Wecke Ingang he nämen schull, wat he de Kinner allens an- un uttrecken schull, worvör he uptopassen harr. Erich keem sik dorbi'n biitjet dummerig vör, so as wenn he dat mit sin Verstand nee sülms rutfinnen kunn. He sä an Dörte, dat se mit em prooten dee, as so'n Buurnfro to ehrn lüttjen Knecht. Un denn sä he noch: „Lat mi man maken, denk du man leewer an dien Billerutstellung!"
Do kreeg Dörte ehrn stiefen Blick. Se haut ehr Jack in de Garderov un wisper: „Aha! . . . Denn mutt ick also weer sülms gaan!" To'n Glück harrn de Kinner al mitkreegen, dat Erich mit ehr na't Turnen gaan schull. Se kemen beid anloopen un Almuth reep:
„Papa, Papa, kummst du mit na't Turnen? Oh, fein Papa!" Edzard schree: „Du büst de beste Papa up de ganze Welt!" Un he pack Erich an beid Hannen un steeg mit sien lüttje Beenen över Buuk un Bost van Erich, bit he van vörn up sien Schullern seet. „Jo, jo . . ." stöhn Erich un scheel na Dörte röver. He sett Edzard weer dal un sä an de Kinner: „Nu man los! Wi mutten us antrecken; anners komen wi noch to laat na't Turnen."
He näm Dörtes Jack in sien Hannen un holl se ehr to'n Antrecken hen. Se keek em nich in de Oogen, man se truck de Jack an, gäv Almuth un Edzard noch beid'n Kuß un gung ut de Husdör.

In de Turnhall wull Erich in de eerste Umkleerruum mit de Upschrift „Männer" gaan, man de Ruum weer heel löss; un de Kinner trucken em ok glieks na de anner Ruum hen mit de Upschrift „Frauen". Erich stunn verdaddert vör de Dör un much nich wiedergaan, man Almuth leeg ehr beid Hannen up sien Achtersteven un schuw em düchtig an:

„Los, Papa! Hier rin! Hier gaan wi ümmer rin!" Edzard maakt de Dör apen, un Erich see een grooten Rummel van Kinner un Frolü, de dorbi weern, ehr lüttje Kinner dat Turntüg antotrecken. De Moders weern all in full Kleer, un se harrn so drock mit ehr Kinner, dat keeneen upkeek, as Erich „Moin" sä un achter Edzard hergung, de all reep: „Hier Papa, komm hierher! Hier is us Platz!"

Un nu harr Erich een swore Tied to bestaan: he harr'n harten Struuß uttofechten mit zappelnde Kinnerarms un - beenen, mit 'n Rietverschluß, de nee upgung, mit Pullover, Hemd un Strümpen, de toless heel un daal vertüddert weern. De Sweet leep em vant Gesicht herunner, man na tein Minüten harrn Almuth un Edzard ehr Turntüg an. Erich keek up un dach tofrä bi sik, dat keen van de anner Moders twee Kinner up een Mal to versörgen harr - so as he!

Do reep Almuth: „Papa, Edzard hett ja heel nee sien Turnscho an!"

Edzard weer all lossuust na de Turnhall henn. Mit sien rode, korte Büx neiht de dor up blot Footen dör de Gägend. Erich schree achter em an, man Edzard höör em nich. Erich sett sik ok in Trab, kurv tüschen lüttje Kinner un groote, neesgierig kiekende Moders tweemol dör de Turnhall - un harr denn endlich sien flinke Sön infangen un kunn em, sweetnatt un prustend, de Turnscho antrecken.

Up'n Mol fleit een groote, slanke Fro up'n Trillerpiep. Dat weer de Turnmestersche, un de Kinner leepen all foorts na ehr hen un setten sik in'n Kring up'n Grund. Edzard keem'n biitjet to laat un drängel sik schubserig na sien Süster dör, de all vörn seet. As so'n Elefant in 'n Porzellanlaaden! dach Erich un wull jüst up Edzard schimpen. Man de weer denn doch to wiet van em af, un de Mestersche fung ok all an to snacken: „Leewe Kinner, vandag wüllt wi een moje Verstecker speelen. De Mamas können dor ok mitmaaken. Paßt up: Ji Kinner mööt jo Hannen vör de Oogen hollen ... ja ... so ... makt dat mol glieks ... un nu schüllt de Mamas na all Sieden weggaan ... ja ... so ... un nu, Kinner ... makt jo Oogen weer up! Söckt jo Mama! Loopt flink na ehr hen, üm se herüm un hell gau weer na mi toorügg!"

Edzard un Almuth sprungen up un reepen: „Papa! Wor büst du?" „Hier!" schree Erich un wink mit sien Hannen. Een anner Mama keek em so wat oorich vant Sied an. Erich markt dat un dach: Aha, dat hest woll verkeert maakt, de Kinner schüllt di ja söken!

Man Almuth un Edzard harrn em nu all seen un kemen anrannt as de Stormwind. Se suusten um Erich herüm un floogen na de Mestersche torügg, wor se as Eerste ankemen.

„Dat hebbt ji goot maakt", sä se, as all Kinner weer bi ehr seeten, „man Almuth un Edzard hebbt ehr Mama am gausten funnen." Edzard sprung haast in de

Lucht: „Dat is doch mien Papa!" „Och ja . . . stimmt ja ok . . . dien Papa!" sä de Mestersche un keek half verdaddert un half lachend na Erich röver. De anner Frolü dreihten sik ok na em üm, un Erich mark, dat he noch 'n biitjet heeter un roder int Gesicht wurr.

De Mestersche keem em to Help un frog em, of he woll'n poor van de Turngeräte upboon kunn. Dat weer nu de richtige Saak för Erich! He weer ant arbeden as so'n Grootknecht un harr in Nullkommanix de Kastens, Polsters, Balkens un Barrens hennstellt. De Kinner leepen um em herüm un wiesten em mit groot Hallo, wor de Geräte henschullen. Erich weer heel tofrä un dach, dat he all de Moders hier doch mit'n lüttjen Finger afmelden kunn.

Denn keek he noch 'n Settje bi de Turneree van de Kinner to, geev Helpstellung, as he dat noch van sien Schooltied wuß, un dach in'n deepest Grund van sien Hart, dat sien eegen Kinner - Almuth und Edzard! - doch de flinksten, un överhaupt de mojesten Kinner van allen weern.

Dat düür nich lang, do weer de Stünn to Enn. De Mestersche fleit, de Kinner makten weer een Kring, sungen noch'n Leed, un Erich hau nochmal'n Slag ran, dat de Sweet em int Nack renn, un denn harr he dat ganze Tüg weer in de Geräteruum torüggsleppt.

As he jüst dormit klor weer, stunnen de Kinner un Frolü Hand in Hand in'n grooten Kring in de Turnhall. Edzard keem anlopen un truck sien Papa in de Kring. De Mestersche weer all bi ehr leste Woort, un se sä:

„Un nu wüllt wi de Papa van Almuth un Edzard ok noch heel düchtig danken för sien groote, leewe Help vandag!" Do klappten all Kinner un Moders mit ehr Hannen.

Dörte keem 'n half Stünn laater as Erich un de Kinner na Huus. Se wull allens genau weeten un frog Erich un de Kinner rein Löcker in 'n Buuk, wo dat in de Turnhall afloopen weer. Almuth un Edzard rappelten los, wat förn Spoß se hatt harrn, wo stark Papa west weer un wat he allens maakt harr.

Erich wurr richtig ansteckt van de Kinner un vertell, wo fründlich de Mestersche un de anner Moders to em west weern un wo stolt he sik as eenzig Vadder bi't Moder-un-Kind-Turnen föhlen dee.

Do keek Dörte mit lüttje Oogen an Erich vörbi un mummel: „. . . Hett di woll smeckt, dat di dor Hönnig um dien Bort smeert worrn is! . . . Wat gifft dat doch blot för dösige Frolü!"

Erhard Brüchert

mit so ruug Ogen = etwa: mit strengem Blick; prooten = sprechen; heel löös = ganz leer; foorts = sofort; Kring = Kreis; oorich = hier: sonderbar; hast = hier: schnell; Lucht = Luft; mit'n lüttjen Finger afmelden = bequem fertigwerden; 'n Settje = eine Zeitlang

## Een Stäe achtern Ladendisch

Dat weer gar nich so lich för Lisa, een Stäe at Ladendeern to kriegen. Wor weer se uk nich al all achterto ween. De ganzen Kooplüe harr se aflopen. Avers nix. Dree stramme Lehrjahr up ärn swacken Puckel, nu wull Lisa endelk is rechschapen Geld verdeenen. Un dat meen Heim Lammers, wat de Deern är'n Vadder weer, al langen. „So'n Deern at du", sä he, „kann doch nich ümmerto un alltiet bi ärn Vadder up'e Kost legen."
Een Dag is, so slump dat denn ja doch noch mit'n Stäe. In'e Stadt, dor in so'n lüttjen Tüügladen, fund Lisa Arbeit. Är Vadder weer mit ween. „At du di dor nu uk goot upföhrst, fründelk büst un gau mit topacken deist", knütt Hein sin Dochter noch in, at se up'n Weg na Huus hen weern, „anners büst du de Stäe bold woller quitt."
Jeden Dag föhr Lisa nu mit'n Bus hen na Stadt un 's avends woller retour. So gung dat nu den heelen Sömmer al.
Man Lisa wur ümmer stille un nadenkscher, weer gar nich mehr so flög at fröher. „Fehlt di wat - or is dor up de Stäe nich allens in'n Reeg?" wull är Moder weeten. „Segg't mi man driest, wat di quält!" Man de Deern wull dr nich mit rut. At se avers de ole Frogeree upleßd nich mehr afkunn, un är de Tranen leepen, keem se dr mit vör'n Dag. „De Fro dor in'n Laden is blot mit mi an't Schellen. Ümmerto mäkelt se an mi rüm - ja, un fuul weer ik uk." - „Dat is ja wat! Deist denn nich noog?" - „Ik verköff är nich noch! Wenn dor een Kunn' keem in'n Laden, de dröff ahn at he dat wat köff harr, gar nich woller weggahn. So lang möß ik snacken un doon. So sä se to mi. Dorbi kummt ja bold nien Minsch bi us in'n Laden." Nu keem Lisa so recht an't Snuckern. „Wenn dat nich anners wur - veertein Daag wull se dat noch mit mi versöken, denn . . . ik wüll dor nu al weg, Moder!"
De Vadder keem rein in Fahrt, at he dat dor jüß mit anlustern dee. „Is ja 'n Schanneweert is dat ja von dat Frominsch, de dat mit 'n junge Deern so maken deit! Avers - ut 'n Deenst lopen, wo de Stäen upstunds so knapp sünd, dat deist du nich!"
Hein Lammers seet dor nu al 'n ganzen Sett so her un wreev sik den rugen Bart. Dat weer üm so an, wenn he is mal scharp nadenken dee. Un richtig. Üm schoot wat dör den Kopp. „Woför hebb ik anners min leeven Naver Korl", dach he bi sik. Wenn dr mal stilken wat afmaakt weern schull, denn weer dat Korl, de dr forns mit bi weer. Un denn - de Keerl kunn swiegen.
Sin gode Naver begreep eers nich so rech, wor Hein Lammers up to wull. At he dr avers eers achter weer, wo de Haas leep, do weer Navers Korl miteens 'n Voß.
Twee Daag lang leeten de beiden dr eers noch up hengahn. Avers den dritten Dag: Korl forns hen na Stadt un rin in den Tüügladen. Lisa wunner sik nich slech, at de Naver dor in'e Dör keem. Seggen kunn se ja nix to üm, denn de Koopmanns-

fro stür dr al na to: Wat't denn ween schull, froog se. „Hannschen, warme Hannschen!" Forns legen wecke vör üm up'n Tresen. Korl söch un dee. Man een Paar weern üm to dür, een to groot, denn paß üm de Farv nich. So gung dat 'n ganzen Sett. Korl seeg, wo dat Gesich van de Fro ümmer spitzer wur un de Stimm ungedüriger.

„Fräulein Lisa!" reep se, „bedeenen Se hier man eben wieter, ik hebb annerwat to doon." De Deern wies üm woller wecke, un dat weer di man so'n Rupps, do harr he al de rechen funnen. Uk för sin beiden Jungens köff he noch wecke.

He betahl denn uk ja de Hannschen bi de Fro an'e Kass. Avers eter at he ut de Ladendör gung, dreih Korl sik na Lisa in'n Runn: „Un denn uk noch besten Dank, Fräulein, för de fründlike Bedeenung!" 'N snaaksen Keerl is de Naver aber doch, dach de Deern in'n stillen.

Een Namdag later stund Korl sin Frominsch dor in'n Laden. Se wöß ja Bescheed un harr ärn Mund för vandaagen al up Zipp stellt: „Einen hübschen, seidenen Unterrock!" sä se mit spitze Tung, at de Fro up är tokeem. De maak al Anstalten, wull är wat wiesen. „Ach - könnte mich das Fräulein wohl eben bedienen? Junge Mädchen wissen am besten, was man so trägt heute." Lisa keem forns anlopen. Uk nu möß se sik rein woller wunnern, kunn sik dr avers nien Vers up maken, at Korl sin Fro hier in'n Laden wat köpen dee, leet sik avers nix nich marken. De Naversfro betahl, sä, at de junge Deern är so'n feinen Rock mit utsöch harr, bedank sik noch extra bi Lisa, at se dor ut'e Dör gung.

At Korl un Lisa'n paar Daag later Besök kreegen un Unkel un Tant nu uk noch jüß nödig wat brüken mössen an Tüüg, do deen de Verwandten är den ja geern den Gefallen. Se keemen in'n Laden rin. Nu möß Lisa al forns de Kunnen bedeenen. Se köffden - betahlen un achterna dat grode Bedanken.

Hein Lammers, de sik dat Spill ja utklamüstert harr, luur nu in'n stillen, wo dat woll is aflopen dee.

Un richtig? Up 'n Dag is, kummt Lisa ganz vergnögt na Huus. Hein kick van't Blatt up: „Na . . .?" - „Weß du, wat de Fro dor in'n Laden vanaamdag to mi seggen dee? Wat se annerlässen to mi seggt harr van Weggahn un so, dat nähm se nu woller trög. De leßde Tiet weer se eers dor achterkamen, wat dor doch so in mi insitten dee."

Hein Lammers smustergrien vör sik hen un stäk sin Näs noch deeper in't Blatt.

Tilly Trott-Thoben

so slump dat = da klappte es; knütt in = etwa: schärfte ein; flög = munter; snuckern = schluchzen; upstunds = heute, zur Zeit; wreev = rieb; stilken = heimlich, leise; forns = sofort; man so'n Rupps = im Augenblick; snaaksch = sonderbar; up Zipp stellt (zipp = prüde, zimperlich); annerlässen = neulich

## Nich to glöben ...

„Nu segg blots, wokeen harr dat dacht, dat ik op mien oolen Doog nochmol ..."
see ik an't Telefon to mien Jung un ik mark dörch den Droht, dat he baff weer.
Ober dat wull ik ok. He schull still ween un mi tohörn. Ik wull em vertelln, dat
ik twee von mien dree un'n half Zimmer an junge Lüüd vermiet ha un dat ik heel
tofreden weer. Ober wenn ik so anfungen harr, denn harr he mi nich to Woort
komen loten, harr glieks wedder seggt: Hest du dat nödig? Wenn du Geld brukst, vermiet doch de groote Wohnung un treck in en lüttere. Op mi bruukst du
keen Rücksicht to nehmen, ik koom nich wedder." - Jüst dat wull ik nich hören.
De Wohnung is för mi alleen to groot, dat weet ik woll. In een Stuuv kann ik man
sitten, un ik sitt jümmer in de sülbige Stuuv, in den sülbigen Löhnstohl an dat
sülbige Finster un kiek op de sülbige Stroot. Ober jüst dat will ik jo. Slopen do ik
in de lütte Komer. In de groot Sloopstuuv ...? Nee, nich alleen. - Ober mien
Jung, de weet jo allens beter. -
Ik heff dor mol mit de Nobersch öber snackt un as dat so kummt, se seggt mi:
Harrn se nich Lust, een Studentin optonehmen? - En Studentin? - Jo, see se, ik
weet een ... is ober 'n Italienerin ... - bi de ‚Italienerin' lüster ik. Italien kenn ik
jo good, bün doch mit mien Mann jedes Johr dolfohrt un heff ok en beten wat
von de Sprook mitkregen. En Italienerin, gung mi dat dörch den Kopp, mit de
kann ik snacken, vielticht kann ik ehr ok mit dat Dütsche helpen, wenn dat bi ehr
noch nich so henhaut. Un 'n junge Deern? Hm ... tja ... nee, de italienischen
Deerns drööft nich allens, wat se wüllt, de mööt noch pareern ... hm. -
„Vielticht kann ik ehr mol kennenlern", see ik to de Nobersch ... un dor nöhm
dat Schicksal sienen Loop ... as een so seggt. Noch an den sülbigen Dag keem de
Deern, weer nett, snack dütsch, ober nich veel mehr as ik italienisch. Studeert
harr se in Italien, her arbeidt se in en Institut, vertell se. Ik verstunn nich so recht,
wat dat för en Institut weer, eendont, ik much ehr lieden un ik geev ehr de Stuuv
von mien Jung.
Un denn, en poor Doog loter, se mutt jo woll wat vertellt hebben in ehr Institut,
dor reep mi een an un froog, wat ik nich 'n Zimmer to vermieten hatt an en jungen
Amerikoner. Weer en feinen, anstännigen Minschen so bi dörtig rüm, se kunnen
ok för em goodseggen, he arbeidt bi jem ... un so wieder ... - Hm, ober ik heff
jo all vermiet ... - Ober de groote Stuuv, schööt mi dat dörch de Kopp ... - „Se
köönt em jo mol mien Adress geben", see ik, „he kann jo mol herkomen."
Wat hest du nu mookt, dach ik, as ik den Hörer opleggt harr. Nu büst du jo woll
ganz un gor mall worrn, twee frömde Lüüd in't Huus, un denn ok noch Utlänners. Wat seggt de Lüüd ...? - Hebbt nix to seggen. De groote Stuuv steiht siet
Johren leddig. Is fröher uns Sloopstuuv west, as mien Mann noch leevt hett. Nahstens heff ik ehr umfunktschoneert, as mien Süster no mi hertrocken is. Wi da-

chen jo, wiel wi Süsters weern, müß dat woll goodgohn mit uns. Güng dat ober nich, un no en half Johr is se wedder uttrocken. Nu verdroogt wi uns wedder, wenn wi uns so af un an mol seeht.

Na, denn keem jo de junge Mann, harr swatte Hoor un blaue Oogen, arbeidt ok in dat Institut... gute Referenzen, wat wull ik mehr? Em gefull dat Zimmer, he froog, wat he glieks intrecken kunn, wiel em dat in dat Hotel to düür weer... un ik kunn nich nee seggen. As ik mien Jung dat vertellt harr, meen he blots: Tööv man en poor Weeken af, warrst jo sehn. So as ik di kenn... - un denn snacken wi noch von't Wedder un denn leggen wi op.

Dat is nu al en poor Monate her un wat schall ik ju seggen, dat geiht wunnerbor. De jungen Lüüd geevt mi jeder foftig Mark de Week, ik legg noch mol foftig dorto, ik käup in, wi eet tosomen Obendbroot, sünndags kook ik för uns all, wi eet tosomen, un denn go ik in mien Stuuv un legg mi hen. De beiden wascht af un mookt de Köök sauber. An'n Obend sitt se in jemmer Stuuven, oben faken sitt wi tosomen, leert Dütsch, ik krieg mien Ingelsch ut de Schooltied rut un leer wedder en beten Italienisch. Mookt uns 'n Barg Spoß.

Wenn ik mi dat richtig bedenk, sünd wi nu en „Wohngemeinschaft" von Lüüd, de sik funnen hebbt un sik möögt? Nee, dor paß ik oole Fro nich mang. Sünd wi Modder un twee grote Kinner? Süht so ut, sünd wi ober nich. Oder sünd wi en Zimmervermitersch un twee Ünnermieters? Sünd wi, sünd wi ober ok nich. - Eendont, wat wi sünd, Hauptsook, wi sünd tofreden. Un wenn mol een an'n Obend weggeiht, denn is dat ganz klar, dat he seggt: Hüüt Obend droop ik mi mit Frünnen. Dat kann'n beten loter warrn. Tschüß! - Un denn weet ik, dat ik den Slötel aftrecken mutt. Eenmol is dat posseert, dat ik vergeten heff, den Slötel aftrotrecken un dor kunn he... nee, dat weer se, dor kunn se nich rin un hett sik bannig entschüllligt, dat se mi medden in de Nacht ut't Bett rutklingeln müß.

As ik seggt heff, ik bün heel tofreden un ik will blots höpen, dat se recht lang bi mi blievt. Ober wokeen weet, wolang se blievt... -

Ingeborg Gurr-Sörensen

wokeen = wer; eentdont = egal; mall = verrückt; leddig = leer; nahstens = später; in jemmer... = in ihren...

## *En annern Weg*

Irene Schult har dat so klar vor sik sehn un dat allens so goot meent: ehr Dochter Ingrid sull sik in dat warme Nest setten könen naher, sull ehr School to Enn maken, annerwegens to'n „Floristin" - as'n hüüt seggt - utbildt warrn, sik villicht noch een-twee Jahr in'n annern Bedriev in Hamborg oder in de Veerlannen umkieken, - un denn sull se den Laden hebben, ehren Blomenladen, den se nu in teihn Jahr so hoochbrocht harr.

Freien kunn Ireen sik al in'n vorrut, ok nu al richtig so'n beten stolt sien, dat se ehr eenzig Dochter, ehren Oogappel, dat beden kunn: en Geschäft mit en ganzen Hupen Stammkunnen, en schönen Laden, de so veel afsmeet, dat'n dar aber allerbest von leben kunn. Irene worr denn fofftig sien un ümmer noch en beten hölpen, Geld bruuk se nich mehr so veel, un Ingrid weer denn üm 20-21 rüm un op egen Fööt, - is dat nix?!

As vor'n Kopp stött, och, meist as in't Hart staken kem se sik denn vor, as Ingrid dar vor fief Jahr mit rutkeem, se wull wieder na School gahn na ehr „Mittlere Reife", na de Fachoberschool, wull dar Fachabitur maken.

„Dat bruukst du doch as Floristin nich", harr se noch meent, un do harr ehr Dochter dat rutslagen, se wull nich Floristin warrn un ok den Laden nich öbernehmen.

„Du wullt den Laden nich??"

„Nee, Modder, ik will op de Kunstschool gahn un Graphikerin warrn!"

„Aber den heff ik doch for di -"

„Nee, for di! - Ik mutt mi alleen wat utsöken, wat ik kann un wo ik Lust to heff, - dat kannst du nich for mi bestimmen!"

„Di hett ener den Kopp verkielt!"

„Ik kann dat alleen mit denken! Ik sall mit mien Arbeit naher tofreden sien, un ik heff keen Lust to all de Blomen!" - -

Ja, dat hett se seggt, mit söbenteihn, eben vor't Schooljahrsenn, harr sik op de Fachoberschool anmeldt un weer ok annahmen worrn. Dat leep dar allens goot, - blots to Huus nich mehr so recht. Irene Schult weer dar noch nich mit trecht, dat stöt ehr ümmer mal wedder op, dat de Deern den Laden nich hebben wull, - dumm un undankbar keem ehr dat vor.

Wenn dat Mäken ok ümmer fründlich weer, - keem ehr Modder nochmal op den Blomenladen to snacken, denn steil se sik op un worr eernst un hart. Un eens Daags sä se: „Ik glööv, dat is beter, ick treck ut. Ick heff mi mit Gisela tosomen al en lütte Wohnung ankeken. In de Lohbrügger Landstraat."

Dat weer de twete Slag for Irene Schult, un de drütte keem glieks achteran, as Ingrid ehr nämlich seggt harr, se wull 400 Mark in'n Maand von ehr Modder hebben - blots 400 Mark'! -, dat anner wull se sik toverdenen, wat se bruken dä . . .

Dar wull Irene gegen opbegehren un stuur blieben: aber Naber Pietsch, Oberinspektor bi de Bahn, de ehr ümmer mal bi so'n amtlichen Kraam bistunn, de meen: „Dat is so, Froo Schult, dat mööt Se; un mit 400 Mk. kaamt se noch goot weg!"

Och ja, dat weern sware Daag un Weken: all dat Strieden un Vorhollen un Afsabbeln, - un naher dat Alleensien toeers, as Ingrid uttrocken weer. Veel lacht hett se do nich, Irene, un in'n Laden is se toeerst ok nich so dull fründlich west . . .

Aber mit de Tiet gifft sik dat mehrste ja.

Ingrid hett intwüschen Abitur maakt, Fachabitur, un geiht nu al op de Kunstschool. Se hett dar ok Spaaß an. Un se vertellt un wiest ehr Modder düt un dat. Un se freit sik, wenn Modder sik dat ankickt, ok mal fraagt, freit sik, dat de nich mehr quäst und dibbert. Un denn is de Deern von'n Harten fründlich, wat se nu bi ehr oder bi Modder tosamenkaamt, mit oder ohn ehr Fründin Gisela. - So'n Dag deit Irene Schult denn ok goot, un so ganz bilütten kummt se dar achter, dat ehr lebe Deern blots en annern Weg gahn is, en egen Weg.

Günter Harte

steil sik up = richtete sich auf; dibbert = nörgelt

## Navers

laat us vergeten
naver
dat kartuffelrook
von mienen acker
di in de
slaapstuv trock
un bröch di arger

vergeten ok
dat vläden jahr
dien gaat
een lock harr
un dat pulschen water
leet mien saat
verdrinken

ick frei mi
op dien pingstblomen
un mien rosen
lacht di bold all
övern tuun

Walter A. Kreye

vläden Jahr = im vorigen Jahr; Gaat = Dachrinne

## Stadt

Stadt in Gröön,
Stadt in helle Sünne,
Stadt in gries un witt.
Jeden Morgen
föhrt de Stratenbahn
den sülben Weg,
föhrt de sülben Minschen
na de Arbeit -
un kennt een
den annern nich.

Traute Brüggebors

## Dat Kinnergraff

Nah'n Friedhoff is Greta west. Nu sitt se bi är Nahversch in de Klöneck, elkeen hett'n Taß Koffi vör sik stahn.
„Wat dat doch so gifft! Dar kenn sik een ut mit de jungen Lü vandaag!" seggt Greta. „Al 'n ganze Tiet seh ik, dat 'n junge Deern, so van dörtein Jahr, sik afmöht an 'n lütt Kinnergraff. Harr al ehder wat an daan worden mußt! Man se kriggt dat fein torecht. Harr ik är nich totruut. Weest woll, dat weer so een, wo du denkst, de hett anners nix as Slagers un Fernsehn in'n Kopp. Ik segg: ‚Entschuldigen Se man, Frollein! Is dat är lütt Süster of Broer, de hier liggen deit?'" - „Se könnt ruhig du to mi seggen, so oolt bün ik noch nich", antert se. „Is mi recht", segg ik, „ik frag man blots, wiel dat mi dat gefallen hett, wu du dat Unkruut angahn büst." - „Ja, ik bün dr lang nich bi west, ik gah nu woanners na't School", meent se. As ik fraag, of är dat denn nümms afnehmen kann, seggt se, dat dat nich geiht - un dat dat nich so eenfach is - un - dat dat eben nich geiht.
De Deern druckst wat rüm, will nix seggen un will doch woll wat loswarden. Un wat meenst, wat dr rut kummt? Siet twee Jahr kümmert se sik um dit Graff, plääg dat un plannt't Blömen - un weet nich, well dar to Roh brocht is. Un so vertellt se: „Ut min Klaß harrn wi een van uns verlaren, dat gung uns all düchtig nah, un so keem ik to'n ersten Mal hierher. Bi de Gelegenheit seeg ik dit lütt Graff, dat leet so verlaten un verwahrlost - un dat dee mi weh. Siet de Tiet kümmer ik dr mi üm, weet aver nich, wu lang noch."
Ik heff är de Hand gäven un är tonickt."

Frieda Daniel

elkeen = jeder

## *To nachtslapen Tiet*

Dor
reep en
vör mien Döör
to nachtslapen Tiet,
man
ik
hebb nich openmaakt.

Nu
hett man
en Minsch
ut de Moorkuhl haalt.

Dor
reep en
vör mien Döör
un
ik
hebb nich openmaakt.

                                    Greta Schoon

## *Man wi sai'n Disels*

Uns sünd Hann' geven,
Rosen to planten,
man wi
sai'n Disels.

Uns sünd Worden geven,
Brüggen to bau'n,
man wi
swiegen.

Uns sünd Dören geven,
opentomaken,
man wi
sluten uns in.

                                    Greta Schoon

Disels sai 'n = Disteln säen

## Toschulden?

Nu wöllt se em ok to Roh bringen, den olen August Soltendiek. Veel Folgers hett he nich, de Banken sünd bi de Fier man minn' besett'. Na jo, kann ok jo nüms wundern, an Familie hett he nich mehr veel. Dorüm seggt de Lüüd ok, he is keen trorigen Doden. „He harr jo goot noch 'n beten mitlopen kunnt, man sien Öller harr he jo", seggt de Lüüd. Un von de, de mol mit em jung ween sünd, dor sünd ok jo nich veel mehr no; se sünd meist all vör em no Kösters Kamp komen.
Blots een Mann denkt dor anners öber. He sitt so'n beten för sik alleen in een von de Banken. Dierk Siebert. He hett den olen Vadder Soltendiek in sien Binnerst al lang en Denkmol sett'.
De Pastor meen dat is sien Liekenpredigt goot. Weer en redlichen Mann ween, den se to Graff bringen wullen, sä he, de sik nix toschulden komen loten harr.
Toschulden? Dor weer dat Woort weller. Dierk Siebert luurt dor achter her, he höört dor nich mehr no hen, wat de Pastor seggt. Sien Gedanken goht' eegen Weeg', bet no den Dag, as he in swore Noot un Pien an't Woter stohn harr - hin un her reten, ob he 't doon schull oder nich. Schull em dat better gohn as sienen Fründ? Wat harr sien Leben noch för'n Sinn? Wo schull he dor mit torechtkomen, mit sien Schuld? Worüm harr em dat nich dropen?
Se weern Frünnen ween, Robert un he, al von de Schooltiet her. Beide harrn se en Handwark lehrt, beide harrn se as Lehrjungens den Droom von „mien Maschin" hatt, von en eegen Motorrad. So weer dat denn ok dat Eerste ween, wo se no de Prüfung op los stüürn deen. Mann, wat för'n Geföhl, as se den Fohrschien in de Tasch un de Maschin ünnern Achtersteven harrn! Jem höör de Welt! Denn keem, wat foken kummt, dat Prohlen, de Striet, wokeen sien Maschin de beste weer. Un dor füng Dierk sien Schuld an. „Wetten?" froog he, „wetten, datt ik ut mien Maschin mehr ruthol as du ut dien?"
Dierk Siebert harr de Wett wunnen, man sienen Fründ harr he verloren. As unklook weern se de Schossee doljogt, un denn weer't passeert: Robert harr dat Rad nich halten kunnt, he weer öberkopp gohn.
As allens vörbi weer, Polizei, Krankenhuus, Beerdigung, do weer Dierk de Moot afhannen komen. He weer rümbiestert, ünnen an't Woter, un kunn sik nich torechtfinnen twüschen Leben un Dood.
„- - - unser Leben währet siebzig Jahr - - -", de Pastor harr goot predigen. He kunn jo nich weeten, wat sik afspeelt harr, domols, vör Johren, dor ünnen an't Woter.
Dierk Siebert dörleef de Stünnen noch eenmol, de Stünnen, as Nohber Soltendiek em to Hölp komen weer.
„Junge, wat is denn mit di los? Wat sühst du fohrig ut? Fehlt di wat?" - „Ik - ik mutt no Huus!" - „Nee, tööv ins eben, wull di noch wat frogen. He is jo dien

Fründ ween, Robert, nich?" - „Jo." - „Un nu geiht di dat noh, datt he verunglückt is, wat?" - „Jo." - „Hest woll veel von dem hollen." Swiegen. „Tjä, Jung, dat is 'n hart Geschick, so jung von de Welt. Ober wat mööt ji Bengels ok ümmer so rosen? Na, Kopp hoch, Dierk, de Tiet geiht dor öber hen."
Denn harr Dierk jem rutstött, de Wöör: „Ik - ik heff de Schuld!" - „Wenn du snacken wullt, Jung, denn man to." August Soltendiek harr Dierk den Arm üm de Schullern leggt un harr mit em de Richt no de Diekdrift inslogen. „Woso meenst du dat, du harrst de Schuld? Is doch all to Protokoll komen bi de Polizei, dor harrst du doch nix mit to kriegen."
Dierk kunn noher nich seggen, wat em to'n Snacken bröcht harr. Wat he betlang nüms seggt harr, nu keem 't vör Dag. He vertell August Soltendiek von dat Prohlen, von den Striet, von de Wett, von de wille Fohrt - un von dat End.
„Un nu kannst nich mit di in't Reine komen, is't nich so?" Dierk harr blots nickköppt, un August Soltendiek harr lange Tiet gornix seggt. Em weern woll allerhand Gedanken dör'n Kopp gohn.
„Dierk, starben mööt wi all, du ok. Ober eerst denn, wenn unse Tiet aflopen is. Bi den enen is de Weg lang, bi den annern is he kort. Worüm dat so is, dat weet ik nich. Ober dat loot di seggt ween: dat Leed, de Schuld, de Dood, se koomt mit uns op de Welt un stoht ümmer blangen unsen Lebensweg as op de anner Siet de Leev, de Freud, dat Glück. Wi sünd dat een as dat anner in de Hannen geben und dor mööt wi mit leben, du ok. Süh, Dierk, du hest dienen Fründ verloren, du hest nu jüst dat Düstere tofoten. Ober dat gifft so'n lütten Vogel, de flüggt hin un her, von de een Siet no de anner. Griepen lett he sik nich, ok nich, wenn he männigmol noch so mööd ween schull. Wullt du weten, Dierk, wo de lütt Vogel heeten deit? Wi seggt dor Hoffnung to, Dierk, Hoffnung. Riet di tohoop, Jung, een Unglück is noog. Geev dat Simuleern op, wat du di wat toschulden komen loten hest oder nich. Dat Leben liggt för di!"
Dorüm hett Dierk Siebert den olen Vadder Soltendiek in sien Binnerst en Denkmol sett'.
De Pastor hett den Segen sproken, de Orgel speelt, de Drägers kiekt in'n Hoot; denn nehmt se dat Sark op un drägt August Soltendiek rut no den Gottesacker, de Ewigkeit entgegen.

Meta Grube

minn = wenig, schwach; Kösters Kamp = Friedhof; wokeen = wer; Diekdrift = Treib- und Fahrweg schräg am Deich; blangen = neben; simuleern = sinnen, grübeln

## De leßde Breef

Dat Rötern van de Slödels harr he noch hört, man umkäken? Nee, umkäken harr he sik nich mehr. Wor to ok! He weer woller free un wull nix mehr sehn un hörn van dat Huus, wor he nägen Mand achter Trallen säten harr.
He, dat weer Fiet Mensing, nägenuntwintig Jahr olt, nix lehrt, befreet mit Anna Mensing geb. Stör. Unnerdack bi sin Öllern in Warstedt.
Sin Packje mit Privatsaken harr he up't Plaster sett't un sik eerstmal reckt un streckt, as wull he allns umfaten, wat vör em leep un stunn. Man de Minschen, dat Hissen un Jagen, de Larm un de Unrauh, weer allns noch jüst as vör nägen Mand, un so leet he sin Arms woller dalsacken.
Em truck dat na den Kroog hendal, wor all de Insitters a. D. är eerst Beer drunken. Bannig Smacht harr he dr up, un dar kunn he ok den Breef lesen, de leßde, de van Huus kamen weer.
He gung de Straat langs: Lat dar Lüüd stahn, dach he, de em nakeeken un säen: „Kiek, dat is een, de jüst ut'n Knast kamen is." Dat weer em eendoont.
Sin eersten Trä leeten wat mö. Nöger na't Kroog to wurrn se risch. Dar um'e Eck möt'e wäsen, wahrhaftig, dar stunn't al in grode swarte Bookstaven baben de Döör „Zur guten Hoffnung". Verdoriweg, wat'n Namen för so'n Kabuff, dat dar in'n Souterrain leeg.
Achter de Döör deen de Lüüd sik dick in Gröhln un Räsoneeren. He druck de Klink dal. Een Pingel weer baben em an schelln. In't Döörlock gung he stahn, un so hör dat Gröhlen un Räsoneeren up. Still weer't as up Kösters Kamp, wor jüst'n Dodenkist in'e Kuhl keem, un Fiet Mensing kunn se nich telln, de Ogen, de em anglupschen un beluurn deen.
„Moin", sä he kortaf. De dar seeten, de antern all dörnanner. Dat hör sik an, as slog 'n Bulg van Larm un Geluut, mal höger, mal sieter dör den Kroog un legg sik an'n Enn'n dal up Stöhl, Disch un Bänk. Dar achtern in'e Eck stunn noch'n leddigen Disch. He gung mank de Dischreegen dör, un elk Trä van sin Schohwark kloppde up den smärigen roden Zement as up'n hollen Böön. Klung jüst so as verläden Jahr, dach he, wor een Kriminal an sin Huusdöör kloppt un ropen harr: „Aufmachen - Polizei!"
„Ne lütje Laag", reep he den Kröger to. De keem to Been, spööl 'n Glas in't Waterback, holl den Koornbuddel ut't Iesschapp un dreih un wenn sik as'n Aap. Mit dat Klappen van'n Iesschappendöör keem ok woller dat Räsoneeren in'e Gang un ut de Eck, wor de Tonbank stunn, klung van'n Musikbox de neeste Hit röver.
Bi een lütje Laag bleev dat nich, un Fiet Mensing dach: „Du kannst hier nich sitten un jümmers bi din Beer dat Bild dar an'e Wand ankieken. In Mudder är Dönz harr ok mal so een hungen. Frolüüd weern dar up to sehn, de sammeln van een Feld de Öhren af, de van'e Arnt legen bläven weern. Vadder harr dat Bild vör

Jahren in dunen Kopp ut't Finster smeeten. Man de Breef seet ja noch in sin Binnertasch, de wull he fors lesen:
Anna is dalkamen, stunn dar, un een Jung is upstahn. „Noch 'n lütje Laag", reep Fiet Mensing, und de Kröger keem, sett Beer un Sluck vör em dal un maak Sträken. Un denn harr sin Mudder noch schräven: Du kannst bi us nich unnerkamen, Vadder hett sin Baantje verlarn un van dat bäten Wäkengeld köönt wi nich läven. „Dar hebbt wi den Salat! Noch'n lütje Laag", reep he in'n dullen Kopp, un de Kröger keem un maakSträken. Fiet Mensing, de lees den helen Breef woll dree-un veermal un de Stä: Du kannst bi us nich unnerkamen, de lees he so faken, de Bookstaven fungen vör sin Ogen an to danzen un swirrn vör sin Kopp rum. An Ennen wurrn de Bookstaven to lichtfardige Wiever, de em toprosten deen un em targen mit är nakden Been. Em wurd dr heel mall van in'n Kopp.
Du kannst bi us nich unnerkamen. Dat heet doch? - Buten blieven. Ja, dat heet dat! Sin egen Lüüd wulln nix mehr van em weeten.
Wor weern denn al de Gäst bläven? „Nümms nich hier, de mit mi noch 'n lütje Laag drinken will?" bölk he dör 'n Kroog. „Kumm her, Kröger! Ik doo een ut."
He stähn sik mit'e Hann 'n up'n Disch un bör sik in'e Höcht. Just liek, dar sack he woller dal as'n Mehlsack, man he kreeg noch eben mit, dat em'n paar faste Hannen greepen. Twee Polizisten harrn em fat kreegen. He schull mit na de Wach to'n Utnöchtern. As de mit em ut'e Gastdönzendöör keemen, do flaneeren dar just twee Frolüüd vörbi, un de een sä to de anner: „Seh di den Keerl an, dat is ok een, de den Weg na Huus nich finnen kann."
Se kunn nich weeten, dat Fiet Mensing kin to Huus mehr harr, un dat de Weg trüggels to'e Sellschup van de Minschen nich so eenfach is, as männig een dat denken deit.

Arthur Alber

rötern = rasseln, klappern; Trallen = Gitterstäbe; befreet = verheiratet; unnerdack = wohnhaft; bannig Smacht = großten Appetit; eendoont = egal; Trä = Schritte; risch = hier: schnell; Souterrain = Kellergeschoß; räsoneern = laut lärmend reden; Kösters Kamp = Friedhof; Dodenkist = Sarg; bulg (van Larm) = Wogen (von Lärm); siet = niedrig; leddig = leer; Aap = Affe; Toonbank = Ladentisch; Dönz = Stube; Baantje = Laufbahn, Beruf; targen = necken, reizen; mall = verrückt; bör = hob; flaneern = auf und ab schlendern

## *Jaagt*

Dat Klicken van lüttje Steenen an är Finster waak är up. Fors wuß de Fro, he is dat. Dat is Jochen.
Väälmal harr se sik bedacht, wo dat wäsen muß, wenn he wedder keem na all de Jahren.
Up dit Klicken harr se toläävt, harr den Kopp nich hangen laten, harr de Kinner dör de Tiet brocht.

Se wuß, Jochen keem wedder, of he nu schullig weer oder unschullig an den Dood van Kaptein Roolfs.

Erst wull de Crew von de „Zuversicht" dar ganz nix van afwäten. Säker harrn de mannshogen Bulgen den Kaptein över Boord spöölt. De See harr kaakt, säen se. Man denn dreeven de Herrn in dat swarte Tüg de Seelü in de Eck, un dat keem vördag, dat Jochen Lüders al jümmers mit den Kaptein in Striet lägen harr, disse leege Nacht erst recht. He harr den Kaptein dat Stüür ut de Hannen räten.

He - as de Staatsanwalt jim pieren dee, dar geeven se dat alle to, Jochen harr em över Bord smäten, den Olen, un Bidreihn, dat gung nich.

Dat Gericht harr Jochen schullig spraken. Veertig Jahr schull he achter Trallen - dat weer so goot as doot.

Man Jochen harr nich insäten. Ehr dat se em insparren kunnen in dat Kaschott, weern de Trallen uteneen braken, he föhl sik uphievt un nahstens harr he Planken van en Schipp unner de Fööt.

Dat stunn in all Zeitungen to lesen, dat Radio geev dat dör un Jochen sin Bild weer in't Fernsehn to sehn.

De Polizei keem un froog Lina, jümmers wedder keemen se un frogen. Fiefdusend Mark stunnen up Jochen sinen Kopp. Se dreven em un jachtern achter em an över all söben Seen, von Land to Land, man se kregen em nich faat. Bit nu nich.

Wedder dat Klicken.

Se stunn achter't Finster un kunn den Mann dar in't Dunkern sehn. Jochen? Är Mann?

Se sleek de Trepp dal un slööt liesen de Döör up.

He stapp na är to. „Lina?"

Sin Stimm weer wat hesterig. So weer doch Jochen sin Stimm nich. „Nimm!" stamer he, un se föhl Geld in är Hannen. „Langt woll en Sett", keem de Stimm wedder, „för di un de Kinner. Wääs vörsichtig", sä he denn noch, „barg dat Geld unner de Bohlen von den Footbodden un gah dar sünig mit um."

„Stahlen?" fraag se liesen.

„Heff ik al jichenswat stahlen? Veer Jahr lang heff ik mi dar up'n Tanker för afmaracht."

Dat weer doch Jochen sin Stimm, nu kunn Lina dat hören.

„Bliev bi mi", stamer se. „Bi mi is di doch nüms vermoden. De Polizei is al twee Jahr nich bi us wäsen. Bliev, Jochen!"

He gung en Trä trügg. „Jochen? Jochen Lüders? De is ehrgüstern dootbläven. In en Asyl. Morgen ward he begraven."

Se schudder. Se begreep, wat dat bedüden dee. He leet enen annern begraven mit sinen Namen. Nu geev dat kinen Jochen Lüders mehr, den se jagen kunnen.

„Denn kanst du doch ers recht bi mi blieven!"

Dat bleev still. Se dach al, he weer weg, man denn sä he liesen - un sin Stimm weer wedder frömd un hesterig: „Kann wäsen, ik kaam wedder över Jahr un Dag. Dar mutt erst Sünn un Regen, Snee un Ies över hengahn - över dat Graff. Weet nich,

wat ik denn för'n Namen drägen do - man du kennst mi doch wedder, Lina? Un de Kinner kunnen ja driest Vadder to mi seggen, wenn wi dat tweete Mal freet."
Se wull em von de Kinner vertellen.
Se wull em fragen, hest du dat daan - hest du Kaptein Roolfs in de kaken See smäten. Un se wull em seggen: Liekers höör ik to di, wat du ok daan hest. Man he duuk unner in dat Dunkern.

Thora Thyselius

fors = sofort; Crew = Mannschaft; Bulgen = Wellen; kaakt = gekocht; leeg = schlimm; Trallen = Gitterstäbe; uphievt = hochgehoben; nahstens = danach; hesterig = heiser; stamer = stammelte; en Sett = eine Zeitlang; barg = verbirg; sünig = sparsam; afmaracht = abgemüht; schudder = schauderte; freet = heiraten; liekers = trotzdem

## *Peter Heek sien Heimat*

Güstern noch harrn wi von em snackt'. He stunn dar neern an'n See, as de Daglöhner Hannes Wriedt un ik na Meierie gungen. Un as wi na'n gode Halfstunnstiet wedder vörbikemen, stunn he dar noch un keek över't Water.
„Dat deit he al den leven langen Dag", harr Hannes seggt. „Geiht em doch bannig an de Graden. Wat schull't ok wul nich!"
Peter dreih sik nich üm un antwoord ok nich, as wi em de Tiet boden. He stunn un stunn, un as ik naher noch mal trüchkeek, harr he sik nich von'n Placken röögt. Ja, so weer't ween: Güstern noch harrn wi von em snackt. Und nu?
„Wat hett he denn?" froog ik un dach an nix.
„De Pacht löppt to Vörjahr af!"
Na, do weer ik ja noch jüst so klook, un Hannes muß vertellen.
„Du büst ja noch nich lang hier un kennst em nich so. Wi beiden hebbt tosamen to School gahn, Peter Siems un ik. ‚Peter Heek' nöömt se em blots, is so'n Ökelnaam, siet de Schooltiet al. Harr nix anners in'n Kopp as sienen See un sien Heek. Ja, sienen See! De höört to de Buurstell, von ole Tieden al. Peter sien Vadder bleev fröh doot, un mit sößtein worr Peter al Buur. An leevsten weer he aver achter de Heek her. Wat to doon? Ik worr sien Daglöhner. Un wat weer't en Wirtschaft! In all de Dörper rundüm weer Peter de jüngst Buur, un ik weer de jüngst Daglöhner. Aver de Lüüd kunnen dar bald nix op seggen, dat gung allens goot. Ik heiraad fröh, Peter bleev Junggesell. Wi harrn uns' Arbeit un Peter bavento sien Heek."
Hannes vertell von de schönen Daag, as se noch junge Keerls ween weern - dar von, dat se männich goden ok slechten Fischtog tosamen maakt harrn, un ok anner Töög. He snack von de ole, de junge Tiet, de Tiet Sorgenfrie un Kehrdian-

nix! Dat weer en rieke Tiet - harr aver mit Geld nix to doon. Un merrnmang allens blänker de See un hüppen de Heek.

Ik mark wul, Hannes harr sik geern en beten opholen bi düt un dat, bi hier en övermödig Lachen un dar en basige Geschicht. He besunn sik aver - „annermal" - un reep sik sülven in Schööt: Peter stunn dar ja achter an'n See, un to Vörjahr leep de Pacht af . . .

Un as rull de Tiet nu rascher ehr Rad dörch de Jahren, greep Hannes ok bi sien Vertellen över Peter faster in de Speken. He tell man blots en paar Wöör her un heel sik nich op: Krieg - verwundt, verschüdd - Gefangenschaft, dat trurige Trüchkamen, de Kriesentiet, dat nie Höpen un - wedder Krieg - un wat dat nich allens noch för Statschoons geev, „weetst wul!" Ik wuß.

Weer dat nich as'n Fahrt mit'n Schnelltog, de dörch de düüstere Nacht bruust un an veel Bahnhööf so vörbirötert? De Rööd hamert över't Gleis: „Arbeiden un sparen - arbeiden un sparen - arbeiden un sparen!" Bi't Utkieken sünd in'n Lichtschien man even mal de Naams von de Statschoons to lesen. Hannes harr utkeken, harr se leest un se all beholen. Männicheen aver harr toletzt nich mehr utkieken mucht un den Tog rullen laten. Hett ja doch kenen Zweck. So weer Peter Heek dat ok gahn: Laat susen! He harr blots noch op dat Hamern höört: Arbeiden un sparen - arbeiden un sparen . . .

„Ik sä so oftins to em: Peter, maak dat nich so dull, dat warrt di keeneen danken! Aver nee, he wull dar nich op hören. In de Inflatschoon", Hannes lach verdreetlich, „do meen he doch wahrhaftig, se wullen em nu allens dreedubbelt weddergeven, wat he bi de Kriegsanleihen hergeven harr. Wat hett he de Schiens tellt! He weer dar mang verbiestert. Na, ik sä ja al, he weer verschüdd ween in'n annern Krieg."

Un verschüdd gung toletzt allens bi Peter: dat Geld, Huus un Hoff, de Gloov. Weer ok allens nich so wichtig, wenn ik Hannes verstunn. Aver verschüdd gahn weer ok de ole, de schöne, de rieke Tiet - de Tiet, de mit Geld nich optowegen weer, de rechte Tiet! Un dat weer schaad. Denn nu gung ok de anner Gloov verschüdd, de Gloov an . . .

„Nu steiht he dar an'n See!" schimp Hannes. „De Pacht löppt af. Se wöllt em doch richtig ok sien Heimat wegnehmen. Sä ik nich, dat worr em keeneen danken?"

Ik weer al arig wat klöker. Aver wat de Pacht angung, wuß ik ümmer noch kenen Bescheed.

„Peter beheel op'tletzt noch graad soveel, dat he den See, sienen See, pachten kunn. Se maken em dat nicht to swaar, allens wat recht is. Dörtig Jahr hett he em nu pacht hatt, nu is't to Enn!"

„Kann dat nich verlängert warrn?"

„Se wüllt mehr Pacht hebben!"

„Kann he dat nich betahlen?"

„Mehr is de See nich weert."

„Ja, denn warrt ja ok keen annern em pachten wüllen."
„Oh, dar sünd ja noog - Fremde, de dar blots op töövt. Kriegt Kredit, weetst wul, denn geiht dat."
„Ja, denn schall dat wul gahn."
„De maakt dat anners as Peter, för den de See blots Heek un Heimat weer!"
So also weer dat.
„Ja, so is dat", meen Hannes, „nu kriggt he noch'n Pedd in'n Achtersten opto: büst nich mehr to bruken! Maak Platz, laat anner ran! Kannst afgahn. Un soveel as ik Peter Heek kenn . . ."
Ja, güstern noch harrn wi dar nich wiet af von em stahn un noch över em snackt. Un nu?
Hannes Wriedt weer even bi mi: „Se söökt em al siet hüüt morgen Klock söven. Sien Boot weer ja weg, dreev to Merrn op'n See."
„Nich funnen?"
„Em nich. Un soveel as ik Peter Heek kenn . . ."
Ik dach dar an, dat he güstern ok al nich to Enn snackt harr.
„Na?" sä ik.
„Se warrt em ok nich finnen!"
„Ah, Mensch, wasück meenst dat?"
„Dat mag de Himmel weten - groten Steen mitnahmen, oder - Na, ok egaal! De See kann nu nied verpacht warrn, Peter is ut de Welt. Allens hebbt se em nahmen: Gesundheit un Geld, ja, sienen rechten Verstand, Huus un Land. Aver een Deel, dat hebbt se doch nich ferdig kregen: se wullen em ok sien Heimat nehmen - dat Element, weetst wul, wat em de Heimat weer. Dat is ehr doch nich glückt!"
Dar weer nix op to seggen, so as Hannes dat verstunn.
„Nee, se warrt em nich finnen", sä he. He trock en paarmal an sien Piep, dat em de Qualm in de Ogen beet. He kunn de Wöör nich finnen. Un as he se funnen harr, weern dat nich de richtigen. Aver ik wuß doch, wat he seggen wull. He sä: „He hett sik dar wul fastkrallt . . . ja, ik glööv, he hett sik dar neern op'n Grund fastbeten, Peter Heek!"

Hinrich Kruse

nerrn = unten; Graden = Rückgrat; Placken = Fleck; Ökelnaam = Spitzname; Heek = Hecht; merrnmang = mitten dazwischen; basig = gut, vortrefflich; reep sik in Schööt = rief sich zur Ordnung; verbiestert = hier: verstört, verwirrt; arig = ziemlich; Merrn = Mitte; wasück = wie

## *De Hülp*

Griese Wolken - naokte Bööm an griese Straoten - Saotkreihn, at swarte Kluten up gries Land!
Vergävens sochen mien Ogen nao ein lütket bitken Blau, of Gäl, of Rot, güngen vertwievelt van mien griesen Mantel, nao den griesen Mantel van mien Süster - un bleeven an de griesen Däken hangen, de ik aover'n Rucksack snallt har.
Worüm har ik nich de änner Däken mitnaohm, de ut luter bunte Flicken? -
Ik fünd, se har hier nich henpaßt. -
De Zug rullde wieter dör den griesen Dag.
Wie stün'n up'n aopen Güterwaogen, mien Süster un ik, tüsken fiefuntwintig, of dartig Seldaoten, de nao den verlor'n Krieg up den Weg nao Huus wör'n, of up den Weg nao irgendwor.
Uthungerte Gesichter, maoger Gestalten in versläten Seldaotentüg, aohn Litzen, Steern un Iesern Krüz.
Nich wiet van mi stün'n twei junge Seldaoten: de ei'n up Krücken, dat slappe Büxenbein mit Naodeln hochstäken, dat Gesicht entstellt van gräsige Noorn. De änner wör'n Kopp grötter. Sien Schullern, in den väl tau wie'n Mantel, hüngen nao vörn, at drög he'n Last. - De hooge Stirn, de smale Näsen, dat harte Kinn teiken sik scharp af van den griesen Achtergrund, un ik frög mi, woneier de junge, herbe Mund woll tauleßt lacht har. -
Nu trück he sien Hand ut de Tasken un schöv de griese Kapp'n deiper in't Gesicht.
De Hand wör fien un smal, mit lang'n, dünn'n empfindsaome Fingers, at man se manges süht, bi Chirurgen, bi Gelehrte, of bi berühmte Vigelinspälers.
Dat dö mi leed, at he se weer in'e Tasken steek. -
Ik har geern sien Gesicht van vörn seihn.
Kunn he Gedanken läsen? Langsaom dreihde he sik üm, un ik keek in twei grote, düster Ogen, de in deipe Höhlen leegen. - Sekun'n vergüngen - Minuten. Ik har dat seltsaome Gefäuhl, at seeg he mi gaor nich - at wenn he dör mi henkeek, at wör ik ut Glas. De Faohrtwind sneet us in't Gesicht. Mien Süster un ik löten us an de Breerwand daolglie'n un trücken de Knei hoch. At ik nao de Däken lang'n wull, füllt den Seldaot, de blos noch ein Bein har, de Krücken weg. - Un dor wör ein smale Hand, de se ühm weer tauhüllt. - Al Ogen keeken in dat Gesicht mit de gräsigen Noorn, keeken up den harten Mund, de sick langsaom, at gägen sien Willen utnänner schöv un luut un dütlik dör de Täh'n zischde: „Verflucht!"
Dat Woort stünd stief in'e Luft - krööp mit ünner de Däken, de wi faste aöver'n Kopp trücken.
Nu wör ik allein, in dat lütke, düster Huck - allein mit mien swoor'n Gedanken,

de ik den ganzen Dag van mi wegschaoven har. De mi nu aoverfüll'n, at grote, swatte Vögel un sik fastekrallen in mien Hart un in mien Hirn.
Ik seeg weer tau Huus de Feldpostkoorte up'n Disk ligg'n, wor mit blasse, bäverige Bukstaoven schräven stünd, dat mien jüngste Brauer in Eckernförde in'n Lazarett leeg. Dat he blos noch ein Bein har. -
Oh, Gott! He wör doch noch'n Kind - jüst säventeihn Johr. - - „Verflucht", rattern de Röer in de Nacht. Un de Wind huulde: „Verflucht" un reet mi de Däken van'n Kopp.
Un dor wör ein smale Hand, de se mi vörsichtig weer aover't Hoor un aover de Schullern trück un - nao mien Hand greep un se faste hüllt, at'n Schruvstock.
Ik hüllt den Aom an, mien Hart kloppde wild. Ik woll upspringen - roopen - ik kunn mi nich rögen, so har ik mi verschrocken. Ik spürde mien ieskole Hand warm weer'n in de frömde Hand, spürde dat Blaut in mien Fingerspitzen pucken. - Of wör dat sien Blaut, in sien Fingerspitzen?
Up eis pück mi dat kole Gräsen.
Wat wull de Seldaot van mi? Wat har sien Hand maokt, de mien Hand faste hüllt at'n Schruvstock? Har se roowt - mordet - plünnert - Hüser anstickt - up Mensken schaoten - up junge Seldaoten, de nu blos noch ein Bein harn?
Un jüst, at ik mi mit ein Ruck losrieten wull, trück he sachte mien Hand ünner de Däken weg - dreihde se üm, dat binnste nao buten.
Un dann füllt dor wat in, swoor un natt. -
Traonen. Taueierst drüppen se langsaom un enkelt, dann mehr, immer mehr. Ein Schuur von Traonen, schreide de frömde Seldaot in mien aopen Hand.
Mien Hart trück sik tausaomen vör Erbarmen un Mitleed. So seeten wi lange. - At he kien Traonen mehr har, drückde he'n korten Ogenblick mien Hand an sien harte Gesicht, dann schöv he se sachte weer ünner de Däken. Un dichte an mien Ohr, dör dat dicke Wulltüg her, hörde ik dütlik dat lütke Woort: „Danke." Kort dorup hüllt de Zug. - Kiel! - Endstation!
Un de haoger'n Gestalten verswün'n at griese Schadden in den griesen Näwel - nao Huus tau - of irgendwor hen.
Hülp heff väl Gesichter. Dat ik den frömden Brauer in de Nacht mien Hand nich wegtrück - viellicht wör dat uk Hülp.

Maria Hartmann

---

gries = grau; tüsken = zwischen; Seldaoten = Soldaten; Noorn = Narben; teiken = zeichneten; woneier = wann; deiper = tiefer; manges = manchmal; sneet = schnitt; daolglie'n = hinuntergleiten; krööp = kroch; bäverige Bukstaoven = zitterigen Buchstaben; Brauer = Bruder; Aom = Atem; up eis pück mi dat kole Gräsen = plötzlich packte mich das kalte Grauen; roowt = geraubt; taueirst = zuerst; enkelt = einzeln; schreide = weinte

## Ik schäit di daut

Peng peng
ik schäit di daut
peng peng
du moß di blaut
platt up de Ärden schmieten
peng peng
denn biss du daut

So segg
dat Kiend
un liähnt sik an
up Mama's Schaut

Peng peng
so spiält se olle Dage
Krimi
Indianer
un Sildaut
peng peng
di schäit ik daut

Wat man
os Kiend
so lert
dat lert
sik licht
dat
händt äin'
un
fällt uppe Duur
nich stuur.

Elly Wübbeler

ik schäit = ich schieße; blaut = bloß; Ärden = Erde; liähnt = lehnt; Schaut = Schoß; spiält = spielt; Sildaut = Soldat; händt äin' = fällt leicht (hier: wird zur Gewohnheit); nich stuur = nicht schwer

## De Trummel

Nich wiet achter usen Huse fangt dat grote Mauer an, dat an beide Sieden van de Isenbahn bit na Nuddeln hengeiht. Dor kunnen wi as Kinner in spälen as nargends ännerswor.
Wi dröpen us tau acht of nägen Junges een-, tweemal in de Wäken bi den Bahnhoff un trücken in't Mauer. Dat was laat in'n Harvst, de Blöer van de Pappelböme wassen al meist van de Töger weiht. Ordens Jop har sine Büxentasken bit baven vull van Wahrappels un was dor jüst bi, se tau verdeelen, as Beckers Alfons rööp:
„Dor kummt Gertken uk ansteertken!" Alfons kunn mannges riemeln.
Alle müssen lachen. Sangels Fiet sä:
„He hefft eene Trummel bi sik."
Dat was wat Nees. Wi keeken, wo Vahlmanns Gertken bi Meyers Fleerbüske anköm. Dat har nich eener van us dacht: Wor mügg Gertken de Trummel her hebben? - Verläden Wäken har Gertken usen Baas, Holms Kalli, fragt, of he uk mitkamen drüff. Aver Kalli wüß gaut, dat kiner van us dor gerne Gertken bihebben wull. Wenn wi Fautball spälden, dann kunnen wi dor up an, dat he den Ball so unglückelk dröp un in't eegen Tor schööt. Un wenn wi wat utfräten harn un utneihen müssen, dann was't alltiet so, dat Vahlmanns Gertken nich drocke naug of na de verkehrte Richt lööp. Ne, kiner mügg Gertken lien. Un dorüm har Kalli verläden Wäken uk överleggt un seggt: „Ja, nu! Minethalven magst du mitkaamen. Du moßt aver eene Trummel mitbringen!" - Eher mügg Pingsten in'n Winter fiert werden as Gertken eene Trummel kriegen! Vahlmanns Bernd, sin Vader, güng in de Hüür; wo schull de üm woll so een düür Dings kopen? So harn wi un uk Kalli dacht.
Wi frögen Holms Kalli, wat nu passeeren schull. He sä:
„Afmaakt is afmaakt! Gertken kummt mit." Kalli was an de twee Jahr öller as wi, un wat he sä, güllt. He rööp achterut, dat Gertken gau maken schull.
Un do köm he an up sine kotten, een bäten krummhaftigen Beene; he schlöög eenen Bagen üm us und stellde sik vör Kalli hen. Wenn he wat sä, trück he den Mund meist bi enkelde Wöer scheef:
„Wat schal ik nu mit de Trummel daun?"
As een Füür gloorde in us de Afgunst up: Angäven wullt du mit dine nee Trummel un den Kamm hochdrägen, wat? Du meenst woll, du kannst alleen up so een Kalvfell spektakeln? Un Alfons gnuurde luuthals:
„Nix schaßt du dor mit! In't Holt kannst du se schmieten! Dor kunn se gaut liggen! Of wullt du us dor mit verraden, dat se us överall hört?"
Kalli sä: „Kaamt tau, wi gaht"! - -
Up den Patt, de an eenen Tackeldraht langes lööp, stünden Waterpauls van den Rägen vörgistern. Wi sprüngen dor över her. Ik töffde dor up, dat Gertken een-

mal van baven in dat bruune Water patschde. Aver nix passeerde. Ik schuulde üm wisseweg an. Dor hüng de Trummel an twee Reepes vör sin Liev, nagelnee, in witt un rode Klör, mit hier un dor een bäten Sülver. - Wo se woll klingen mügg? Nu streeken wi dör Bäänt un kneelang Heidekruut, an Quäkbeernbüske un Wähenstrüker vörbi. Gertken hüllt sine Trummel mit de Hand, dat se an kine Töger schlöög un schettrig würd. He sä nix. Un wi wullen mit üm nich schnacken. Schull he doch lopen un sine Trummel fasthollen! Een Wind ut Nord dreef de Wulken un straakde use heeten Köppe un köhlde se een Spierken af. -
Dann wassen wi dor. Kalli sä, dat Gertken sine Trummel nu weglegen müß an de Twillenboom. Gertken dö dat. Wi würden indeelt. Ik hörde tau de Roden, de tein Minuten Tiet kreegen, dat se sik verstäken kunnen. Överall stünden hier dubbeltmannshoge Barken üm us tau. Ik rönnde los na dat Pand hen, wor Törf graven würd. Dor krööp ik dal un baude Ringe van Törf um mi, dat ik dor heel inseet. - Man ik har dissen Dag kin Glück. Se fünnen mi - was't gar Gertken wäsen, de mi tauerst sehn har? - un ik müß na den Twillenboom un dor wachten. Na'n Tiet köm Beckers Alfons uk, un dann bröchten se Ordens Jop. Wi argerden us, dat se us al fastsett't harn. Ik wull eenen van de söten Wahrappels äten, aver Jop har nich eenen mehr. - Dann fröög Alfons, as wiet un siet kiner von use Spälkameraden tau hören was:
„Willt wi dat Dings dor is verschwinnen laten?"
He wiesde up Gertkens Trummel.
„Wi drööft hier doch nich weglopen", meende Jop.
„De ännern sünd, wekker weet, wor. Vällicht an de Bahn langes. Se seht us nich."
„Dann laat us de Trummel henbringen, wor ik säten heff. Dor söcht nu nich eener mehr wat", schlöög ik vör.
Wi döen, as seggt was. Ganz recht lööt mi de Sake nich tau. De nee Trummel! Vahlmanns Gertken was dor so behött mit! As de Indianers schlierkden wi na dat Törfpand hen. De Trummel leggden wi tüsken de Törfsodens. Dann verspröken wi eenänner tau schwiegen. - -
Kiner har naaßen wat markt, dat wi weg wäsen wassen. Wi settden us bi den Twillenboom up eenen afbraken Taug un töffden.
Na'n Tiet wassen alle Roden infangen, de sik verstaken harn. Dat Spill was ut. Holms Kalli rööp us van wieden tau, wi schullen herkamen; dat güng na Huus. Änners köm dat woll nich vör, aver ditmal wassen Alfons, Jop un ik de ersten, de kömen. Dann hörden wi Gertkens Stimm, bang een bäten un as wenn he't nich glöven kunn: „Mine Trummel! Mine Trummel! Wor is se?"
Un Sangels Fiet sä dor dröge gägen:
„Hest du eene Trummel hatt? Ik heff se gar nich hört!"
Wi dree dreihden us nich üm. Wi schweegen. Bold wassen wi alle bi Kalli, bloß Gertken nich. „De schall nakamen", sä Fiet.
Wi güngen. -
Dat was kine halve Stunn lööter, as ik weer na't Mauer tau lööp. De Sake mit

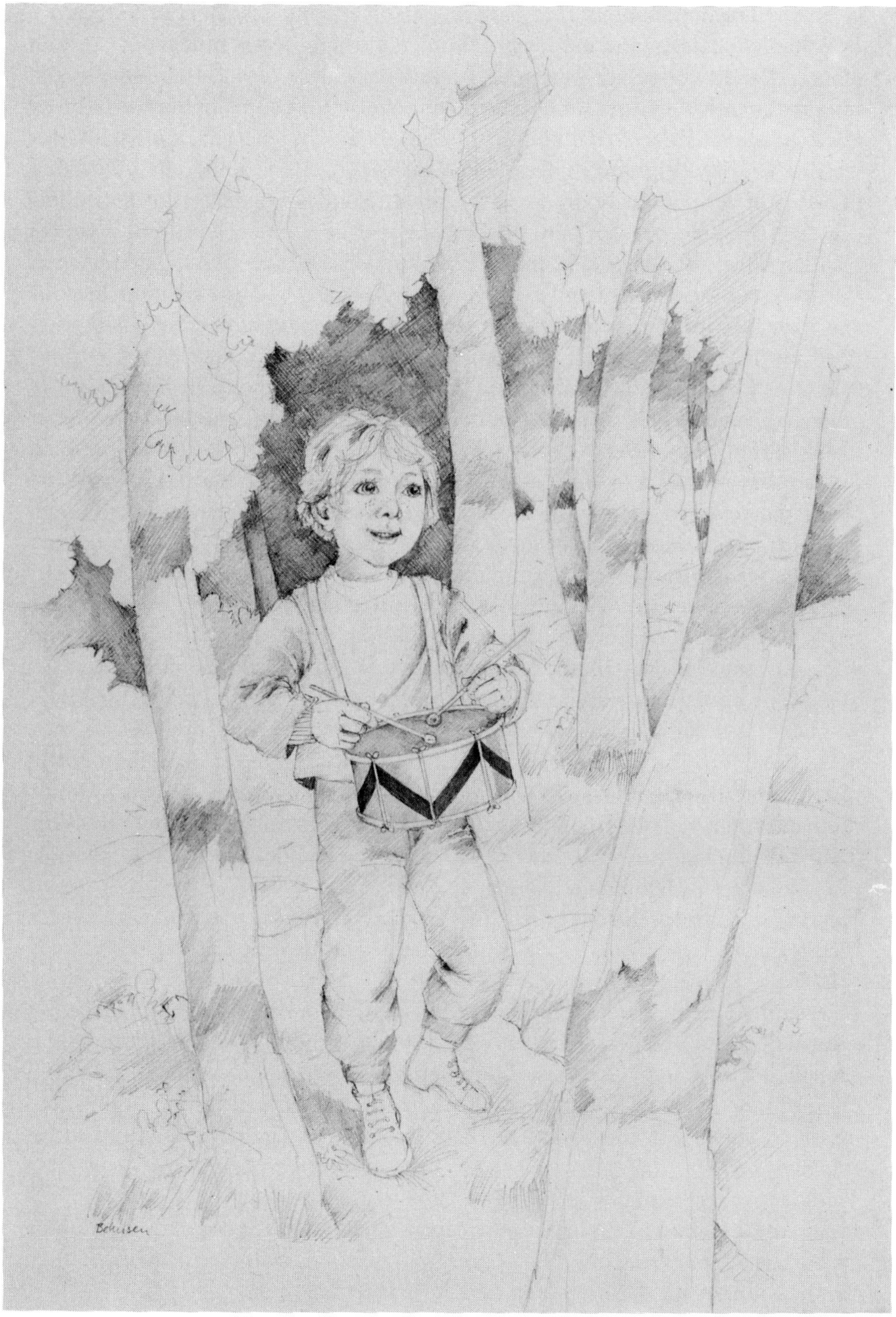
Bohnsen

Gertkens Trummel lööt mi nich taufräe, un so har ik nich is tau Huus inkäken. - Ik wull nich, dat de ännern dor achterkömen, dorüm lööp ik binnendör. Ik köm dör een Pand, wor se vör kotten de Barken dalschlaan harn. De Bööme leegen krüz un quer dör'n änner. Ik hüppkede dor över weg. Eenmal schüürde ik mi de Huut an't linke Knee af, dat küllt nich minn. Ik müß wieder, dat wull al düüster werden. De Wulken hüngen deep. De Wind har naalaten. Ik lööp un lööp. Müß ik nich al bi den Twillenboom wäsen? Vällicht schull ik mi mehr na rechts hollen, dör de jungen Barken dor. Ik böögde de Töger ut'n änner, de sik mi taumöde reckden. Heel drocke köm ik in dat Halfdunkel tüsken de Bööme nich wieder. Verdröögte Blöer streeken mi mannges dör't Gesicht. Ik bleev stahn un keek na alle Sieden. Wannehr köm ik weer in't Free, dat ik wieder sehn kunn? Of ik weer een Enn trügge müß? Möör Holt knickde un soor Gräs ruschelde ünner mine Schauhe. Weer stünd ik un lusterde. Ik hörde nich Hase, Reh of Rebhauhn. Ik güng na links tau: Dor würd de Bodden natter. Mannges zissde dat Water ünner mi. Ik sprüng nich mehr as vörhin: Wo licht kunn man hier up een oll Törfspitt drapen! Baven seeg man bloß Moß un Wullgras, aver ünnen luurde dat grönfette Water, dat eenen langsam in de Deepte sugen wull. Ik müß fasten Grund ünner mi hollen. Ik kunn bloß noch twee of dree Träe för mi sehn, un noch ümmer stünden de mannshogen Barken üm mi tau. Wor was Norden, wor Ost un West? Ik güng wieder, aver ik wüß kinen Wegg, wohen. Ik wull ropen, lööt't aver doch na. Wekker schull mi hören? Bit na't Dörp klüng't wisse nich. Un Gertken was woll tau Huus. Ik was alleen, verdwalen in't Mauer. Ik lähnde mi gägen eenen Struuk; de böögde sik na achtern. As ik wieder güng, treet ik ganz sachte up. Ik was bange worden; hier heel alleen. Schweet stünd vör minen Kopp. Was ik würkelk alleen? Dreef sik vällicht raar Volks un Veehtüügs tüsken Avend un Nacht hier herüm? Ik mügg kinen Träe mehr maken. Ik greep mit mine Hand na den dünnen Stamm van den Boom, an den ik mi hüllt. Wat wull ik hier ampatt? Gertkens Trummel söken? As wenn ik dor noch an dachde! Herut wull ik ut dat düüstere un gruuslige Mauer, änners nix!
Knarrde dor Holt? - Kööm eener dör't Dunkel? - Ne, dat was woll nix. Aver ik bleff stahn, wor ik stünd ... Dat was mi tau, as wenn mine Beene lahm worden wassen.
Ik weet nich mehr, wo väl Tiet mit dit gräsige Töven hengüng, doont - aver up eenmal hörde ik't nich wiet van mi weg: Trumm - trumm - trumm! Luut un klar klüng't dör't Mauer. Gertkens Trummel! Ik lusterde noch enen Ogenschlag, dann rönnde ik ehren Klang na. Bold was ik ut den Barkenbusk herut un stünd up eenen Mauerpatt. Hier was't een bäten lechter, un van hier kunn ik na Huus finnen. -
Vahlmanns Gertken höörde up tau trummeln, as he mi seeg.
He sä: „Ik heff mine Trummel van alleene funnen." Ik seeg dör dat Tweedunkel sine Ogen up min Gesicht. „Nich eener hefft mi söken holpen. Erst wüß ik nich, wor ik se finnen schull; aver dann heff ik - nadacht."

„Nu seggt he säker", schööt mi dat dör den Kopp, „dat ik de Trummel verstäken heff, ik un woll noch'n paar ännere. Se hefft ja dor in'n Törf lägen, wor ik mi bi use Spill verkrapen har. Wo lange he woll söcht hefft? Wisse weet he, dat ik . . ."
Aver Vahlmanns Gertken sä nix mehr; bloß sine Ogen keeken mi noch an; aver se wassen nich vergrellt un nich dull. Stolt blänkerde dor in. Un Stolt klüng - wenn man richtig tauhören dö - uk ut den Klang van sine Trummel, de he nu weer schlöög: He har se weerfunnen, he alleen! Trumm - trumm - trumm!
Wi güngen gägen'n änner, Gertken mit sine kotten Beene een bäten vörut. Sine Trummel süng ehr Leed, un ik rööp mit in'n Takt: Trumm - trumm - trumm!
Ut de Schievens van den Bahnhoff füllt Lecht.
In den gälen Schien seegen wi een paar Lüe stahn. Se keeken us neeßgierig na un schüddelden den Kopp över us Kinner.
Wat wüssen dor de groten Lüe van, wat wi belävt harn.

Heinz von der Wall

Mauer = Moor; Töger = Zweige; Wahrappels = Daueräpfel; mannges = manchmal, Fleerbüske = Fliederbüsche; güng in de Hüür = arbeitete als Heuermann; gloorde = glühte; Afgunst = Neid; Patt = Weg; Waterpauls = Wasserpfützen; töffde = wartete; schuulde = sah scheu; wisseweg = ständig; Reepes = Taue, Bänder; Klör = Farbe; Bäänt = Pfeifengras; Quäkbeernbüske = Vogelbeere, Eberesche; Wähenstrüker = Weidensträucher; straakde = streichelte; Spierken = etwas, eine Spur; Twillenboom = Baum mit Gabelung; Pand = Teil, Abschnitt; behött = vorsichtig, behütet; naaßen = nachher; Taug = Ast; küllt = schmerzt; minn = wenig; möör = mürbe; soor = trocken; lusterde = horchte; Trää = Schritte; verdwalen = verirrt; raar Volks = seltsames Volk; ampatt = überhaupt; doont = einerlei, egal; verkrapen = verkrochen; wisse = gewiß; neeßgierig = neugierig

## *„Umleitung!"*

Se stökel över den smallen Padd van 'n Olenhuusgaarn. Düsterrode Rosen an beid Kanten van den Weg. De ool Fro bleev stahn, hal deep Luft un seeg de roden Klöörn van de Rosen.
'n lütt Freud truck as Warmt dör ehr Lief: mal weer na buten gahn, bi de Rosen langs, ünner de Bööm van 'n Olenhuusgaarn, na de Straat hen un denn na 'n Koopmann, Tee kopen, 'n Viddelpund van 'n allerbesten Tee!
Se stunn noch dar un dach över de Wöör na, de ehr Kamernabersch an ehr seggt harr, Fro Krämer, de al so lang in'n Lehnstohl fast seet: „Wi wöölt uns 'n lecker Köppje Tee maken, nu, wu Se doch weer upstahn sünd un na buten drööft!"
Un nu een Foot vör'n den annern, sinnig un mit ganz lüttje Trää. Hen över de Straat, na'n Koopmann wull se, de ool Fro, un greep mit bävern Hand na de lütt Inkooptasch, wor de Geldknipp in leeg. Weer bleev se stahn un wunner sik, wat

för'n Larm dar van de Straat her keem. Weer doch anners nich so'n Bedriev dar, wor de Stadtbus an de Kant van'n Olenhussgaarn holln dee!

Se fummel sik dör den Holtutgang un nu, Foot vör Foot, na de Stratenkant hen. Vör ehr Ogen flimmer dat Lucht. Se wisch sik över dat Gesicht un reet den Hoot 'n bäten scheef.

Man nu kunn se 't utmaken: dar fahr Auto achter Auto up de Parkstraat langs, na de Stadt hen, ut de Stadt rut. De Fro stunn dar an de Stratenkant un leet de Ogen hen un her biestern.

Dar kummst du sindaag nich röver! dach se. Se wull dat Taschendook ut de Inkooptasch ruthalen, man se funn't nich. Wull doch dat Dook vör Mund un Näs holln, bi all den Stank un Stoff van de Autostraat!

Du musst doch röver! sä de Fro un böör den rechten Foot. Wull hüm al up de Straat setten. Dar bruus 'n Motorradfahrer ran. Se seeg den roden Helm van den Mann un trä 'n lütt Stück van de Stratenkant torügg. De Mann up sin Motorrad holl bi ehr an de Kant un sä: „Vorsicht, Oma! Hier kannst nich rüber!"

Se schüttkopp un arger sik över dissen Snack: Oma harr de seggt, wor se doch kien Enkelkinner harr!

Se böör de Tasch un sä angsthaftig: „Aber wieso - warum kann ich hier nicht rüber?"

De Mann up sin Motorrad pedd rünner, geev Gas un schree bi't Afhulen: „Umleitung, Oma!"

De ool Fro stunn noch 'n Sett dar un mark, wu sik de Benzinstank ehr up de Bost leggen dee.

Denn dreih se sik af, gung torügg, Trä üm Trä, funn de Holtpoort to den Gaarn un stökel den Rosenweg langs.

Achter ehr de Larm van de Autostraat. Un weer bleev se stahn un legg sik de Wöör torecht, de se an de Kamernabersch seggen wull.

Hein Bredendiek

stökeln = steif, mühsam gehen; Klöörn = Farben; truck = zog; Trä = Schritte; mit bävern Hand = mit zitternder Hand; Geldknipp = Geldbörse; biestern = irren; böör = hob; 'n Sett = eine Zeitlang; Holtpoort = hölzerne Pforte

## Ole Frünnen

He harr vanmorgen 'n beten Tiet. Daarum steeg he al 'n paar Stationen ehder uut 'n Bus.

Mall, dach he, so faken bust du hier al mit'n Bus vorbifahrt un weeßt doch nich, wo dat hier in de Straten uutsutt.

De Bus fahrde af.

He gung nu sinnig de Straat daal un wuß, he muß glieks to de Bank kamen, wor he jeden Morgen den Landstriker sitten seeg. In'n Bus sett'de he sick alltiet an de Siet, de na't Trottoir gung, dat he ook man jo den Landstrieker to Gesicht kreeg. Un de seet denn ook jeden Morgen daar up sien Bank. Mit sien Plastiktuten un de olen Zeitungen seet he daar. Den eersten Beerbuddel gegen sick - dat dach he tominst. Man dat kunn ja just so goot al de twede of drudde ween. Wahrschienlich aver doch de eerste.

De Bus fahrde an disse Stee, wor de Bank stund, meist wat sinniger, bleev ook faken 'n korten Ogenblick stahn, denn daar gung 'n Zebrastriepen aver de Straat. Un just to disse Tiet lepen daar veel Kinner, de na de School up de anner Stratensiet mussen. Un justakraat in dissen Moment kunn he denn in de Ogen van den Strieker kieken. Un de keek em denn ook an, 'n Ogenblick, stief in de Ogen, un denn nehm he sienen Beerbuddel un drunk em to.

De eersten Malen harr he denn alltiet gau wegkeken; de Strieker schull ja nich menen, he weer mit sien Supen inverstahn, daar weer he nich mit inverstahn, un he kunn marken, wo sick in em wat röögde, wo sien Hart gauer sloog un he na de anner Fahrgästen keek, of de wat marken kunnen. He wuß nich, of se wat marken kunnen.

Man de Strieker seet daar jeden Morgen up sien Bank un leet dat nich. Jeden Morgen prooste he em to, un so wähnde he sick daar an, ja he fund dat mit de Tiet rein 'n beten pläseerelk. Em wurd dit Bild vertroot un he wuß, egens haar he nix gegen den Strieker. He kunn em up siene Aart un Wies verstahn. Ja, he spöörde sogaar, he weer rein wat afgunstig gegen dissen Mann daar.

Nu stüürde he up em to. Of he em woll kennen dee? Se harrn sick ja bloot döör de Schiev sehn. Jeden Dag bloot for'n korten Ogenblick, fief Sekunnen, wenn't hooch kummt. Nich mehr. Un nu wull he em maal uut de Neegde bekieken. Wat schull he to em seggen? Muß he denn wat seggen? Se weern doch ole Frünnen, daar höövt een doch nix to seggen. Daar weer nu de Bank - man . . . daar seet nums. He keek verbaast um sick to. Dat mutt doch de Bank ween. Ja, dat weer se ook. Daar weer de Zebrastriepen un de Kinner, de daar röver mussen, weern daar ook. Ja, seker, kien Twiefel, dit weer de Stee, wor he jeden Morgen den Strieker sitten seeg. Man vanmorgen weer he nich daar. Amenn weer't noch nich akraat de Tiet? Man nee, dat scheelde doch bloot 'n paar Minuten, een Bus, mehr doch nich. Sien Bus, den he anners jeden Morgen nehm, de muß doch glieks kamen. um twee, dree Minuten. To disse Tiet fahrden de ja faken.

He wull sitten gahn, man he keek doch eerst, of de Bank ook rein weer. He wull sien Tüüg ja nich schetterig maken. Just up sienen hellen Mantel, daar kunn een ja foors jeden Placken sehn. Wat schullen de Kollegen up de Arbeit denn woll denken? Man de Bank weer rein.

As he seet, daar weer em, as harr he hier al fakender seten. Mall, dach he, hier bust du doch wiß un wahr noch nienich in dien Leven ween un doch is't di nich frömd to.

De Affallkorv, de Strüük, dat Trottoir, de Straat, de Hüüs un dat Drieven van de

Lü. Dat weer em vertroot un doch, he weer sick seker, he harr hier noch nich seten. He nich.

In'n Stillen muß he lachen. Daar weer een Geföhl in em, dat wer so as een sick föhlt, de sick na een lange Reis woller to Huus in sienen olen Stohl setten kann. Un denn fullt em up, wo he ümmer woller na links de Straat daalkeek. Ja klaar, he töövde up den Bus, mit den he jeden Morgen na de Arbeit fahren dee. Un kiek, daar keem he ook al, wiet achtern weer he noch, ganz lütt. Daar weern noch dree Ampeln to averfahren, ja, noch dree Stuck, so harr he 's morgens ook alltiet tellt, noch dree. Dat duurde, denn de stunnen meisttiets up root. Man doch, so bi lüttjken kropp de Bus up em to. He kunn al de Nummer wahren: 116. Dat weer siene Linie. Well daar vanmorgen woll fahren deit, schoot em dat nu döör'n Kopp. Schall woll de Dicke doon, harr he sick dat na korte Bedenktiet uutrekent. Mit de Jahren, dat gloovde he, harr he dat System van den Fahrerwessel ruutfunnen. Na sien Menen muß vandagen de Dicke achter't Stüür sitten. Man - nu wo de Bus nahder keem, weer he sick mehr un mehr in'n Twiefel - sien Reken gung nich up, achter dat Stüür seet nich de Dicke, daar seet 'n Neger. He schoot tohoop. Linie 116. De Tiet, de Straat, de Bank, ja, dat stimmde all, bit up een lüttje Klenigkeit . . .

De Bus keem nu sinnig anfahren. Noch goot twintig Meter. Daar weern de Zebrastriepen un de Schoolkinner.

De Bus muß even stillholen. Un nu kunn he döör de Schiev na binnen in den Bus kieken . . . sien Hart sloog em bit an'n Hals . . . he spöörde, wo sien Hannen natt wurden . . . sien Ogen reten sick apen . . . daar . . . daar . . . dat weer doch sien Platz . . . daar an't Finster . . . he meende, he muß upsrpingen, up den Bus toronnen, gegen de Schieven trummeln, schreen . . . man he bleev as anwussen up de Bank besitten, he keem nich hooch, he weer stief, as lahm, he kunn sick nich rögen.

He höörde, wo de Busfahrer woller Gas geev. He dreihde vor Gewalt sienen Kopp na rechts, den Bus achterna un seeg noch so even de lachen Visaasch van den Strieker, de em mit sienen Beerbuddel uut den Bus toproosten dee.

Gerd Spiekermann

---

mall = hier etwa: seltsam; Trottoir = Bürgersteig; justakraat = etwa: haargenau; pläseerelk = lustig, vergnüglich; afgunstig = neidisch; höövt = braucht; verbaast = verdutzt, erstaunt; amenn = vielleicht; scheelde = unterschied sich; Placken = Flecken; töövde = wartete; kropp = kroch

# Wi un dat Läben

## *Darhen*

Tüschen Begünn un Enne
wannern wi dör de Tied,
wannern na Hemel un Helle
gliker wied.

Jagen un stigen na Höchten,
graven na Schatt un Steen,
söken eenanner un bliven
doch alleen.

Sünd in Dunker verdwolen,
stavern blind in dat Lücht,
hülplos, as wenn en Vögel
sük verflügt.

Güntsied van Anfang un Enne
steiht groot de Ewigkeit.
Of darhen Hemel un Helle
mit uns geiht?

Wilhelmine Siefkes

Schatt = Schätze; verdwolen = verloren, verirrt; stavern = stolpern; güntsied = jenseits

## *De Plöger up'n Wendacker*

Hest al is sehn, wenn de Bur an't Plögen is? Den Plogsteert fast in de Hannen, de Ogen liek vörut, so geiht he achter Plog un Pär studdig Fot för Fot un treckt sin För öwer dat Feld. Is he up't Enn van den Acker ankamen, denn is dar so'n lütt Rümte to'n Wennen. Dat is de Wendacker oder dat Wennels.

Hett de Plöger nu bidreiht un steiht he mitsamt Plog un Pär in de nee'e Richt, denn blifft he woll noch'n Rus' bestahn. He kann't nu all moi öwerkieken: vör em de Fören, de he al trucken hett, un dat Flach, wat noch umbraken weern schall. Man lang wahrt dit Besinnen nich. Een „Hü!", de Pär gaht fudder, dat scharpe Isen grippt wedder hennin in de Eer. So geiht dat van För to För un van Kehr to Kehr, hen un her un hen un her, bet de heel Kamp darliggt: blänkerswart, prat för de Saat. -

Is dat nich jüst so mit all us Minschendoon un Minschendriewen? Is dat nich so apartig mit us Arbeit för Art un Slagg un Modersprak?

Väl Lü meent, wat wäsen is, dat liggt achter us. Dat geiht us niks mehr an. Se seggt: Nich trüggels kieken! Man fudder, luterliekut! Richt't de Ogen up dat, wat vör jo liggt!

Disse öwerdrifftigen Minschen rop ik to: Wat snackt ji van Trüggelskieken, wenn wi up dat Wark seht, wat us Ollern un Oewerollern un wat wi sülben bet hento al daan hefft? Wi willt - jüst as ji - 'n nee'e För plögen. Man wi willt Richt un Regel för dit Wark van de Arbeit afkieken, de al daan wurd. Wi willt - as de Bur bi't Plögen - up'n Wendacker stahn: Vör us dat Wark van de Olen, wat al daan is, - un dat eegen Wark, wat noch daan weern schall. Un wi meent: de För, de wi vandagen trecken möt't, möt sik richten na de Fören, de güstern al trucken sünd. So könt wi liek trecken, wat krumm weer. So könt wi dar deeper plögen, wo de Plog nich deep noog to Grund gung.

Dat magg männigeen snaaksch vörkamen. Wi Minschen stellt us dat Läwen meist so vör, as susen wi liekut sunner Rauh un sunner Kehr. Man wiest dat nich al us grode Herrgottswelt, dat't anners is? Wo makt dat de Sünn an'n Häben? Ok se dreiht bi. Ok se steiht - tweemal in't Jahr: Sommersunnwend un Wintersunnwend - up'n Wendacker. Un ut disse twee Wennen ward dat grode „Etmal" in us Minschenläwen, dat Jahr. - Ok de wille See buten Wall un Diek, so ahnwäten se sik ok anstellen kann, hett är Mat un är Strat in Flot un Ebb: dat solte Water waßt, kentert un fallt wedder.

Un so meen ik: De Bur bi't Plögen un up'n Wendacker schull us Wiespahl wäsen bi us Doon un Driewen:

Den Plogsteert fast in de Hannen, de Ogen liekut! Und so - mit den Blick up dat verläden Wark un de kamen Arbeit - man stiddig fudder. Trä för Trä! Doch ok is'n Ogenslagg sik besinnen! Up'n Wendacker stahn! Tokieken, wo de För hen-möt! Un so de Brügg sla'n twüschen dat, wat weer, un dat, wat kamen schall. Dat de Acker bestig umbraken ward un dat he darliggt: blänkerswart, prat för de Saat, to'n Segen van Art un Slagg un Modersprak!

Heinrich Diers

---

Plogstert = Pflugsterz; studdig = stetig; För = Furche; Rümte = Platz, Raum; 'n Rus = eine Zeitlang, fudder = weiter; Kamp = Feld; prat = bereit; apartig = besonders; trüggels = zurück, rückwärts; luterliekut = unaufhörlich; öwerdrifftig = übereifrig; snaaksch = seltsam; liekut = geradeaus; sunner = ohne; Kehr = Wendung; Etmal = Zeitabschnitt; Wiespahl = Wegweiser; verläden = vergangen; stiddig = stetig; Trä = Schritt; bestig = bestens

## Dat Lachen

Güstern weer de Zirkus ankamen, un se harrn em ja all sehn. Wat geev dat aber ok för Wunner! Se kemen rein nich ut dat Wunnern rut. En Peerd weer dar, dat kunn reken. De Opgaben harrn se sülben stellen drofft. Un dat kloke Tier kreeg sogar rut, in welke Klass elkeen gung.
Na de Vörstellung, to kunnen se op Zegen rieden. Fief Rünnen för fofftig Penn. Wenn de Mann jüst nich oppaßt harr, weern dar ok mehr ut worrn. Den meisten Spaß aber, vertellen se mi, harr jem de Clown maakt. Wat kunn de lachen, un wat harr he jem to'n Lachen brocht!
Kinner weern ok in den Zirkus, twee Deerns. Se gungen bi uns na School.
In de letzte Stünn seten wi op den Sportplatz un keken uns dat Ballspill an. Mit'n Mal seeg ik Christa un bi ehr en lüttje Deern. Se kemen jüst op mi to. „Dat is de Deern ut den Zirkus", sä Christa. De Deern geev mi de Hand, un ik fraag ehr, in welke Klass se gung. Ik fraag man so, ik muß ja wat seggen. In de twete Klass gung se, weer ok eerst söben Jahr oolt. Se setten sik bi mi dal, un ik keek de Deern von de Siet an. „Maakt se denn al mit?" fraag ik de Kinner, de blangen mi stunnen.
„Ja, se turnt..."
„Se maakt Spagat..."
„Un wat se dat kann!"
„Un denn hett se en feinen Turnanzug an..."
„De süht meist ut as en Badeanzug..."
„Dat is aber keen."
Ik muß jümmer wedder na de Deern kieken, de en beten wieder hen in't Gras seet un dat Spill tokeek.
Ik seeg ehr dar noch, wo se jüst stahn harr. Man son Smick weer se in dat korte, bunte Kleed, - aber dat harr ik gar nich richtig sehn. Ik muß ehr in't Gesicht kieken, dat weer inrahmt von helle Haar un grote, blaue Ogen weern dar in, de keken so fraagwies un so deep. Un denn vertoog se en beten dat Gesicht, un en Lachen weih dar över hen. To seeg ik de fienen Linien dar twischen de Ogen un op de Steern.
Blots so ganz fiene, aber se weern dar, wenn dat Lachen över ehr Gesicht weih, en Lachen, dat de Scheinwerfer inöövt harrn.
Namiddags för de Kinner un abends för de Groten steiht se op de Ramp in den Turnanzug - de meist as en Badeanzug utsüht, is aber keen - un maakt Spagat. Un de Kinner wunnerwarkt un lacht, un de Deern lacht ehr Lachen, un denn sünd dar wedder de fienen Linien twischen de Ogen un langs de Steern. So faken hett se lachen mußt, un morgens noch in de School, wenn se free hett von de Scheinwerfer, weiht dat över ehr Gesicht.
Nu is de Zirkus lang wiedertogen, aber ik seh jümmer noch de Deern, de lacht ehr Lachen.

Traute Brüggebors

elkeen = jeder; blangen = neben; Smick = hier: kleine, schmächtige Person; wunnerwarkt = drücken ihr Erstaunen aus; faken = oft

## Nix os Spoß

Minna heff dat Läten uppe Richte un töff up de Kinner, de jäiden Moment ut de Schoule kuomen küönt. Do hört se buden Kinnerstimmen. Send se dat ol? Nei, dat müöt Jungen sien, de send je met Platzpatronen an ballern. Schmedts Andreas, de twäi Hüser wieter wuohnt, kümp woll no Huus. Owwer de heff doch gar keine Ballerbüssen! Dat wäit Minna ganz gewiß.
Minna kick dür de Ruden un krigg dräi Jungen to Gesichte. Etlons iähre bäiden, Bernhard un Gerd, laupet achter Andreas hiär. Wat hewwet de vo'n Tüge, dat de so'n Spektakel maket? Minna wed luffhörig un visiteert de Balgerie un Knallerie dor buden up de Strauden.
Jau, nu krigg se de dräi richtig inne Kunne. De maket je woll 'n Cowboy-Spell. Bernhard un Gerd hewwet graute schwatte Höe uppen Koppe, Wildwest-Jacken an un bre'e Patronengörtel üm den Lieve tou. Unner den rechten Arm hault de bäiden jäider äin Gewiehr. Den Lauf drückt se Andreas van achtern in de Riwwe, un met de linken Hand send se met Pistolen an schüttken. Andreas mot bäide Hänne inne Heuchte haulen; jüst os äin Gefangener wed he vorandrieben.
Un nu mot he sik met den Rügge an dat Straudenschild stellen. Os he de Hänne runnerfallen lött, krigg he 'n mächtigen Rüffel, un Bernhard fuchtelt enne met de Pistole vo de Niäsen herümme.
Os de bäiden Etlons nu anfanget, bi Andreas de Tasken uttoplünnern, kümp Minna metens äin anner Beld vo de Augen.
Domols, 1945 was dat, os de Ameriköner iähr Öllernhuus os Quartier bestimmt un dräi Rüme beschlagnahmt hadden. Do hadden se äines Iänßen in'n Biärge 'n ganzen Tropp dütske Sildauten tohaupedrieben. Minna was düt Beld os met äin' gleunigen Iesen in't Harte drückt. Met vo viäl Angst un Harteklabastern wörn se des nachts no in'n Biärge wiän un hadden Armsküarwe vull Iäten no de Sildauten brocht. Un nu möß se met iähre Öllern van iähre Stuam ut ankieken, wo de dütsken Gefangenen äin bi 'n anner achter iähre Fenster ande Wand langes stönnen un de Hänne üawer den Kopp inne Heuchte haulen mössen. Un währnd dräi Ameriköner met Maschinenpistolen in'n Anschlag Wache heulen, plünnerden veer annere bi de Dütsken de Tasken ut. Bräiftasken keimen vo'n Dag, Geldknippken un Taskendeuker. Bräiwe wörn utenanner riäten. Armbanduhrn un olle Wertsaken wörn de Gefangenen affnuahmen, dat annere Kraums wörd vo de Feute schmiäten.
Ganz still was et in de Stuam. Nichäiner siär äin Wort. Olle wörn baff un stumm.
Un up de Panzerspähwagen, de bäide Upfohrten up den Hoff blockiert hadden, un de in'n Ümkreis üm de Sildauten toustönnen, seiten de Kinner ut de Nauwers-

kopp, de sik hennig met de Ameriköner anfründt hadden, un schlickerden amerikönske Schokolade.

„Vorwärts, marsch!"

Dat was äine Kinnerstimme.

Minna schütt richtig in'n Puck, os se so butt ut iähre Gedanken upschreckt wed.

De bäiden Etlons driewet Andreas wieder de Strauden langes; he heff bäide Hänne inne Heuchte un de Gewehrläufe in'n Rügge.

Wat har doch Schmedts Maria, Andreas siene Mutter, seggt: „Nei, use Kinner krieget keine Revolver un Pistolen un so'n Tüges; auk wenn't blauts Spiälkraum es! Ik kann et äinfach nich ankieken, wenn Kinner met 'n Flinten up'n anner lösgoht odder den Lauf van äin' Colt up äin' Minsken richtet. Nei, un naumols nei!"

Owwer Erna Etlon har ment: „Lött de Kinner doch spiälen. Se hebbt doch olle wat ton schüttken! Et es doch nix os Spoß."

Elly Wübbeler

heff dat Iäten uppe Richte = hat das Essen fertig; töff = wartet; Ruden = Fensterscheiben; wat hewwet de vo 'n Tüge = was haben die sich vorgenommen; wed luffhörig = hört bewußt zu; krigg inne Kunne = wird gewahr; Höe = Hüte; Riwwe = Rippen; schüttken = schießen; Heuchte = Höhe; metens = mit einem Mal; äines Iänßen = eines Nachmittags; in'n Biärge = im Berg; gleunig = glühend; Harteklabastern = Herzklopfen; Armsküarwe = rechteckige Körbe mit Bügel; Stuam = Stube; hennig = hier: schnell; schütt in'n Puck = erschrak sich

## *Gammel*

In Dreesielen mit Korv, Kurrstang, Staken,
leegt Kutters un Eevers un Slupen un Aken.
De puckert in See, laat't de Grundnetten fallen,
un kaamt se weller trügg an de Wallen,
dat Deck bültvull van lütt, griese Granaat;
denn steiht Harm Wiebrand an'e Kaje al praat
un bekickt sik den Fang mit'n Smuustergrien;
denn nägen van de foftein Schäpen sünd sin.
Un he gierjappt un prahlt, un sin Stimm, de bellt:
„Heda! Her mit den Gammel - Gammel is Geld!"

Un Geld, vääl Geld kann Harm Wiebrand bruken.
In den Kroog, up de Boort, staht Buddels un Kruken,

un in den Keller leegt dickbuuksche Faten.
„He! Kröger! Wullt mi verdößten laten?
Büst bang, ik betahl nich, wat ik versuup?!
Fief Kutters sünd buten, dree Aken, een Sluup;
dar riet't nu min Lü, bet de Rügg är kellt,
un hievt - för mi! - Gammel. Un Gammel is Geld!"

Doch de Tieden weert naar. Dat Water hett Nücken.
Bi't Fischen, dar geiht't as bi't Appelplücken:
Een Jahr gifft dat vääl, dat anner Jahr minner.
Harm Wiebrand sin Partslü hefft Froens un Kinner
un willt geern verdeenen un knojet un swöögt . . .
Man de See is as mall. Kin Fang hett dr Döögt.
Un kaamt se trügg, steiht Harm Wiebrand un schellt:
„Fuuljacks! Bringt mehr Gammel! - Gammel is Geld!"

De Fischerslü swiegt. Se willt kin Pallaver.
Blot Gerd Ysker loppt de Gedüür doch is aver.
„Harm Wiebrand!" roppt he. „Ik mööt mi schinnen
för Fro un acht Kinner de Kost to winnen
un racker un racker un kriegt't nich to Schick!
Well is dar nu Fuuljack? Segg! Du of ik?
Wies is, an de Winsch, in dat Stüürgatt stellt,
dat du mehr kannst as blot bölken: „Gammel is Geld!"

Harm Wiebrand ward witt. - Van den Keerl ut de Katen
schall he sik, de Grootmann, kuranzen laten?
He weet: Baas wäsen heet't nu! Nich blot schellen!
„Topp!" roppt he. „Gerd Ysker! Dat Woort schall gellen!
De Sluup, de du stüürst, hööört di un blifft din,
is din Fang hier grötter as - morgen min!"
Un denn reckt he sik up, lacht veniensch un vergrellt:
„Ik wies di dat Wunnerwark: Gammel is Geld!"

Den annern Dag - de Sünn geiht al unner -
steiht Harm Wiebrand noch ümmer un luurt up dat Wunner.
Fief Sträken sünd daan. Man bi't Winschgerammel
kummt weller mehr Darg an Deck as Gammel,
un lütt, lachhaftig lütt bleev sin Bült.
„Utsetten! Noch eenmal!" bölkt he wild.
Em is't, as schree'en de Möven ut alle Welt
em höhnschen dat Woort to: „Gammel is Geld!"

Gerd Ysker, de steiht, höört in't Bulgengebuller,
leggt de Kurrstang sik trecht, de Bögels, de Ruller.
Harm avers sütt nix mehr, tappt haast as'n Blinnen
un denkt blot een Deel noch: Du wullt un möößt winnen!
„Los!" schreet he. Een Ruck: de Kurr knallt van Boord;
man - mit är - ahn Barm geiht Harm Wiebrand foort.
Well sik in de Trossen verfangt un in't Nett,
mööt mit an de Grund, rin in't nattkole Bett!

Gerd Ysker, de steiht, hett dat Spill knapp begräpen,
dar sünd al bi em de annern Schäpen,
un Kutters un Eevers un Slupen un Aken
söökt dat Flagg af mit Spieren un Stangen un Staken.
Man - de See hollt wiß, wat se to sik nehm.
Heel still is't. Blot hen un wenn roort dat, as keem
ut de Deepde töhöcht Jan Blank sin Gemammel:
„Gammel is Geld, Harm??? - Nä! Geld is Gammel!"

Heinrich Diers

Kurrstang = Netzstange; Staken = Stecken, lange Stange; Slupen = Schaluppen; Aken = Nachen, Boot; bültvull = randvoll; mit'n Smustergrien = mit Schmunzeln; Schäpen = Schiffe; gierjappt = erwartet gierig; Kruken = irdene Flaschen; kellt = schmerzt; hievt = heben hoch; naar = schlecht; minner = weniger; Partslü = Partner; knojet un swöögt = arbeiten hart und keuchen; Döögt = Wert; Gedüür = Geduld; Winsch = Winde; kuranzen = anschnauzen; veniensch = hinterhältig; Darg = Schilftorf; Bült = Haufen; Bulgengebuller = Wellengetöse; Bögels = Bügel; haast = fast wie; ahn Barm = ohne Erbarmen; Flagg = Gebiet; Spier = Holzstange am Mast

## Ol' Hinnerk

Ol' Hinnerk harr na'n Bett sik leggt.
„Mit mi is't ut", harr he blot seggt,
„dat möt'k mi woll begeben."
De Paster keem un mak em Mot,
snack em von't Leben un von'n Dod,
von Engels un von'n Heben.

Ol'Hinnerk smeet sik up de Sied.
„De Heben, Paster, is so wiet
un is so hoch dar gunnen, -
kamt Wulken up un düster Wär,
denn seh ik Hus un Hoff nich mehr,
lat't mi man leewer unnen.

Wenn ik den leewen Gott recht bä:
min Seel, de findt woll hier är Stä,
kann allerwegens husen,
in'n Kasten von us ole Klock,
to Nacht fluggt se dör't Ulenlock -
dar höft sik nums to grusen.

In'n Vorjahr, wenn't na'n Acker geiht,
min Söhn de plögt, ik hol dat Leit,
kann em de Pär andrieben.
Ik föhr de Hand em, wenn he seiht,
sus' in den Wind mit, wenn he meiht, -
lat't mi bi Hus man blieben.

To Harfst, denn gift dat drocke Tied,
Kurn un Katuffeln sund so wiet
un ok de gälen Röben.
Allawerall min wannern Seel
deit hier woll noch un dar är Deel,
Herr Paster, könt se glöben."

Ol' Hinnerk sweeg un mak sik lang.
Een apen Finsterflögel jank,
de Sunn schien dör de Ruten.
De Paster bög sik na em her:
ol' Hinnerk weer dr all nich mehr,
de weer all hen na buten.

Een Küselwind gung dör de Böm.
De Paster seet noch lang un dröm,
gung väl em dör sin Sinnen.
Wo gaht wi hen? Wo kamt wi her?
Reckt nich us Heben bit na'e Eer,
wo schöllt wi em woll finnen?

Alma Rogge

gunnen = hier: im Jenseits; höft = braucht; nums = niemand; Leit = Zügel; drock = eilig; sweeg = schwieg; janken = quietschen; Ruten = Fensterscheiben; Küselwind = Wirbelwind

## *Dor baben*

Wull di de Dag verbiestern
kreeg he di mööd und möör:
Kiek man abends in' Düstern
mal ut de Döör.

Mußt mal'n Tietlang vergeten
all den Larm un den Quark...
Kiek: Dor baben, mußt weten,
is ok een an 't Wark

Is wull dat Best an't Leben,
dat wi mal föhlt un ahnt,
dat över de Steerns an' Heben
ok noch een wahnt!

Hans Heitmann

verbiestern = hier etwa: in die Irre leiten; möör = hier etwa: kaputt


## *De Breef*

N' Breef wull
ik di schrieven...
Vör mi dat witte Blatt.
Min Hart is vull.
Wor fang ik an?
Man sachte
sacht, heel sinnig wäsen.
Kannst du ok
tüschen Riegen läsen?
Een schreeven Woort
dat blifft!
Man min Gedanken,
de blievt doch free!

Editha Molitor

tüschen Riegen = zwischen den Zeilen

## Adventstiet

Is en Tiet nu to 'n Besinnen,
bet dor brennt de Lichter veer, -
köönt wi toeenanner finnen,
oder[1] sünd de Harten leer?

Warrt de depe Leev sik rögen
in uns' Harten mehr un mehr, -
köönt wi uns op Wiehnacht högen,
oder[1] sünd de Harten leer?

Warrt de Wiehnacht Licht woll bringen
op uns' leve, griese Eer, -
köönt wi Wiehnachtsleder singen,
oder[1] sünd de Harten leer?

Warrt dor blots noch snackt un schreven
von den Freden op de Eer, -
köönt de Hänn'n wi uns nich geven,
oder[1] sünd de Harten leer?

        Hans Hansen Palmus

högen = freuen

1) im Original: oller

## Na Guntsiet

Littje Snirk kruppt avern Padd.
Hett't nich drock, lett sik väl Tiet.
Wor se hen will, dat's nich wiet:
Na Guntsiet!

Minschenkind, gah dinen Padd!
Gah behott, laat di moi Tiet!
Ok for di is't gar nich wiet:
Na Guntsiet!

        Hermann Pöpken

Guntsiet = gegenüberliegende Seite; kruppt = kriecht; drock = eilig; behott = behutsam

# Een Hörspill

Erhard Brüchert
## *De Kwami-Skandaal*
(Historisches Hörspiel)

Personen:
Karl Hinrichs (alt),   Küster von St. Lamberti in Oldenburg
Karl Hinrichs (jung),  Konfirmand im Jahre 1932
Heike,                 Nichte von Karl Hinrichs, Studentin in Oldenburg
Vater Hinrichs,        Vater von Karl Hinrichs, Handwerker
Tante Otti,            Tante von Karl Hinrichs
Helmut Thülen,         Nachbar von Hinrichs, Handwerker
Carl Röver,            Nationalsozialistischer Ministerpräsident von Oldenburg im Jahre 1932
Pastor Hoyer,          Pfarrer von St. Lamberti
Pastor Kwami,          Pastor aus Togo
Einige Konfirmanden(-innen)
Einige SA-Männer

(Anm.: Carl Röver, Pastor Hoyer und Pastor Kwami sind historische Figuren. Die übrigen Personen sind frei erfunden.)

Dieses historische Hörspiel beruht auf tatsächlichen Vorgängen in Oldenburg im Jahre 1932 und spielt auf zwei Zeitebenen: Eine Rahmenhandlung in der Gegenwart wechselt mit Rückblenden in das Jahr 1932 im schon nationalsozialistisch regierten Freistaat Oldenburg ab. In der Rahmenhandlung führt der alte Küster von St. Lamberti in Oldenburg, Karl Hinrichs, seine junge, kritische Nichte Heike, Studentin an der Universität Oldenburg, in die Geschehnisse vor 50 Jahren ein. In den Rückblenden wird dann der, damals Aufsehen erregende, Besuch des schwarzen Pastors Robert Kwami aus der ehemaligen deutschen Kolonie Togo in Afrika im Oldenburg des Jahres 1932 dargestellt. Es kommt zu einem schweren Konflikt zwischen der evangelischen Kirche Oldenburgs, die Pastor Kwami eingeladen hatte, und dem nationalsozialistischen Gauleiter und Ministerpräsidenten Carl Röver. In einer haßerfüllten Rede im Ziegelhofsaal, die der junge Konfirmand Karl Hinrichs zusammen mit seinem skeptischen Vater und seiner stramm nationalsozialistisch gesinnten Tante Otti anhört, geißelt Röver den Kwami-Besuch in Oldenburg als „Kultur- und Rassenschande" für das deut-

sche Volk. Er beruft sich dabei auf Hitler-Äußerungen und droht für den Fall, daß der „Negerpastor Jumbo" auf der Kanzel von St. Lamberti predigen sollte, schwere Repressalien der Nazis an. Wie werden die Oldenburger darauf reagieren?
(Die zweite Hälfte des Hörspiels wird hier abgedruckt:)


*Schnitt 8*

Wohnzimmer von Küster Karl Hinrichs

| | |
|---|---|
| Karl H.: | (alt) Dat weer also Röver sien Kriegserklärung an Pastor Hoyer. |
| Heike: | Un de Ollnborgers hebbt dorto jubileert un bölkt as de Schaap. |
| Karl H.: | Nee, nich ganz: An't end van Röver sien Red', as he Pastor Hoyer so richtig ünner Druck setten wull, do bleev sogar mien Tant' Otti dat „Heil"-Schreen up'nmal in'n Hals steken. Nu endlich marken de Ollnborgers Müüs! |
| Heike: | (bitter) Leeg noog, dat se bi de Juden nix markt hebbt! - Bi Pastor Kwami nix! - Bi de Zigeuners nix! - un bi de Zerstörung van de Demokratie nix! Eers as dat tägen ehren eegen Pastor gung! |
| Karl H.: | Hest ja recht, Heike . . . man du draffst ok de Tied domals nich vergäten . . . |
| Heike: | (böse) Och wat . . . dat seggt ji doch jümmer! |
| Karl H.: | (nach kurzem Schweigen) Tja . . . wullt du denn nu noch hören, wat ut den „Kwami-Skandal" wurrn is? |
| Heike: | Ja, vertell man. (entschuldigend) Dat geiht ok nich tägen di, Unkel Karl, du weerst domals ja ok man eers veerteihn Jahr old . . . |
| Karl H.: | (tief atmend) . . . old noog, to verstahn, wat good un wat nich good is in de Welt! |
| Heike: | (versöhnlich) Vertell man. |
| Karl H.: | Tja . . . An den Dag van Kwami sien Predigt in de Lambertikark, dat weer de 20. September 1932, keem ick mit mienen Vadder bi de Kark an. Un dor kunnen wi us Ogen meist nich troen: all in den Vörruum van de Kark weer 'n gewaltig Gewimmel van Minschen . . . |

Rückblenden

*Schnitt 9*

Im Vorraum der Lambertikirche / gedämpfte Unruhe von viele Kirchgängern

Karl H.:    (jung) Vadder, wat is dat vull vandag in de Kark.

| | |
|---|---|
| Vater H.: | Ja, wenn wi man noch 'n Platz find't . . . |
| Karl H.: | De Lüe wüllt woll all' Kwami sehn un hören. |
| Vater H.: | Wat Röver dor woll to seggen deiht! - - Kiek, dor is ja ok Helmut. Moin Naver! |
| Helmut: | Moin, moin! Tja, wat Röver seggt . . . (kichernd) Ick glöv, dat muchen hier woll vääl Ollnborgers weten! |
| Vater H.: | Du meenst, de Lüe sünd blots in de Kark kamen, um de Nazis to argern? |
| Helmut: | Na klor! Un de argert sick ok all: hest nich de SA sehn buten? |
| Karl H.: | Vadder! Dor is Pastor Hoyer. He winkt us to! |
| Vater H.: | Oh ja! Ick glöv, de will us wat seggen. |
| Hoyer: | (gedämpft) Moin, Herr Hinrichs. Moin, Herr Thülen. Kamt Se doch mal gau hier in de Kamer. Ick heff wat mit den Karkenrat to besnacken. |
| Vater H.: | Is good, Herr Pastor. |
| Karl H.: | . . . un ick? |
| Hoyer: | Och, du, Karl . . . (kurz entschlossen) Kumm man mit rin! |

Geschiebe von Menschen / Türenschließen / Ruhe

| | |
|---|---|
| Helmut: | Herr Pastor, is dat nich fein, dat so vääl Lüe Ehren Fründ hören wüllt? |
| Vater H.: | Ick glöv, siet de Beerdigung van usen Großherzog sünd hier nich mehr so vääl Ollnborgers in de Lambertikark ween. Dat schüllt woll good tweedusend wesen! |
| Hoyer: | Richtig, richtig! Man dat makt mi ok Sorgen. |
| Helmut: | Wat is denn, Herr Pastor? |
| Hoyer: | Se hebbt doch säker van de Röver-Red' in'n Ziegelhof hört? |
| Vater H.: | Tägen Pastor Kwami? Ja, ick bün dor sülben bi ween. Tant' Otti hett mi mitsläpt. |
| Hoyer: | Disse Röver-Red' weer nich blots tägen Kwami, de weer ok tägen us Kark un tägen mi! |
| Helmut: | Herr Pastor, wenn Röver in sien Nazi-Versammlungen dat Muul upritt, denn fallt mi jümmer twee Seggwiesen in: De eerste is: „Een mutt de Lüe snacken laten, de Göös künnt dat nich!" Un de tweete: „Stillswiegen is ok 'n Antwoort!" |
| Hoyer: | Dat is ja ok mien Meenen. (erregt) Man na disse Red' kann ick nich mehr stillswiegen! Un ick will dat ok nich! |
| Vater H.: | Herr Pastor, kiekt Se sick doch de vulle Kark an: dat is de richtige Antwoort! |
| Hoyer: | Ja, dor dank ik ok Gott för. Man . . . hebbt Se ok de SA-Lüe sehn? Mi ward nu bilütten klor, wat de Nazis vörhebbt. Wor heff ick blots mienen Verstand harrt . . . |
| Helumt: | Wat wüllt Se denn dohn? |
| Hoyer: | Ik will nich stillswiegen! Ick heff 'n Breef an Röver schreven, un disse Breef schall morgen in't Blatt stahn. Hier is he: (Papierrascheln)<br>„Herr Ministerpräsident Röver!<br>Nach bisher unwidersprochen gebliebenen Berichten verschiedener oldenburgischer Tageszeitungen haben Sie in einer Agitationsversammlung im ‚Ziegelhof' in Oldenburg am Freitag voriger Woche Ihrer Beschimpfung des hiesigen Oberkirchenrats die Worte hinzugefügt, es werde die Zeit kommen, wo die Nationalsozialisten mit den Herren, die einem Negerpastor das Wort in der Kirche gäben, einfach Fraktur reden würden, da sie die weiße Rasse schändeten. Dann würden diese so grausam sein, daß das Leben für die Leute nichts bedeute. Da mir amtlich die Leitung der Vorträge des Pastors Kwami obliegt, so habe ich Grund, diese Worte auch auf mich zu beziehen. Ich fordere Sie daher auf, die Worte, die eine Bedrohung von Sicherheit und Leben eines pflichtgemäß handelnden oldenburgischen Staatsbürgers enthalten, mit dem klaren Ausdruck des Bedauerns zurückzunehmen." |

| | |
|---|---|
| Helmut: | (begeistert) Dat is de richtige Aart, de Nazis een för allemal dat Muul to stoppen! |
| Vater H.: | (skeptisch) Willt't hapen ... Aber wat makt Se, wenn Röver sick nich entschülligen deiht? |
| Hoyer: | Denn verklag ick em. Ick heff dat all mit den Oberkirchenrat besnackt. Wi lat't us dat nich mehr gefallen! |
| Vater H. | (skeptisch) ... Wenn't man nich all to laat is! |
| Hoyer: | Wor heff ick blots de heele Tied mien Ogen un mienen Verstand harrt ... Man good, dat Kwami kamen is. (Papierrascheln) Hier ... hier heff ick sogar noch 'n Upnahmeandrag för de NSDAP in mien Tasch ... as olen Dütschnationalen heff ick dacht, de Nazis kunnen Dütschland retten. Aber nu weet ick Bescheed! Na ... denn lat't us man de Predigt van Pastor Kwami in de Kark anhören. |
| Helmut: | Ja, he hett woll all anfungen ... |

Türenklappen / Hallender Kirchenraum / Einzelnes Husten in einer großen Kirchengemeinde / Stimme von Pastor Kwami

| | |
|---|---|
| Pastor Kwami: | (ferne Stimme von der Kanzel, mit ausländischem Akzent) ... Und nun, liebe Gemeinde, will ich lesen den Psalm 7 aus der Heiligen Schrift: „Ein Klagelied Davids, das er dem Herrn sang, wegen der Worte des Kusch, des Benjaminiters. 2 Auf dich, Herr, mein Gott, traue ich! Hilf mir von allen meinen Verfolgern und errette mich, 3 daß sie nicht wie Löwen mich packen und zerreißen, weil kein Retter da ist. 4 Herr, mein Gott, hab ich solches getan und ist Unrecht an meinen Händen, 5 hab ich Böses vergolten denen, die friedlich mit mir lebten, oder geschädigt, die mir ohne Ursache feind waren, 6 so verfolge mich der Feind und ergreife mich und trete mein Leben zu Boden und lege meine Ehre in den Staub. 7 Steh auf, Herr, in deinem Zorn, erhebe dich wider den Grimm meiner Feinde! Wache auf, mir zu helfen, der du Gericht verordnet hast, 8 so werden die Völker sich um dich sammeln; du aber throne über ihnen in der Höhe! ... 13 Wahrlich, wieder hat einer sein Schwert gewetzt und seinen Bogen gespannt und zielt. |

> 14 Doch sich selber hat er tödliche Waffen gerüstet und feurige Pfeile bereitet.
> 15 Siehe, er hat Böses im Sinn, mit Unrecht ist er schwanger und wird Lüge gebären."

Ausblenden

*Schnitt 10*

Wohnzimmer von Küster Karl Hinrichs

| | |
|---|---|
| Karl H. | (alt) ... Un denn hett Pastor Kwami ut Togo över den sövten Psalm predigt, över dat „Gebet eines unschuldig Verfolgten". Un de tweedusend Ollnborgers in de Lambertikark hebbt em tolustert ... den Negerpastor ut Togo ... un dat in't Jahr 1932. |
| Heike: | Denn wuß he woll ok all, wat de Nazis för Lüe weern, wat? |
| Karl H.: | Ja, dat wuß he woll. Man he hett sick dat anners nich anmarken laten. Ok in sien Predigt hett he de Namen „Röver" un „Nationalsozialisten" nich in'n Mund nahmen. He weer 'n höflichen Minschen. |
| Heike: | Wat keem denn nu bi den Breef van Pastor Hoyer an Röver rut? |
| Karl H.: | Dat gung jüst so, as mien Vadder dat vörhersehn harr: Röver dach dor överhaupt nich an, sick to entschülligen, de Oberkirchenrat stell Strafandrag wegen Beleidigung, aber dat Landgericht in Ollnborg harr Schiß in de Büx un wies den Strafandrag torügg - „mangels Beweises". |
| Heike: | Röver kunn sick also wat lachen. |
| Karl H.: | Ick glöv, de hett sick mehr argert ... argert över de Ollnborgers, de de Lambertikark proppenvull makt harrn, un dat de Nazis hier nu nich mehr maken kunnen, wat se wullen. |
| Heike: | Naja, in Ollnborg villicht nich. Aber in Berlin gung dat to de Tied eers richtig los. |
| Karl H.: | Ja, man vör de Machtergreifung - in'n November 32 - weer de lesde Reichstagswahl in de Weimarer Republik. Un bi disse Wahl fullen de Nazis in Ollnborg wied af ... ick heff dor ja all van snackt. In dat Stadtgebiet van Ollnborg kregen se sogar blots noch dartig Perzent. |
| Heike: | Un du meenst, dat hung mit den Kwami-Skandaal tosamen? |
| Karl H.: | Dor bün ick ganz säker! Kiek: Hitler sülben is sogar noch een Wääk vör de Wahl in Ollnborg ween un hett in'n ‚Ziegelhof' krakeelt. Tööv mal ... (Papierknistern) |

| | |
|---|---|
| Heike: | ... dor heff ick doch ok noch 'n Zeitung van ... ja ... kiek hier: van'n 30. Oktober 1932. Dor is sogar sien Red' afdruckt: (liest aus den „Nachrichten" vom 30. 10. 1932 die Hitlerrede) „... Die Bewegung is nicht nur ein Reservoir etwaigen verstandesmäßigen Denkens grübelnder Menschen, sondern es sind treue Menschen, die auch Fehlschläge oder Mißerfolge aushalten, eine Organisation, so gesund, daß sie selbst alles überdauert, wie ein gesunder Menschenkörper, der auch einmal eine Krankheit bekommen kann, aber sie überwindet. Daß man Hosianna schreit, ist nicht viel; die Größe liegt darin, daß, wenn auch einmal keine Siege erfochten werden, so ein Gefüge nicht zerbricht, sondern sich hält ..." |
| Karl H.: | Ja, dat hett he seggt ... domals in Ollnborg ... na den Kwami-Besök un vör de Wahl! Un dat klingt doch so, as wenn he sick un sien Lüe in Ollnborg Moot maken wull ... wiel se dat nödig harrn! |
| Heike: | Harrn wi man överall sockse „Kwami-Skandaals" harrt, denn harr dat villicht gor keen „Machtergreifung" gäben! |
| Karl H.: | Tja ... villicht ... man du kannst de Geschicht nich trüchdreihn ... |
| Heike: | Un Wat is nu uplesd ut Pastor Kwami wurrn? Hebbt de Nazis em na 't KZ Esterwegen brocht, so as laterhen Carl von Ossietzky? |
| Karl H.: | Nee, so leeg gung dat ja eers na 33 los.<br>Nee, Kwami is ganz normal - mit'n Zug van'n Bahnhoff Ollnborg - weer affohrt un na Togo trüchreist. Man up'n Bahnhoff, dor geev dat denn nochmal 'n lüttjen Skandaal ... |

Rückblende

*Schnitt 11*

Auf dem Bahnsteig / Geräusch von anfahrenden Dampflokomotiven usw.

| | |
|---|---|
| Hoyer: | Herr Pastor Kwami, wir wünschen Ihnen eine gute Heimreise. Bleiben Sie gesund - und noch einmal „danke" für Ihren freundlichen Besuch ... trotz alledem! |
| Kwami: | (mit leichtem Akzent) Herr Pastor Hoyer, ich danke für Ihre Gastfreundschaft und für Ihren Schutz! |

Im Hintergrund SA-Sprechchöre: „Jumbo raus! Jumbo raus! Jumbo raus! Jumbo raus!"

| | |
|---|---|
| Hoyer: | (erregt) Es tut mir leid . . . Sie wissen ja, wir haben keinen Einfluß auf diese Störenfriede . . . wir konnten leider nicht verhindern, daß sie mit zum Bahnhof kamen . . . |
| Kwami: | Herr Kollege, das macht doch nichts. Ich habe in diesen Tagen erlebt, daß ich viele gute Freunde in Oldenburg habe. |
| Vater H.: | Auch im Namen des Kirchenrats, Herr Pastor, darf ich Ihnen Dank sagen für Ihre Predigt und für Ihre interessanten Vorträge über Togo. Und auch ich möchte Sie um Entschuldigung bitten . . . |
| Kwami: | Herr Hinrichs - keine Entschuldigung! Freunde haben sich nichts vorzuwerfen! |
| Vater H.: | Wir möchten uns aber entschuldigen wegen Ihrer Feinde hier in Oldenburg. |
| Kwami: | In der Heiligen Schrift heißt es: „Liebet Eure Feinde!" Ich weiß, es ist schwer für mich . . . aber es ist noch viel schwerer für Sie . . . hier in Oldenburg . . . und in Deutschland. Auf Wiedersehen! Und noch einmal: Danke! Trotz alledem . . . |
| Hoyer: | Auf Wiedersehen! Auf Wiedersehen. Vielleicht mal bei Ihnen in Togo! |
| Vater H.: | Auf Wiedersehen! Lieber Herr Pastor Kwami! |

Türenklappen des Abteils / Langsames Anfahren des Zuges / Im Hintergrund verstärkte SA-Sprechchöre: „Neger Kwami zum Zirkus Sarasani!" „Neger Kwami zum Zirkus Sarasani!" „Neger Kwami zum Zirkus Sarasani!"

| | |
|---|---|
| Hoyer: | (sehr erregt) Dit SA-Pack! Nich 'n Funken Anstand hebbt de in't Liev! |
| Helmut: | Herr Pastor, so langen, as de man blots Larm makt . . . |
| Vater H.: | Na, ick weet nich . . . |
| Tant' Otti: | (giftig) Also dat mutt ick di doch noch seggen, mien leeve Broer, dat du äben dien eegen dütsch Volk as „Feinde" nömt hest, dat . . . dat kann ick nich verstahn! |
| Hoyer: | Ach, Otti . . . Se sünd ok hier up'n Bahnhoff? Mit Se harr ick gor nich räkent! |
| Vater H.: | (hart) Otti, ick kenn dienen Standpunkt! Denk dor mal över na, off de noch „christlich" is! |
| Helmut: | (eindringlich) Hoolt doch up, hier up'n Bahnstieg to strieden! Dat wüllt de Nazis doch blots! |
| Tant' Otti: | Ick bün ok Mitglied bi de NSDAP, Helmut Thülen, dat hest du woll vergäten?! |

Im Hintergrund SA-Sprechchöre: „Jumbo raus!" - „Neger Kwami zum Zirkus Sarasani!"

| | |
|---|---|
| Vater H.: | (erregt) Worüm geihst denn nich röver, na de Krachmakers dor ... |
| Tant' Otti: | (böse) Wat ick doh, geiht di gor nix an! |
| Hoyer: | (entschlossen, sarkastisch) Ach richtig, Otti, Se sünd ja all in de Partei! Dat harr ick meist vergäten ... Kiekt Se mal, wat ick hier heff! |

Er knistert mit einem Papier

| | |
|---|---|
| Helmut: | 'n Upnahmeandrag för de Partei! |
| Vater H.: | (ungläubig) Herr Pastor, Se wüllt doch nich ... |
| Hoyer: | (bitter lachend) Nee! Ick will nich! ... Nu nich mehr! Ick wull mal Parteigenosse weern, dat stimmt! ... Bit Kwami keem! (ironisch) Wat 'n Glück! |
| Tant' Otti: | (amtlich) Herr Pastor Hoyer, wenn Se nu nich mehr in de Partei inträden wüllt, denn hebbt Se de Verpflichtung, das nicht benutzte Formular in der Parteidienststelle wieder zu hinterlegen! |
| Hoyer: | (ironisch) Och nee ... „zu hinterlegen" ... „die Verpflichtung." ... Ick kenn blots een Verpflichtung: tägen mien Herrgott! Un disse Verpflichtung seggt mi nu, dat ick dit hier dohn mutt: |

Geräusch von langsam zerreißendem Papier

| | |
|---|---|
| Helmut: | Herr Pastor, wat makt se dor ... |
| Hoyer: | Ja! Ick riet dat twei! |

Weiter Geräusch von zerreißendem Papier

| | |
|---|---|
| Hoyer: | ... in dusend Stücken! ... Un de smiet ick nu hier up'n Bahnstieg! Up den Bahnstieg, van den mien Fründ Pastor Kwami nu in sien Heimat Togo trüchföhrt! Dat is mien lesd Afscheedsgeschenk för em! |
| Tant' Otti: | (leise, drohend) Herr Pastor! Se makt dor 'n grote Dummheit! |
| Hoyer: | Dummheit? Kann woll wesen, dat dat „Dummheit" is. Man sockse „Dummheit" gifft mi'n herrlichen Geföhl van „Freeheit" ... un van Dankborkeit ... tägen mien Fründ Kwami ut Togo. Un nu wüllt wi tofrä na Huus gahn. |
| Helmut: | (ängstlich) Herr Pastor, wi möt't an de SA-Lüe vörbi ... |
| Hoyer: | Na un? Ick heff mi noch nienich so stark föhlt as nu! Un ick will doch mal sehn, off disse Snösels un Dösbaddels van SA-Bengels, de ick doch meist all' sülben kumfermeert heff, off de sick wat rutnehmen doht ... |

SA-Sprechchöre / Allmählich schwächer werdend:
„Jumbo raus!"
„Neger Kwami zum Zirkus Sarasani!"
„Jumbo raus!"
„Neger Kwami zum Zirkus Sarasani!"

Ausblenden

*Schnitt 12*

Karl H.: (alt) Tja, mien leeve Heike, so weer dat domals. Ick heff dat mit eegen Ogen un Ohren mitkregen.
Heike: Hett dat SA-Pack denn Pastor Hoyer wat dahn?
Karl H.: Nee, dat hebbt se sick denn doch nich troot. Domals noch nich. Man later ... as de Nazis denn na '33 fast in'n Sadel seten, do harr Pastor Hoyer doch männichmal 'n harten Stand. Man dat is 'n eegen Geschicht ... de kann ick di annermal vertellen ... Du hest doch nu säker ok keen Tied mehr.

Schweigen

Heike: (langsam, zögend) Unkel Karl ... ick heff bit vundag jümmer dacht, du hest nich vääl belävt in de Nazitied.
Karl H.: (lacht) Heff ick ok ja nich! To'n Glück! Kiek mal: männicheen hett sovääl belävt in de Nazitied, dat he dorvan dootgahn is!
Heike: Aber du hest den Kwami-Skandaal belävt.
Karl H.: Dat weer doch nich vääl.
Heike: Doch, Unkel Karl! Dat is vääl! Un dor dank ick di för!
Karl H.: (ironisch, ablenkend) För wat? ... För mienen Tee?
Heike: Nee ... för dat, wat du mi vertellt hest. Un nu mutt ick noch wat dohn, vandag!
Karl H.: Wat denn?
Heike: Kwami[1] besöken ... He schall nu endlich 'n Wahnung finnen in Ollnborg ...

Ausblenden

leeg = schlimm; tägen = gegen; Göös = Gänse; tolustert = zugehört

1) Gemeint ist hier ein Student aus Ghana mit Namen Kwami. Zufällige Namensgleichheit mit Pastor Kwami.

# Wi späält Theater

Erich Haferkamp

## So 'n Sleef van Jung?

(Moder sitt an't Fenster un stoppt Strümp. Klaas kummt rin, smitt sien Tornüster inne Eck)

| | |
|---|---|
| Moder: | Na? |
| Klaas: | Hebbt Spaß hatt vandagen - |
| Moder: | So -? |
| Klaas: | Wat ick noch seggen wull, . . . de Schoolmester will vannamiddag bi us rinkieken - |
| Moder: | De Schoolmester? - Och, Jung, wat hest du denn all wedder utfräten? |
| Klaas: | Utfräten? Weet ick nich - |
| Moder: | Wennehr will he denn kamen? |
| Klaas: | So bi klock dree. (Klaas rut) |
| Moder: | Klock dree? Du leewe Tied, dat is't ja all furs - (dat kloppt an de Dör) |
| Moder: | Herein! (Se sett ehrn Körw bisiet, steiht up un bindt ehr Schört af) |
| Klaas: | (kickt üm de Eck) De Schoolmester . . . - is dr noch nich! |
| Moder: | O, du olle Sleef . . . (sett sick wedder dal un stoppt wieter) (Dat kloppt wedder) |
| Moder: | (as vörher) Herein! |
| Klaas: | (dör'n Spalt) De Schoolmester is dr . . . - immer noch nich! |
| Moder: | Verflixte Jung, makst mi ja ganz un gar verrückt . . . (droht) Paß up! (Se kriegt de Koffeemöhl her un dreiht Koffee dör) (dat kloppt to'n drüttenmal) |
| Moder: | (kriegt noch gau'n Zoppensleef to faten un sust na de Dör) Du Lümmel, nu kriegst awer 'n Laag - (dor steiht de Schoolmester vör ehr) Oguttoguttogutt . . . |
| Schoolm: | Man sinnig, man sinnig . . . Goen Dag, Fro Kray, man nich so upgeregt . . . Entschuldigen Se man, dat is mi wat later wurden . . . |
| Moder: | O nä ok doch, de oole Jung . . . Kam'n se rin, Mester! |

| | |
|---|---|
| Schoolm: | Tjä, worüm as ick kamen bün, ... |
| Moder: | Dat kann ik mi denken, - de Jung hett wedder wat utfräten, - o nä ok doch - (röppt luut) Klaas, kumm is rin! |
| | (Klaas bliwt benaut an de Dör stahn) |
| Moder: | Kannst di up wat gefaßt maken! |
| Schoolm: | Nä, ditmal nich ... |
| | Kumm her, Klaas! Hier de twintig Mark schull ick di gäben - |
| | (Moder sleit de Hannen tohoop, Klaas kriegt den Mund nich to; beide kiekt se den Schoolmester an, as wenn se noch wat fragen willt) |
| Moder: | Ick bün rein platt ... |
| Schoolm: | Tja, joe Jung hett 'n Knipp bi mi rinlangt, de harr he funnen, - weer 'n ganzen Deel Geld in ... |
| Moder: | Us Jung hett dat funnen? |
| Schoolm: | Ja, un us Nahbersch harr dat verlorn ...; un de twintig Mark hett se mi för em mitgäben - Finnerlohn. |
| | (kloppt Klaas up de Schuller) |
| | Hest goot makt, Klaas! |

Sleef = Nichtsnutz (eigentlich Suppen-Schöpflöffel); furs = bald; dal = nieder; Zoppensleef = Suppenlöffel; benaut = bedrückt; Knipp = Portemonnaie

Erhard Brüchert

## *Schoolarbeiden*

(Mitspeelers: Dörte, Harro, Mudder)
(Dörte un ehr Broer Harro, beid ungefähr 8 bit 13 Johr olt, sitt in ehr Stuuv an'n Disch un makt Schoolarbeiden.)

| | |
|---|---|
| Harro: | (druckst unlüstig herüm) Du, Dörte, wat makst du? |
| Dörte: | Ick mak Schoolarbeiden. Dat süst du doch, Harro. |
| Harro: | Jo ... ick meen doch, wat för'n Fack du jüst bi'n Wickel hest? |
| Dörte: | (ganz unlüstig) Och, mol dit, mol dat. Dat is allens eenerlei. |
| Harro: | Büst du bold klor? |
| Dörte: | Dat will ick höpen. Obers bi dien Fraageree düürt dat säker noch laanger. |
| Harro: | (na een Paus) Du, Dörte, geihst du glieks hen to speelen? |

Dörte: (brummig) Jo ... de Minsch will doch ok mol wat van't Läben hebben.
Harro: Du, Dörte, büst du al klor mit Mathe?
Dörte: (Kopp in beid Hannen:) Nee ... dor mag ick noch gor nich an denken!
Harro: Wat makst du nu denn?
Dörte: Nu mak ick Gesche.
Harro: Dat sütt ober ehrder ut, as wenn du slaapen deist.
Dörte: (springt vergrellt up:) Ick slaap nich, mien Broer! Ick denk na ... över de Geschicht van't olle Rom!
Harro: Och so! (Na een Paus) Hest denn al wat ruutfunnen?
Dörte: Nee! Holl dien Snuut, Harro ... mit dien oll Fraageree! Schoolarbeiden sünd al leeg genog ... man mit di dorbi is dat een Katastrooph!
Harro: (trurig) Ik mak ja ok nich geern Schoolarbeiden, Heike. Un mit mien Fraagen wull ick uns dat man blots'n bäten kommodiger dorbi maken ...
Dörte: (sett sik weer daal) Jojo, is al goot ... wees man still.
(Se sitt beid'n Sett still un versökt, sik to konzentreeren.)
Dörte: „Kommodiger" hest du seggt, Harro? Laat mi nadenken ... Wat meenst du woll, wo „kommodig" dat in de Welt weer, wenn dat ... gar keen School meer geev?
Harro: Du kannst aber ok snacken, Dörte, dat gifft dat doch gor nich, ... keen School.
Dörte: (steiht up, geiht um den Disch herüm un sett sik vör Harro up de Dischkant:) Ick kann doch woll mol fraagen: Wat weer, wenn wi keen School meer harrn?
Harro: Denn ... jo, denn ... brüken wi ok keen Schoolmesters meer!
Dörte: Fein! Un ... wat weer, wenn wi keen Mesters meer harrn?
Harro: (kriggt langsom Spoß an de Fraageree. He steiht up un löppt inne Stuuv hen un her) Jo ... denn geev dat keen Minschen meer, de jümmer slauer wesen willt as wi. Un ... un denn brüken wi överhaupt keen Schoolarbeiden meer maken!
Dörte: Richtig! Un ... wat weer, wenn wi keen Schoolarbeiden meer up harrn?
Harro: (sküddelt mit'n Kopp) Du kannst fraagen, Dörte. Man tööv äben: wenn wi keen Schoolarbeiden meer up harrn, denn ... denn harrn wi endlich Tiet satt! Un denn kunnen wi doon un laaten, wat wi wullen! Un denn ... denn geev dat nich immer de Fraageree meer van Mudder: „Hebbt ji jo Schoolarbeiden al klor?"
Dörte: Un wi kunnen den ganzen Dag Musik maken! Ja, Musik!
(Se löppt na een Kassettenrecorder hen un stellt Musik an.)
Wi kunnen danzen un singen! (Se danzt inne Stuuv herüm.)

| | |
|---|---|
| Harro: | (He danzt mit un röppt gägen de Musik an) Un wi kunnen den ganzen Dag speelen un vergnögt wän!<br>(Se faat sik an de Hannen un danzt in'n Kring)<br>... Mörgens laang slaapen! |
| Dörte: | ... Abends laang mit Frünnen klönen. |
| Harro: | ... Un an keen School meer denken! |
| Dörte: | ... Keen Mesters! |
| Harro: | ... Keen Schoolarbeiden! |
| Dörte: | Dat weer di moi!! |
| Mudder: | (steiht up'n Mol inne Dör un röppt luut) Heh! Wat makt ji denn för'n Skandaal hier!! |
| Dörte: | (stellt de Musik af) Mudder, dat is doch keen Skandaal, dat is Musik! |
| Mudder: | So, meenst du!? (Streng) Hebbt ji jo Schoolarbeiden al klor?! |
| Harro, Dörte: | (tosommen, se sett sik langsom un trurig weer an'n Disch) Nee, Mudder, wi sünd doch noch jüst dorbi ... |

leeg = schlimm; kommodig = angenehm; daal = nieder; 'n Sett = eine Zeitlang; tööv = warte; Kring = Kreis; moi = gut, schön

Erich Haferkamp

## De Hauwieker Peerdeef

Plattdeutsche Nachdichtung des Hans Sachs Spiels
„Der rosdieb zw Fünssing mit den dollen diebischen pawern"
(Anno salutis 1533, am 27 tag Dezembris. 366 vers.)

(Dre Burn kamt herin: Jan Hödelmann, Krischan Schlaumeyer, Hinnerk Krüselkopp)

| | |
|---|---|
| Jan: | Ji Lü, wi dree hier sünd alleen<br>de klöksten Burn in de Gemeen.<br>Wi hebbt hier in't Dörp 'n Peerdeef fungen<br>un harrn em geern all furs uphungen.<br>Wi dree hebbt hier alleen dat Seggen -;<br>vandagen möt wi öwerleggen,<br>wo't mit den Deef nu werden schall,<br>de inspeert is bi mi in'n Stall.<br>Ji weet, de mien best Peerd hett klaut<br>un is dr mit na Scheps afhaut - |

Krischan: Ick wull, wi harrn em all uphungen,
noch eter at wi em hebbt fungen.
Von den Dag, wo wi em hebbt krägen,
möt wi em nu ok och verplägen -.
Ick denk, wi hangt em nu man gau -

Hinnerk: Minsch Krischan, dat is ja genau
dat, wat ick eben seggen wull;
ick meen ok, dat he hangen schull,
noch eter at he väl vertehrt -

Jan: De Kirl is kien dree Groschen wert.
De Deef ward morgen froh upknütt!

Krischan: Weeßt du denn, Jan, wat dat bedütt?
Mien Gassen is doch noch nich meiht,
de dor jüst ünnern Galgen steiht.
Wenn denn de Kirl dor baben zappelt,
de Lü mi all dat Korn daltrappelt, -
un dat weer denn doch rein to schad -

Hinnerk: Ja Krischan, dat denk ick ok grad,
dar liggt ja noch een Stück von mien
Land linkerhand von dien.
Dar pett de Lü mi ok all up
un jappt denn na den Galgen rup.
Dat weer doch üm mien Hawer schad -

Jan: Tjä, denn weet ick kien annern Rat:
Wi lat den slimmen Peerdeef eben
noch bet de Arnt vörbi is, läben.
In dree, veer Wäken is't sowiet -

Hinnerk: Dat's awer noch 'n ganze Tied.
Lat wi den Kirl noch so lang läben,
wer schall em wat to äten gäben?
So een, de kann woll wat verdrücken,
verflixt, de kann us noch goot plücken:
för tein, twölf Daler frett de weg -

Jan: Nu lüstert mal, wat ick jo segg:
Lat us vandagen furs anfangen

un em den Brotkörf höger hangen.
Wenn he fortan nich sowäl frett,
he sick ok lichter hangen lett -
(smitt sick in de Böst)
Süh, so schlau is Jan Hödelmann!

Krischan: Nu, Nabers, lüstert mi mal an:
(he kummt dr ganz wichtig mit vör'n Dag)
Wi lat em de paar Wäken lopen,
den brükt wi em kien Äten koopen -.
He möt natürlich us dree Herrn
ganz wiß toseggen un beswörn,
dat he nich allto wiet weggeiht
un to Tied wedderkamen deiht.
In dree, veer Wäken hebbt wi hier
de Galgenackers kahl un schier -.
Hebb ick 'n kloken Kopp? seggt an!

Hinnerk: Du büst de allerklökste Mann!
So könt wi manchen Groschen sparen,
us Hawer un us Korn bewahren.
Denn brückt us üm ganz nix to bangen;
de Deef kann denn in Ruhe hangen!
Wat meenst du, Naber Hödelmann?

Jan: Tja, dat kummt aber noch drup an,
of dat ok woll den Peerdeef recht.
För em is dat ja'n bäten slecht,
wenn he so lang in Freeheit läwt,
un wi em nix to äten gäwt -
Wenn he dormit is inverstahn,
kann he solang sien Wege gahn
(to Krischan)
Loop gau mal na mien'n Stall hendal,
un hal us den Verbreker mal!
(Krischan geiht los)

Hinnerk: Krischans Vörslag paßt genau;
Kinners, wat is de doch slau!

Jan: Söväl Grips hebb ick up een
Hoopen noch mienläw nich sehn -

Hinnerk: Och, mien leew Jan Hödelmann,
gegen Krischan kummst nich an;
de is slau, kann ick di flüstern,
de rückt Kattenschiet in'n Düstern -
(Krischan kummt. He hett den Peerdeef as'n
Swien in't Tau)

Jan: Lüster mal is to, Verbreker,
de weeßt, de Dood de is di säker.
För us ganze Dörpsgemeen
hebbt wi klöksten Dree alleen
vandag in ernsten Rat beslaten,
di noch dree Wäken free to laten,
bet wi mit use Arnt sünd klar.
Darna büst du to Tied weer dar,
dat mößt du swören un verspräken,
un deihst du dien Verspräken bräken,
denn geiht di't slecht - dat kann'k di seggen!
Du kannst di dat noch öwerleggen ----

(se lat em alleen; de Deef snackt mit sick sülms)

Deef: (lacht) Lü, Lü, ick kann jo mien Wort dorup gäben,
söks Dummköpp hebb ick nich sehn all mien Läben!
Nu weet ick, warum in de ganze Welt
de Lü sick Howieker Geschichten vertellt!
Dar hebbt disse Kirls doch wahrhaftig besloten,
so'n Spitzboof as mi wedder loopen to laten.
Un wat ick verspräken schall un beswören,
dat kriegt de, so as de dat willt, to hören.
Dat Swörn dat fallt mi nich half to stur
as Wuddeln un Röben utbuddeln bi'n Bur.
Un ganz egal, wat ick ok swör,
kien tein Peer kriegt mi hier wedder her;
kunn höchstens bi Nacht hier nochmal tokieken,
so'n bäten üm Hüs und üm Schürn herumstrieken,
of ick dor nich noch wat „finden" kann - - -
de Burn stellt sick ok doch to dösig an.
Ick will ehr toletzt noch so recht eben foppen,
schölt mi mit Dalers de Taschen vullstoppen - - -

(Burn kamt rin)

Jan: Spitzboof, so wi sünd weer dar -,
büst mit Öwerleggen klar?

Deef: Leewe Herrn von de Gemeen,
ick will jo gern to Willen wän.
So as ji willt, beswör ick jo,
dat ick wedderkamen do
na Howiek un lat mi hangen.
Doch een Deel möt ick verlangen:
Lat ji mi noch'n bäten läben,
schulln ji mi ok Tehrgeld gäben.
Möß ick klaun un wurd denn fungen
un in'n anner Dörp uphungen,
keem ick nich weer, as versproken
un harr denn min Wort ja broken.
Bädel ick dör't Ammerland,
weer't för Howiek doch 'n Schand -
Jo kennt de Lü doch wiet und siet -

Hinnerk: Du leewe Tied, du leewe Tied,
wat broch de Kirl us doch för Schand,
gung he as Bädelmann dör't Land.
Wenn jeder kunn tein Mark utgäben,
holln wi den Spitzboof woll an't Läben.
Ick will de annern Kirls dat seggen
un ünnerdes dat Geld utleggen -
(giwt em dat Geld)
So Mann, ick denk, dat is woll 'noog;
nu Sünder, bör dien een Hand hoch
un swör, to Tied torüggtokamen -

Deef: Dat will ick jo toseggen - amen -
As Säkerheit nehmt ut mien Hand
ok noch mien moien Hoot as Pand,
dor süht ok woll de Dümmste an,
dat ick jo nich utkniepen kann - - -.
(sinnig) Kam ick nich dags, - kam ick bi Nacht -

Jan: Hör Deef, wi hebbt noch wat bedacht:
Wenn du di nu inbilden deihst,
dat hulp di, wenn du us utneihst,
denn schaßt du nich den Dood bloß lieden,

|        | wi lat di ok de Ohrn afschnieden - |
|        | denn fackelt wi mit di nich lang - |

Deef: Och leewe Burn, wäst man nich bang!
Meent ji, ick leet mien Hoot in'n Stich?
Nä ok doch, so dumm bün ick nich!
Ick bün to rechte Tied weer dor -

Jan: Denn is de Sak nu ja woll klar.
Gah hen! Wi wünscht di väl Pläseer,
kumm na dree Wäken wedder her!
(De Deef löppt los)

Hinnerk: Dor geiht he hen! Ick hebb sien Hoot.
Kiekt her, de Hoot, de steiht mi goot!
den kann ick woll, ohn em to fragen,
solang he weg is, sönndags dragen -
Kummt naher use Deef weer her,
gäw ick em dor 'n Daler för -

Jan: Nu kamt, ji Nabers, kamt man gau,
dat all de Dörpslü hört, wo slau
wi dat mit usen Deef anfungen.
Ick denk, dat is us goot gelungen.
Ick glöw nich, dat dr annerseen
so klook noch is in us Gemeen -
(De Burn gaht los. De Deef kummt anslieken,
he hett Stäwels an un 'n blauen Kittel)

Deef: De harrn woll Angst, de dummen Burn,
ick leet ehr to lang up mi lurn -
Nu bün ick tämlich fix weerkamen
un hebb mi 'n bäten wat „mitnahmen":
den Kruskopp hebb ick Stäwels klaut
un bün mit Krischans Jack afhaut.
Morg'n froh giwt dat 'n groot Geschrei;
un ick möt sehn, dat ick den Dreih
krieg. Will na Stadt henlopen
upt Markt den klauten Kram verkopen.
Ick kunn kien bäter Handwark lehren,
nu möt dat Stehlen mi ernähren ---.
Un eter as ick hol mien Hoot,
bliewt all Howieker Buren doot.

(Deef geiht af. Hinnerk Kruskopp kummt mit
Jan Hödelmann rin)

Hinnerk: Wi sünd mit Arnten all lang klar,
de Peerdeef is noch nich weer dar.
Kummt he hier nich bald wedder her,
kriegt he sien moien Hoot nich weer.
Fein, wenn ick den beholen kann - - -

Jan: Nu kiek is, dar kummt Krischan an.
De kummt jüst eben ut de Stadt,
am Enn weet de von'n Peerdeef wat.
Segg Krischan, is wat Nees passeert?

Hinnerk: Hest du wat von den Peerdeef hört?
De möß all lang weer bi us wän - -

Krischan: In Stadt hebb ick em güstern sehn.

Hinnerk: Hest em nich seggt, he schull herkamen?
De hett sick riekelt väl Tied nahmen,
siet güstern lett he us all lurn -

Krischan: Dat hebb ick ok woll dacht, ji Burn.
Ick wüß man nich wat'k seggen schull,
de Kirl harr beide Hann' so vull -

Jan: Wat hett de Peerdeef denn för'n Hannel?

Krischan: He föhrt 'n gooden Lebenswandel,
hett dit un dat Kram to verkopen,
ick hör em all van wiet her ropen,
wat he för wenig Geld will geben.
Ick sülben köff van em noch eben
den moien blauen Kittel hier -,
sien Stäwels weern mi rein to dür,
de harr ick em noch afköfft gern,
wi kunn' us man nich eenig weern.
De Stäwels weern noch halfwegs goot -,
jüst so as dien', mit'n Flick up'n Foot,
man bloot to dür, dat weer mien Pech --

Hinnerk:     Verflixt, mien Stäwels de sünd weg,
             de hett bestimmt de Slüngel stahlen!
             De Düwel schall den Peerdeef halen!
             Harrst du em man in Stadt furs fungen!

Krischan:    Denn harrn se'n dor doch all uphungen,
             un wi harrn denn dat Nahsehn harrt -

Hinnerk:     Ick glöw, du makst mit em halfpart?
             Hest du den Kittel schunken krägen? -
             De Deef mag woll mien Stäwels drägen -,
             Du weerst all immer 'n ganzen Sleef -

Krischan:    Dü lüggst, ick hol nich to den Deef!
             Den Kittel hebb ick goot betahlt.
             Den hebb ick mif ör alldags holt;
             för sönndags hangt in't Schapp noch een.
             (nadenklich; kickt sick den Kittel genau an)
             Wo kunn ick blot so dösig wän:
             Vorflixt, de Kittel is ja mien ---.
             Den sünd de Stäwels, Hinnerk, dien!
             De Peerdeef hett us dull ansmeert -.

Jan:         Wo weeßt, dat di de Kittel hört?

Krischan:    An'n Ärmel sünd twee Knööp afräten;
             Minsch, wat hett us de Kirl anschäten!
             Hett mi ja woll de Oogen blendt,
             dat ick mien eegen Jack nich kenn.
             Wiel he se mi so billig räken,
             hebb ick nich so genau henkäken.
             (besinnt sick, schadenfroh und plietsch:)
             Dat he mi groot beschummelt hett,
             meent de -, he kreeg ok noch sien Fett!
             Kiekt, disse moien Handschen steek
             ick sinnig in, as he wegkeek -,
             un bün denn dört Gedräng afhaut ---

Hinnerk:     So hebbt twee Gauners sick beklaut!

Krischan:    Nä, klaut nich, blot so öwerher,
             dat mi de Koop to dür nich weer -

Hinnerk: Mi dünkt, wat stohlen is --- is stohlen!

Krischan: Minsch Kirl, di schall de Düwel holen!
Segg, fund ick letztens nich bi di
een Fork, de du harrst klaut bi mi?
Meenst du, de weerst 'n Ehrenmann?

Hinnerk: Nu fang du dor doch nich mit an!
Dat is 'n Jahr nu all bald her,
un du hest dien Fork ok ja weer ---.
Swiggst du nich still, stopp ick di't Mul!

Krischan: Sla man driest to, meenst ick bün ful?
Mien Meenung hebb ick di ja seggt ---

Jan: Vortürneree is immer slecht!
Haut doch nich wegen Kinnerkram
jo Arms und Beenen blau und lahm!
De Doktor un de Richter lacht,
wenn ji jo beiden so verkracht.

Hinnerk: Vör di, du Gauner, bün'k nich bang,
so goot as du bün ick all lang ---!

Jan: So goot as he un ok so slecht!
Ji sünd all beide nich ganz echt;
Ji sünd beid swart as Pott un Pann!

Krischan: Wat seggt du dar, Jan Hödelmann?
Feg du man för dien eegen Dör!

Jan: Du leewe Tied, du smittst mi vör,
dat mal son oole Wagendeel
up een von diene Wagens fehl ---?
Hebb ick de nich betahlt mit mehr,
as son oolt möör Ding noch wert weer?
Hebbt wi us nich darüm vergahn?
--- Man schull di't Mul toschanden slan!

Krischan: Hau to, Jan Hödelmann, kumm her!
Hau to, von mi kriegst du noch mehr!

Hinnerk:  Ick hölp, dat siene Knoken Jan
 enkelt tosamensöken kann!

(Se haut upeenanner los un drängt sick na buten.
De Deef kummt mit sien Hoot)

Deef:  De Burn de hebbt sick prügelt, wat?
 Ick seet dar und bekeek mi dat ---.
 Bi'n Doktor sünd se nu all dree,
 dat suurt rut bi de Haueree!
 De een kann nich mehr gahn noch stahn,
 den annern sünd fief Tähn utslan,
 de drüdde hett 'n tweien Placken
 so groot, dor kannst woll'n Hand rinpacken!
 Bi dat Gebalge hebb ick gunnen
 mien moien Hoot ok wedderfunnen.
 Ick hebb mien Pand, ick hebb mi meldt,
 to rechte Tied mi weer instellt.
 Bün ick denn nich een Ehrenmann?
 Kiekt jo doch mal de Buren an!
 Wi all dünkt ehrlich us und slau ---,
 un nähmt't doch all nich so genau.
 De een makt gern den annern swart
 un kickt nich in sien eegen Hart ---.
 Ick hau nu af, --- Adjüs, ji Burn!
 Up mi könt ji noch lange lurn!

Hauwiek (Howiek) = Dorf im Ammerland; furs = sofort; Scheps = Dorf im Ammerland; upknütt = aufgehängt; Gasse = Gerste; lüstert = hört; schier = rein, glatt; moi = schön, gut; utneihst = ausreißt; Pläseer = Spaß; lurn = warten; Sleef = Nichtsnutz, Schlingel; plietsch = pfiffig; driest = dreist; möör = mürbe; dat suurt rut = das kommt dabei heraus; 'n tweien Placken = hier: Verletzung (Wunde) auf der Haut; gunnen = drüben

## Probe von Originaltext und plattdeutscher Nachdichtung

### Der rosdieb zw Fünnssing mit den dollen diebischen pawern

Steffl:
Pesser wer, wir hettn den rosdieb ghangen,
E den wir haben in gefangen,
So het wir im nit düerff zessen geben.

Liendl:
Steffl Löll, pocz dreck, dw nembst mirs eben
Aus mawl, ick wolt, das er schon hing,
E vil vnkost üeber in ging;
Der dieb ist kaum drey haller wert.

Gangl:
Drümb rat ich darzw hewr als vert,
Das wir in auf den montag hencken.

Steffl:
Jr nachtpawrn, thüet eüch pa pedencken,
Mein koren ackr am galgen leit.
Solt wir in hencken zu der zeit,
so würn mir 'tlewt ins koren sten
Zw sehen, wie man hencket den,
Vnd wuerd mirs draid zv schanden gmacht.

### De Hauwieker Peerdeef

Krischan
Ick wull, wi harrn em all uphungen,
noch eter at wi em hebbt fungen.
Von den Dag, wo wi em hebbt krägen,
möt wi em nu ok och verplägen -.
Ick denk, wi hangt em nu man gau -.

Hinnerk:
Minsch Krischan, dat is ja genau
dat, wat ick eben seggen wull;
ick meen ok, dat he hangen schull,
noch eter at he väl vertehrt -

Jan:
De Kirl is kien dree Groschen wert.
De Deef ward morgen froh upknütt!

Krischan:
Weeßt du denn, Jan, wat dat bedütt?
Mien Gassen is doch noch nich meiht,
de dor jüst ünnern Galgen steiht.
Wenn denn de Kirl dor baben zappelt,
de Lü mi all dat Korn daltrappelt, -

### Heinz Edzards
## Monarchensilvester

Wer dar mitspäält:
Krischan van Westerborg, de Baas van dat Trio
Gerd van Köterenne; he versteiht sick up technischen Kraam
Jann Hinnerk van'n Kanaal; he ett geern un is bannig up Kaken versäten
Twee Schandarms
De Stimm van een Frominsch
Twee of dree Anseggers

1. Bild:
Up een Parkplats. Krischan un Jann töövt in een Auto.

| | |
|---|---|
| Gerd: | (kummt up är to) He, ji beiden, lüstert mal to, dat gifft wat Ne'et, ... ganz wat Ne'et! |
| Krischan: | (to Jann) He, du Slappohr, waak up! |
| Jann: | Wat is denn? |
| Krischan: | Upwaken, Gerd hett wat Ne'et! |
| Jann: | Un darum möt ji mi midden in'n Droom stören?! |
| Krischan: | Na, Gerd, wat gifft't denn? Vertell! |
| Gerd: | Dar günnen mutt jeden Ogenslag ene junge Deern ut'n Bookladen kamen. |
| Jann: | Na un? Sütt se denn tominnst goot ut? |
| Krischan: | Wat schert us dat! Vertell Gerd! Wat is mit är? |
| Gerd: | Wi mööt foors rutfinnen, wor se wahnt. Se is Deenstdeern bi ene stinkrieke Familje, de vanmorgen na de Karibik afflagen is. Un de Deern föhrt vannabend öwer Neejahr för acht Dage na Huus. |
| Jann: | Na, un wat geiht us dat an? |
| Gerd: | Minsch, Jann, kannst dien Kopp nich ok mal to'n Nadenken brukken? Een Huus steiht öwer Neejahr leddig! Wi könt us van de Jageree van güstern verhalen. Se weern ja ok bannig achter us an. Wi könt Silvester fiern as anständige Lüe. Den Buuk vull un noog to drinken! Un denn nums in Uniform. Sünd dat kiene goden Utsichten? |
| Jann: | Paß man up, dat diene Phantasie nich mit di dörgeiht! |
| Krischan: | Wenneer fört de Deern weg? |
| Gerd: | So gegen half fief geiht är Tog, hett se in'n Bookladen seggt. Dar kummt se al! |
| Krischan: | Gah är na un kiek to, wor se afblifft! |

(Vörhang)

| | |
|---|---|
| Ansegger: | So fangt use Geschicht van'n vörlesten Dag in't Jahr an. De dree hefft't fuustdick achter de Ohren. Narns kann de Polizei är bikamen. De Baas van dat Trio is Krischan van Westerborg. He hett'n bannig behollern Kopp un klamüstert jümmer allens ut. De beiden annern weet, wat se an em hefft. Gerd maakt de Elektro- un Klempnerarbeiden. He kriggt towielen een Slott bold mit'n Fingernagel up. Man anners is nich väl Staat mit em to maken. He holt nich väl van „Bildung" un steiht man plünnerig to. Tjä, un denn is dar noch Jann Hin- |

nerk. An em is wahrraftig een Chefkock verlaren gahn. Wat noch van em to seggen is: He is gräsig awerglööwsch.

2. Bild
As dat Bild tovöörn.

| | |
|---|---|
| Krischan: | (to Gerd) Dat weer woll'n wieten Weg, wat? Ick moch bloots is wäten, wor du so lange wäsen büst! Dat is ja bold duster! |
| Gerd: | De Deern moß eerst noch in'e Drogeree inkopen. - Also, wenn ji mi fraagt: Een eerstklassigen Bungalow mit Kamin, Swimming-pool un all so'n Kraam. |
| Krischan: | Liggt de Ingang direkt an de Straat? |
| Gerd: | Nä, dar is noch'n groden Gaarn dar twüschen mit väl Buschwark. |
| Krischan: | Nich slecht. Laat us hapen, dat dat bit vannabend nich mehr sneet. |
| Jann: | Un worüm nich? Wi willt doch kiene Gaarnparty gewen! |
| Krischan: | Wieldat man denn all use Footspoorn in'n Snee sehn kann! Verstahn? (to Gerd) Wo steiht dat mit dat Slott in'e Gaarnpoort? |
| Gerd: | Dat maak ick mit'n Fingernagel up! |
| Krischan: | (to Jann) Gerd un ick föhrt nu na Holthusen, so heet dat nöögste Dorp. Dar stellt wi den Wagen unner. Later kaamt wi mit den Bus or mit een Taxi trügg. |
| Jann: | Un wat schall ick in de Tiet maken? Mi de Tehn affreren? |
| Krischan: | Du deihst tweerlee: Eerstmal kickst du to, of de Deern ok würkelk afreist, un denn koffst du in. |
| Jann: | Inkopen? Ick? Wat denn? |
| Krischan: | Ick denk so an een Goosbra'en to'n Ooltjahrsabend. Amenn kriggst du ok noch een Karpen för'n Neejahrsdag. Kort seggt: Koop so in, dat wi för een paar Dage as Grafen läwen könt. - Tööv eben, ick geef di Geld. |
| Jann: | (to Krischan) Legg noch'n Fofftiger baben up. De Priese sünd ok nich mehr dat, wat se weern. - Wenn un wor draapt wi us? |
| Krischan: | Klock säben an de lüttje Brügg, wor wi dodernaast holen hefft! Begräpen? |
| Jann: | Kapiert! - Tschüß denn, bit vanabend. Nä, töövt eben! Wat maakt wi mit de Goos, wenn't sneet? |
| Krischan: | Dar ward mi al wat infallen. |

(Vörhang)

| | |
|---|---|
| Ansegger: | Dat sneede nich, man dat Thermometer full up tein Graad unner Null. Un wat dat leepste weer: de Baas un Gerd harrn den Bus verpaßt un kemen 'ne vulle Stünne to laat bi de lüttje Brügg an. |

3. Bild:
In'n Achtergrund dat Gelänner van ene Brügg, darvör ene ganze Reeg Plastiktuten:

| | |
|---|---|
| Jann: | (hüppt rum as een Kängeruh) Bi jo piept dat woll! Noch tein Minuten, un ji harrn mi as'n Iesjökel inkuhlen kunnt. |
| Gerd: | Deit mi leed, Jann, ick heff 'ne verkehrte Tiet ut den Fahrplaan rutkäken. |
| Jann: | Minsch, noch mal, wat büst du doch för'n Blindgänger. Ick dach al, se harrn jo to faten krägen un inlockt. |
| Krischan: | Deit us leed, Jann. - Is de Deern afföhrt? |
| Jann: | Ja, mit de Bahn Klock fief. |
| Krischan: | Un hest du allens inkofft? |
| Jann: | (kloppt sick warm) Dar günnen staht de Backbeern! |
| Gerd: | Dat sünd ja... (tellt dree, veer, fief, seß, säben) Säben Büdels! Wat is dar denn all in? |
| Jann: | (stolt) Ene Goos, een Karpen, Appeln, Wuddels, Katuffeln, Nöte, Päper un... un... Sekt! Versteiht sick. |
| Krischan: | (to Jann): Dü büst woll nich klook, forst de Kooplü mit use suur verdeent Geld. Katuffeln, Mehl, Päper... un doon, gifft dat doch allens in'n Huse! |
| Jann: | Wat meckert ji mi an! Dat kann ja ok wäsen, dat dr nix is! Un wat denn? |
| Krischan: | Dumm Tüüg! Awer eendoon, laat us loosgahn. Jedereen as een lüttjen Packäsel. |

(Vörhang)

| | |
|---|---|
| Ansegger: | Tein Minuten later kemen se bi den Bungalow an. För Gerd weer dat'n Klacks, de Gaarnpoort apentomaken. Sturer weer't al mit de Huusdör. Ene ganze Tiet hanteer he dr mit sien „Spezialwarktüüg" rum, man dat wull em nich so recht van'e Hannen gahn. Un siene Schimpwöör bi de Arbeit will ick man lewer nich wollergäwen. - Denn harr he de Dör apen. |

4. Bild:
Een wunnerbar inrichten Ruum mit Wahnecke, Ätecke un ene Dör na de Kök hen, de mehrstiets apensteiht. To Anfang is dat duster.

| | |
|---|---|
| Gerd: | Duster as in't Muuslock! |
| Jann: | Man moi warm! |
| Krischan: | Ji könt driest Lecht anmaken, dat Huus hett Finsterladens. Van buten kann nums wat sehn. |
| All: | Ah, Oh . . . |
| Gerd: | Jungedi, stinkvörnehm! |
| Krischan: | Tjä, dat nöömt man Wahnkultur! (kort af to Gerd) Un du mit den Dreck an diene Schoh! Treck se ut! |
| Gerd: | Man ick, . . . ick heff doch miene Schoh afputzt (geiht wieter na de Kök). |
| Krischan: | Treck se ut! Hier sünd awerall Teppiche un Brüggen. Dar haalst di al kiene kole Fööt. - (Een Pultern is to höörn ut de Kök) Wat weer dat denn? |
| Gerd: | (kickt dör de Kökendör) Ach, mi is bloots de Büdel mit de fraren Goos ut de Hand glä'en. |
| Jann: | (achteran) Dat is ja nich to glöwen! Ene Goos vör'n Bra'en to pisacken, dat bringt Malöör. Dat schölt ji noch beläwen. Oh, oh, äre Rache is us seker! |
| Krischan: | Höör up mit diene awerglööwsche Quassellee! |
| Jann: | Ji schölt dat beläwen! - Ick bliev nu in'e Kök un maak dat Äten trecht. |
| Krischan: | Dat do man! (Geiht an de Bökerwand langs, grippt hier un dar een Book ruut un kickt sick de Titels an. Denn nimmt he een Book, sett sick kommodig in een Sessel un blöert'n bäten darin. Gerd blifft bi em bestahn): Wat is? Wat steihst du dar rum to blaubecken? Nehm di'n Book un do wat för diene Bildung! |
| Gerd: | Ach, west du, ick maak mi nix ut Böker! |
| Krischan: | (kickt em van unnen an) Minsch, Gerd, wenn ick di so ankiek . . . du büst doch 'ne richtige Scheetbudenfigur! |
| Gerd: | Höör mal, wenn du meenst, ick meen . . . |
| Krischan: | Hest du nich'n ganzen Barg Geld bi us verdeent? Un denn in jeden Socken een Lock! Mußt du rumlopen as een Landstrieker? |
| Gerd: | Ick kann ja mal nakieken . . . |
| Krischan: | Morgen is Neejahr, un du loppst dar half blootfoot rin. Gah in'e Kök un help Jann! |
| | (Gerd geiht vergrellt na de Kökendör) |

| | |
|---|---|
| Jann: | (grantig) Wat wullt du denn hier? |
| Gerd: | Ick schall di helpen, hett de Baas seggt. |
| Jann: | Quatsch, ick bruuk kiene Hülp. Wat maakt de Baas denn? |
| Gerd: | De mutt läsen, versteiht sick - Un anbölkt hett he mi. Ick weer 'ne richtige Scheetbudenfigur, hett he seggt! |
| Jann: | Tjä, Minschenkenner is he al, dat mutt man em laten. |
| Gerd: | Un dat allens bloots, wieldat ick twee Löker in'e Socken heff ... Dar so'n Puhee um to maken! |
| Jann: | Söök dien'n Paar Socken! ... Un in'e Besökertoilett staht ok Pantuffeln! |
| Gerd: | Kann ick di ganz seker nich helpen? |
| Jann: | Nä, steihst hier bloots rum - Man tööv, du kannst woll eben den Disch updecken. Messers, Gabeln, Teller un so dr wat her findst du in't Schapp. |
| Gerd: | Maak ick. Wat gifft't denn? |
| Jann: | Braatkatuffeln mit Sülte un Spegelei, Hawaitoast un'n Teepunsch achteran. |
| Gerd: | As in't Hotel! |

(Vörhang)

| | |
|---|---|
| Ansegger: | Ene halwe Stunn later roppt Jann siene Mackers to'n Äten |

5. Bild:

| | |
|---|---|
| Krischan: | (an'n Äätdisch) Mm, rückt ja wunnerbar. Dat hest mal woller goot henkrägen, Jann! Segg mal, hest du den Disch ok deckt? |
| Gerd: | Nä, dat heff ick daan! |
| Krischan: | Dat harr ick mi denken kunnt. wer hett di dat egentlik bibrocht? |
| Gerd: | (stolt) Nums, dat is mi so ingäwen! |
| Krischan: | So, so! Denn will ick di dat seggen, wor du dat lehrt hest: Bi de Plattfootindianers oder bi de Eskimos. |
| Gerd: | Woso dat denn? Wat is denn nu al woller verkehrt? |
| Krischan: | Wat du hier so moi up'n Disch leggt hest, dat sünd kiene Servietten, dat sünd Babywinneln. Ick glööv, di hefft se as Kind ok mit'n Klammerbüdel pudert. |
| Jann: | (platzt rut vör Lachen) ... un to heet baadt! |
| Gerd: | (vergrellt) Ji gaht to wiet, dat harrn ji nich seggen drofft! |
| Krischan: | Is al goot, Jann. - Man as wi jüst bi't Snacken sünd, lieks noch wat vör'n Äten: Wi sünd Gäst hier un willt us ok as sücke upföhrn. |

| | |
|---|---|
| Gerd: | (kummt nich ganz mit) Wo schall ick dat verstahn? |
| Krischan: | Wi hefft us hier bloots inquarteert, dat wi Silvester fiert, anners willt wi hier nix! Wi willt nix mitnehmen! |
| Gerd: | (as harr he dat nich verstahn) Nix nich mitnehmen? Dat kann ja woll nich dien Eernst wäsen! |
| Krischan: | Nix mitnehmen, nix apenbräken, nix kaputtmaken! Mit anner Wöer: wi gaht so woller ut't Huus rut, as wi dr rinkamen sünd. |
| Gerd: | Hoho, dat meenst du . . . man dar hefft wi awer ok noch een Woort mittosnacken. |
| Jann: | (muulsch) Dat stimmt, Baas. Ganz so eenfack is dat nich. Säben Jahr heff ick as een ehrliken Deef arbeit . . . Un nu schall ick up mal . . . Dat geiht doch'n bäten gägen miene Berufsehre . . . geiht mi dat . . . |
| Krischan: | (koolt): Wen dat nich paßt, mit mi tosamtoarbeiten, de kann vannacht noch ut'n Huse gahn. Wer hier blifft, de hett to doon, wat ick segg. Bold een ganz Jahr arbeit wi tosam, un ni hett jo dat bäter gahn. Un worüm? Wieldat ick mi utkenn mit de Gerichten un weet, een Richter bi gode Lune to holen. Un schölt se us mal to faten kriegen, denn schall nums van us seggen, wi hefft us as de Willen benahmen. Also, wer will gahn? |
| Jann: | Ick nich |
| Krischan: | Un du, Gerd? |
| Gerd: | Ick koop mi glieks na Neejahr een Paar ne'e Socken, Baas! |
| Krischan: | (tofrä'en) Denn willt wi't us man smecken laten. Goden Hunger! |

(Vörhang)

| | |
|---|---|
| Ansegger: | Kort na twolf weer't för är Beddegahnstiet. Krischan maakde sick dat in een Lehnstohl kommodig, Jann leggde sick up ene Couch un Gerd rullde sick up'n Teppich tosam.<br>Den annern Morgen verjaagden se sick bannig. Dat weer gegen negen, un se seten jüst bi't Fröhstück . . . |

6. Bild
An'n Ätdisch.

| | |
|---|---|
| Jann: | Ick heff mal woller'n gräsigen Droom harrt. |
| Gerd: | Un ick heff wunnerbar slapen! . . . (Dat Telefon geiht) Liese! Wer dat woll is? |

| | |
|---|---|
| Krischan: | Nehm doch den Hörer af, denn west du't. Worüm snackst du denn so liese?... (Dat Telefon geiht woller) |
| Jann: | Dat is bestimmt ene Fall! Ick heff't ja seggt - mien Droom! Un de runnerfullen Goos! (Dat Telefon geiht woller) |
| Gerd: | De ole Pingelee maakt mi noch ganz nervöös! |
| Krischan: | De ward al woller uphöörn!... (Dat Telefon geiht woller) |
| Gerd: | Dat du dar bi äten kannst! |
| Krischan: | (kaut) Dat smeckt mi goot! |
| Jann: | Ick moch mal wäten, worüm de noch nix markt hefft... (Dat Telefon geiht)... dat nums to Huus is, wull ick seggen. |
| Gerd: | Fiev! |
| Jann: | Wat fief? |
| Gerd: | Fievmal hett dat pingelt... |
| Krischan: | Un nu hett't uphöört! Laat jo man woller begöschen. De Huusherr hett 'ne ganze Reeg van Frünnen. Meent ji denn, dat he jeden enkelden anropen hett, em to seggen, dat he för dree Wäken wegföhrt? Dar hett seker een anpingelt, de em väl Glück in't ne'e Jahr wünschen will... |
| Gerd: | (haalt deep Luft) Dat is wahr... so schallt't woll wäsen hebben. |
| | (Liese Radiomusik - De dree maakt sick dat kommodig. Krischan kickt sick ene Landkaart an, Jann hanteert in'e Kök rum, un Gerd bott arig den Kamin na. He will sick jüst lang maken up't Sofa, as em dat Telefon infallt) De ole Anpingelee von vörhen is mi doch bannig up'e Nerven gahn!... Dat schall nu een Enne hebben! (He packt dat Telefon in een Sessel, leggt den Hörer neben den Apparat un deckt allens mit 'ne ganze Reeg van Küssens to.) So, dat Ding seggt so gau nix woller! |
| Jann: | (ut de Kök) Rüükt ji al wat! |
| Gerd: | Un of wi dat doot. Hoopsake, de Lüe könt dat buten nich ok rüken! |
| Jann: | Kiene Angst, de Wänne un Finsters sünd dicht! |
| Krischan: | Wo laat is dat egentlik? Ick glööv, miene Klock is stahnbläwen. |
| Gerd: | Na miene Klock is dat Slag 10 Uhr!... (Dar pingelt een an de Huusdör): Radio ut! Wäst mal all still! |
| Jann: | (kummt ut de Kök) Wat weer dat denn äben för een Pin...? |
| Krischan un Gerd: | Psssst! Hool dien Babbel! |
| | (Dat pingelt woller an de Dör) |

| | |
|---|---|
| Gerd: | Dar is een buten an de Dör! |
| Jann: | (verjaagt) Wat maakt wi denn nu? Hillig Kanonenrohr! |
| Krischan: | Nix maakt wi. De Besöök ward al woller gahn. |
| Gerd: | Oder he hett de verdammte Goos raken! |
| Jann: | Hast du se man nich fallen laten! |
| Krischan: | Laat jo man begöschen, de Goos kann buten ganz seker nums rüken. |
| Stimm van een Frominsch: | Hallo Nawer, leegt ji denn jümmer noch in de Puuch? Dat is ja al Klock tein wäsen! ... (De Plingel geiht woller, denn kloppt wen an de Dör) Dat kann ja bold nich angahn, dat dar nums to Huus is. Ach, wat bün ick doch vergäten. De ganze Familje is güstern ja al utflagen! (Buten is dat nu still. De dree lüstert noch'n Sett) |
| Jann: | Wenn dat man gootgeiht! |
| Krischan: | Worüm mutt jo dat Hart jümmers foors in de Büxen sacken? Glöövt ji denn, dat een, de us wat will, eerst anpingeln deit? Stell de Dudelkasten man woller an, Gerd. |

(Vörhang)

| | |
|---|---|
| Ansegger: | De Namiddag geiht vörbi un de leste Abend in't ole Jahr is rankamen. De dree sünd bannig vergnöögt un singt un danzt na de Radiomusik. Half twolf serveert Jann den Goosbra'en, de 'ne wunnerbare brune Kost hett. Ut't Radio kummt awerdarige Ooltjahrsabendmusik. |

7. Bild
Bi't Äten.

| | |
|---|---|
| Jann: | (langt Gerd twee Sektbuddels hen) De kannst glieks um twölf apenmaken. |
| Krischan: | Minsch, as in't Schlaraffenland! Den Bra'en hest du wunnerbar henkrägen, Jann! |
| Jann: | Wat maakt wi mit dat Goosfett? |
| Krischan: | Dat laat wi mit'n lüttjen Zeddel för den Huusherrn hier! Em hefft wi't ja ok to verdanken, dat wi mit een smärig Muul in ene schöne Wahnstuuv in't ne'e Jahr kaamt! |
| Gerd: | (lustert) Ick heff wat höört, ji beiden. |
| Krischan: | Ick nich ... Gääv mi noch een Stück van de Bost, Jann! |
| Gerd: | Ick heff doch wat höört. Dat klung, as of dar 'ne Dör gung! |

| | |
|---|---|
| Jann: | (to Krischan) Väl oder wenig Sooß? |
| Krischan: | Väl, ick bün dar so richtig up verstüürt! ... |
| | (De Dör ward apenräten. Väele Träe) |
| Gerd: | Polizei! Ick heff ja seggt, dat dar wat weer! |
| Jann: | Dat weer de Rache van de Goos |
| Krischan: | Dat schull nich wäsen! |
| 1. Schandarm: | Nu fangt man nich an to jören. Den Abend möt ji woll wor anners tobringen! |
| Krischan: | Wi möt woll jichens 'n Fehler maakt hebben! |
| 2. Schandarm: | Nä, twee. |
| Krischan: | Gäävt Se us denn tominnst Verlööf, den Bra'en to Enne to äten? Wi hefft em sülms betahlt! |
| 1. Schandarm: | Wi sünd ja kiene Unminschen. Packt jo den lüttjen Vagel in ... den könt Se geern mitnehmen ... |
| Gerd: | Un wat is mit den Sekt? Den hefft wi ok betahlt! |
| 2. Schandarm: | Den laat se hier för de Reinmakefro ... Un nu man loos, miene Herrn! |

(Vörhang)

| | |
|---|---|
| Ansegger: | De beiden Schandarms snackden van twee Fehlers. Wecke weern dat woll, un wer hett se maakt? |

(Antwoort: Beide Fehlers hett Gerd maakt: He hett den Telefonhörer up't Sofa leggt un denn hett he arig in'n Kamin inbott.)

Free na Wolfgang Ecke

Monarch = Landstreicher; Baas = Oberhaupt, Anführer; töövt = warten; lüstert = hört; günnen = drüben; foors = sofort; leddig = leer; narns = nirgends; he hett' bannig behollern Kopp = er hat ein sehr gutes Gedächtnis; plünnerig = zerlumpt, unansehnlich; awerglööwsch = abergläubisch; Garrnpoort = Gartenpforte; amenn = vielleicht; dodernaast = vorhin; leep = schlimm; Iesjökel = Eiszapfen; Backbeern = Siebensachen; forst = fütterst; eendoon = egal; nöömt = nennt; glä'en = geglitten, herausgerutscht; Malöör = Unglück; kommodig = gemütlich; blaubecken = gaffen; blootfoot = barfuß; Puhee = Aufheben, Lärm; Schapp = Schrank; muulsch = mürrisch; begöschen = beruhigen, besänftigen; bott arig = heizt tüchtig; rüken = riechen; laat = spät, Puuch = Bett; 'n Sett = eine Zeitlang; awerdarig = übermütig, hier etwa: stimmungsvoll; verstüürt = begierig, versessen; Träe = Schritte; jören = jaulen, jammern; jichens = irgendwie; Verlööf = Erlaubnis

# *De Wiehnachtsgeschicht*
## van Carl Orff un Gunild Keetman

Plattdüütsch: Heinz Edzards
Leder: Werner un Eckhart Kuper

1. To'n Anfang
Ansegger: Un in de sülwige Gägend dar weren Schepers up't Feld bi de Hürden, de hodden 's nachts äre Heerde.

2. De Schepers up't Feld
De Schepers seggt:
1. Sünd de Schaap al binnen?
2. De leßten Lammer sünd al up'e Slaapstäe.
1. Maakt dat Füür an, dat dat de willen Deerter verjaagt un dat us nich früst. Dat ward koolt in düsse steernklare Nacht.
3. Sünd de Schaap al binnen?
2. De sünd all bi'nanner.
1. De Ole kann slapen, de höört doch nix.
2. De Hannen weerd ganz stief, de Küll bitt, un dat Leed früst fast in'e Fleut.
1. Kaamt nöger an't Füür!
2. Höört Ji nix? Is dr wat? De Lammer gäwt gar kien Fräen vandagen, un de Hunne bläkt. Höört Ji't?
1. Wat schall al wäsen!
2. Kruupt all dicht tohoop, dat us warm ward.

3. Künnig maken
2. Du waak up, ik heff wat dröömt. . . . nä, dröömt heff ik't nich, kiek den helligen Schien an'n Häben.
1. Dat schall woll de Morgensteern wäsen.
2. Dat is man jüst Middernacht. Man, so een Glanz un so een Klingen!
3. Dat schölt woll de Klocken vande Schaap wäsen!
2. Dat sünd de Schaapklocken nich!
1. So wat heff ik noch ni nich höört, wo dat blennt, nu fallt de ganze Schien van'n Häben runner.
2. Dar kannst Du nich mehr henkieken . . . bi all dat Lecht.
1. Dar steiht 'n Engel!
De Engel seggt: Wäst nich bang. Kiekt, ik maak Jo grode Freude kund, de all Minschen beläwen schölt, wieldat vandagen de Heiland up'e Welt kamen is. Dat is Christus, de Heer in David siene Stadt. - Un dat gäw ik Jo as een Teeken: Ji weerd dat Kind in'e Kripp finnen, in Linnen inwickelt.

4. De Engelschor
Us Gott in'n Himmel is de Herr,
för em alleen is all de Ehr.
Un Frä'n gifft he up äw'ge Tied
för all de Minschen wiet un siet.

5. De Schepers to'nanner
De Schepers seggt:
2. Dar, kiek mal de välen Engels.
1. Woll fief Dutz,
2. mehr!
1. 'n paar hunnert!
2. mehr . . .
1. twolfdusend wiß!
2. Wenn dat man langt . . .
1. Nu fleegt se wedder hoch!
2. Se weerd lüttjer un lüttjer, flutscht in'n Häben rin, un den Schien, den nähmt se mit.
1. Nu sünd se all weg.
2. Dat weer een Wunner!
3. Wat hett de Engel noch krünnig maakt?
1. „Vandagen is de Heiland up'e Welt kamen", hett he seggt, „un dat gäw ik Jo as een Teken", hett he seggt, „Ji weerd dat Kind finnen in Linnen inwickelt", dat hett he ok seggt, „un in'e Kripp liggen . . ."

3. Dat hett he allens seggt?!
1. Denn laat us de Kripp söken, laat us foors hengahn un dat Kind ankieken!
2. Dat schall woll in Bethlehem wäsen . . .
1. Un nähmt wi dat Best mit, wat wi hefft,
2. een Lamm, Melk, Botter, Honnig un Wull . . .
3. Väl hefft wi ok nich.
1. Nu laat us foors losgahn!
2. Un de Schaap?
3. In so'ne Nacht, dar öwerlaat wi se Gott.

6. Vör de Kripp
De Schepers seggt:
1. Dar kiekt, dar is de Stall! Un drin . . .
2. De Oß, de Äsel, de Maria, de Josef, un in'e Kripp - dat Kind.
3. Kneed dal, gäwt Gotts Söhn de Ehr.
1. Un singt em wat vör!

7. De Scheperchor
In Bethlem is en Kind geborn
üm Middernacht in'n düstern Stall.
Dat is de Welt är Heiland wurrn,
dat hefft de Engels mellt mit Schall.
Een Krippen is sien Kinnerweeg',
bedrööwt as Minsch sitt Gott man dar
up Stroh, dat bi de Äsels leeg, -
he is de minnste, dat is wahr.
Bi Scheperslü will he nu wahn'n
un is de Gröttste doch up Eern.
Nu köönt wi freudig trüggegahn,
wi hefft ja sehn den ne'en Herrn.

De Schepers seggt:
2. Kiekt, wo Maria dat Kind wegen deit, to schön sitt se ut.
1. So jung, un een gullen Schien geiht van är ut.
3. Un de Josef freut sik un steiht darbi.

8. Maria un Josef
Josef, leewe Josef mien, help mi wegen mien Kindken fien,
Gott de schall den Lohn de doon,
in't Himmel günt
dat hillge Kind,
Maria.

Gern doch, leewe Maria mien, help ik di wegen dien Kindken fien.
Gott, de schall den Lohn mi doon,
in'n Himmel günt,
dat hillge Kind,
Maria.

9. Marsch van de hilligen dree Könige
De Schepers seggt:
2. Wat kummt dar denn an?
1. Kiekt rut vör de Dör!
2. Een gewaltig groden Steern loppt baben an'n Häben langs.
3. Mit'n Steert, de lüchten deit.
1. Unnen up'e Straat kaamt de Lü her, 'n ganz groden Koppel, un ried up Päär.
2. Een hett 'ne Griepnääs, 'ne häbenlange.
1. Dat is kien Pärd nich, dat is'n Elefant.

2. Un de välen Deerter, de bulterigen, seht ut, as harrn se Rucksäck up, un midden mang sitt noch een Dragestohl.
1. Dat sünd de Kamele.
2. De prächtigen un düren Kleeder.
1. Swarte loopt ok mit.
3. Ja, hefft Ji dat denn noch nich mitkrägen: Dat is de Tog van de hilligen dree Könige ut't Morgenland.
2. De loopt den Steern na, de bringt är direkt hier her.
1. Un Musik hefft se ok darbi.
3. Man wi weren toerst dar.
2. Dar, kiekt, den groden, swarten König, mit siene Plusterbüx un'n upwickelten Hoot,
1. mit'n Turbaan!
2. Un he hollt noch 'n Sticken, dar hett he 'n gullen Halfmaand an upspeet, un Päärsteerts hangt dr an!
1. Nu stiggt de erste König van't Pärd runner.
3. Kaspar heet he,
2. De hoolt se den Stiegbögel fast; Deeners rullt 'n Löper ut, jüst na'n Stall rin.
1. Nu böögt he sik dal to Gotts Kind.


10a. Reverenz
De Schepers seggt:
3. Nu packt he sien Geschenk ut.
2. Wat hett he denn mitbrocht?
1. Een Sack vull Gold!
3. Sträkenvull.
1. Nu kummt de tweete.
3. Melchior heet he.
1. De ehrt ok Gotts Söhn.
3. Un wickelt sien Kraam ut.
2. Wat is dar denn in?
1. Wiehrook!


10b. De Swarte
1. Dar kummt de drüdde, de swarte.
3. Dat is de Balthasar.
1. De smitt sik lieks platt up'n Footbodden hen, lang as he is.
2. Wat treckt he dar rut?
1. Myrrhen!

2. Man dar freut sik dat Kind.
1. Un de Jungfer Maria.
3. Un de Josef seggt, dat Gott dat woller in'e Reeg bringen deit.
2. Nu böögt se sik all tosamen ganz deep dal, de hilligen dree Könige.

10c. De ganz große Reverenz
1. Un gaht woller na Huus.

10d. Afgang van de hilligen dree Könige
De Schepers seggt:
1. Snackt hefft se nich väl, un dat Kind, dat laat se dar liggen in den elennigen Kaben.
3. Ja, ja, as de Lü äben so sünd, denken doot se nich väl.
2. Wenn ik een König weer, harr ik dat Kind mitnahmen, up'n gullen Stohl harr ik't sett; för de Maria harr ik'n Slott kofft, as dat'n schönert nich gifft, un för den Josef harr ik 'ne Warkstäe inricht, mit gullen Sagen, mit sülwern Hamers un Knieptangen, un Nagels ut Elefantentähn.
3. Dat kann doch gar nich allens angahn, de Geschicht geiht ganz anners.
2. Woso denn?
3. Gott will dat so.
2. Ja, kiek di man um in'n Stall, dar sitt nu de Engels öwerall rum.
1. Wor sünd de herkamen?
2. Een sitt in'e Heukrüff, un een in'n Okern, up'n Footbodden sünd se. Un dör de Luuk kiekt se dal, een sitt up'e Lateern, un Instrumenten hefft se mitbrocht, Vigelinen un Zittern un Klocken. Höört Ji't, wo se se stimmt? Allens för dat Gottskind to siene Ehr. So singt dat un spält dat. So weegt dat dat Kind in'n Slaap.
3. Un wi sünd ganz still

11. De Engelchor
Slaap nu, Kind, in Moders Arm,
slaap, hier is kien Striet un Larm.
Slaap bi Äsel, Schaap un Koh,
slaap un maak dien Ogen to.
Groot un lütt vull Freude sünd,
böögt dat Knee vör't Königskind.
Slaap nu, Kind, in Moders Arm,
slaap, dien Moder hollt di warm.

1. Dar - dar geiht de Dackluuk van'n Heubün apen, un dusend Engels singt:

12. De Engelchor
Us Gott in'n Himmel is de Herr,
för em alleen is all de Ehr.
Un Frä'n gifft he up äw'ge Tied
för all de Minschen wiet un siet.

hodden = hüteten; Deerter = Tiere; früst = friert; Küll = Kälte; bitt = beißt; Fleut = Flöte; nöger = näher; bläkt = bellen; kruupt = kriecht; fors = sofort; bedrööwt = betrübt; de minnste = der geringstes; günt = jenseits; Steert = hier Schweif; bulterig = höckerig; upspeet = aufgespießt; lieks = gleich; Okern = Winkel des Hausbodens unter dem Dach; dal = nieder

## De Scheperchor

In Beth-lem is en Kind ge-born üm Mid-der-nacht in'n dü-stern Stall. Dat is de Welt är Hei-land wurrn, dat hefft de En-gels mellt mit Schall.

## Maria un Josef

Josef, lee-we Josef mien, help mi we-gen mien Kind-ken fien. Gott, de schall den Lohn di doon, in'n Him-mel günt dat hill-ge Kind, Ma-ri-a.

## De Engelschor

Us Gott in'n Him-mel is de Herr, för em al-leen is all de Ehr. Un Frä'n gifft he up äw'-ge Tied för all de Min-schen wiet un siet.

# De Engelschor: Slaap mien Kind

Slaap nu, Kind, in Moders Arm, slaap, hier is kien Striet un Larm.

Slaap bi Ä-sel, Schaap un Koh, slaap un maak dien O-gen to.

Groot un lütt vull Freu-de sünd, böögt dat Knee vört Kö-nigs-kind

Slaap nu, Kind in Moders Arm, slaap, dien Mo-der hollt di warm.

# Wi danzt un singt

## De twee Königskinner — Ut Westfalen —

Et was-sen twee Kö-nigs kin-ner de had-den een-an-ner so leew, se kun-nen to-sa-men nich ka-men, dat Wa-ter was veel to deep, dat Wa-ter was veel to deep.

2. Leew Harte, kannst du nich swemmen? Leew Harte, so swemme to mi!
   Ik will di een Kerßen upstäken, un de schall lüchten för di!
3. Dat hörde 'ne falske Nonne, up äre Slaapkamer, o weh!
   Se dee de Kerßen utdömpen. De Königssöhn bleew in de See.
4. O Fischer, leeweste Fischer, wullt du verdenen groot Lohn?
   So smiet du dien Netten in't Water, un fisch mi den Königssöhn!
5. He smeet sien Netten in't Water, de Lootkes de sünken to Grund.
   He fischde un fischde lange, de Königssöhn was sien Fund.
6. Do nehm de Königsdochter van't Höwet de güldene Kron:
   „Süh dar, du wohledle Fischer, dat is jo verdeente Lohn!"
7. Se nehm em in äre Arme, dat Harte, dat dee är so weh.
   Se sprüng mit em in de Wellen: „Leew Vader, leew Moder, ade!"

Lootke = Bleimetall, Lot; Höwet = Kopf, Haupt

## Dat du mien Leewsten büst

Dat du mien Leew-sten büst, dat du woll weeßt. Kumm bi de Nacht, kumm bi de N. segg, wo du heeßt! Kumm bi de N., kumm bi de N., segg wo du heeßt!

2. Kumm du um Middernacht, kumm du Klock een.
   Vader slöppt, Moder slöppt, ik slaap alleen.
3. Klopp an de Kamerdöör, faat an de Klink.
   Vader meent, Moder meent, dat deit de Wind.

## Min Jehann

Ik wull, wi weern noch kleen, Jehann, do wer de Welt so groot! An'n Heben seil de stille Maand, wi segen, wo he leep, un snakken, wo de Himmel hoch un wo de Soot woll deep.

2. Weeßt noch, wo still dat wer, Jehann? Dar röhr keen Blatt an'n Boom. So is dat nu nich mehr, Jehann, as höchstens noch in'n Droom. Och nee, wenn do de Scheper sung, alleen in't wide Feld: Nich wahr, Jehann? Dat weer en Ton! De eenzige up de Welt.
3. Mitünner in de Schummertied, denn ward mi so to Moot. Dann löppt mi't langs den Rügg so hitt, as domals bi den Soot. Denn dreih ik mi so hastig üm, as weer ik nich alleen; doch allens, wat ik finn, Jehann, dat is - ik stah un ween.

Klaus Groth

Soot = Brunnen

## Öwer de stillen Straten

Öwer de stillen Straten geiht klar de Klokkenslag. God Nacht! Dien Hart will slapen, un morgen is ok een Dag.

2. Din Kind liggt in de Weegen, un ik bün ok bi di; din Sorgen un din Lewen is allens um un bi.
3. Noch eenmal laat uns spräken: Goden Abend, gode Nacht! De Maand schient up de Däken, uns' Herrgott höllt de Wacht.

Theodor Storm

## O Dannenboom

*—Ut Westfalen—*

O Dan-nen-boom, o Dan-nen-boom, du dreggst een grö-nen Twieg, den Win-ter, den Som-mer, dat duurt de lee-we Tied.

2. Worum schall ik nich grönen, wo ik noch grönen kann? Ik heff nich Vader noch Moder, de mi versorgen kann.
3. Un de mi kann versorgen, dat is de leeve Gott, de lett mi wassen un grönen, drum bin ik slank un groot.

## Abendfreden

(Nach Karl Stiehl)

De Welt is rein so sachen, as leeg se deep in Droom; man hört ni ween noch lachen, se's lisen as een Boom, se's lisen as een Boom.

2. Nu liggt dat Dörp in Dunkeln un Newel hangt darvör, man hört man eben munkeln, as keem't van Minschen her.
3. Dat's woll de Himmelsfrede ahn Larm un Striet un Spott, dat is een Tied to'n Beden, hör mi, du fromme Gott!

(gekürzt)
Klaus Groth

## Gode Nacht (Kanon)

Go - de Nacht! De Dag is hen, eh wi't hebbt dacht.
( Dag is hen )
Gott in'n He-ben, u - se Le-ben, för us wacht.
( wacht )

## Wer Dag för Dag (Kanon)

Wer Dag för Dag sien Ar-beit deit un jüm-mers up den Po-sten steiht un deit dat goot un deit dat gern, de kann sick uck mal a-mü-seem.

H. Schumann

## Jan Hinnerk wahnt...   - Ut Hamburg -

Jan-Hin-nerk wahnt up de Lam-mer-lam-mer-straat. Lam-mer-lam-mer-straat, kann ma-ken wat he will, kann ma-ken wat he will, swieg man jüm-mer, jüm-mer still, swieg man jüm-mer, jüm-mer still, he kann ma-ken, wat he will. Un dar maakt he sick en Gei-ge-ken, Gei-ge-ken par-dautz! Vi-go-lin, vi-go-lin, sä dat Gei-ge-ken.

*Vi-go-lin, vi-go-lin, sä dat Gei-ge-ken, un vi-go-vi-go-lin un vi-go-vi-go-lin, un sien Deern, de heet Ka-thrin, un sien Deern, de heet Ka-thrin, un sien Deern de heet Ka-thrin, un sien Deern, de heet Ka-thrin.*

2. Un darbi wahnt he noch jümmer up de Lammerstraat, kann maken, wat he will. Swieg man jümmer, jümmer still! Un dar maakt he sik en Hollandsmann, Hollandsmann, pardauz! Gotts verdori, Gotts verdori, sä de Hollandsmann ...;
3. Un dar maakt he sik een Engelsmann, Engelsmann, pardauz! Damn your eyes, damn your eyes! sä de Engelsmann ...;
4. Un dar maakt he sik'n Napoleon, Napoleon pardauz! Ick bin Kaiser, ik bin Kaiser, sä Napoleon ...;
5. Un dar maakt he sik een Hanseat, Hanseat pardauz! Sla em doot, sla em doot, sä de Hanseat ...;
6. Un darbi wahnt he noch jümmer up de Lammerlammerstraat, up de Lammerlammerstraat, kann maken, wat he will. Swieg man jümmer, jümmer still!

## Trina, kumm mal vör de Döör

*Tri-na, kumm mal vör de Döör, kumm mal'n be-ten ruut! Ik will di wat Nees ver-telln un du, du büst mien Bruut, ik will di wat Nees ver-telln un du, du büst mien Bruut!*

2. Nee, dat warr ik bliewen laten, Mudder paßt up us up. All de Dörn, de sind afslaten, un keen Minsch kann rup.
3. Töw, ik will de Ledder haln, de an'n Heubön steiht, de will ik an't Finster setten, wat na Straat ruutgeiht.
4. Da, de Olsch, de harr wat markt, keem ut' Stuuv gau ruut: Töw, di schall de Düwel haln un Trina, diene Bruut!
5. Hans de dach, de Düwel keem, dat seeg ok meist so ut. He leet Strümp un Tüffeln stahn un sprung ut'n Finster ruut.
6. So rönn he de Hoff entlang, so ut'n Dörweg ruut, siene Büx, de bleev behang'n, un dat seeg putzig ut.

## Vetter Michel
*- Ut Mecklenburg -*

Gi-stern a-bend weer Vet-ter Mi-chel hier, Vet-ter Mi-chel, de weer hier. He nehm sien Deern woll bi de Hand un danz mit är de Deel hen-lang. Dat güng so swaar, dat güng so swaar, as wenn een mit en Wa-gen fohr.

2. Gistern abend weer Vetter Michel hier, Vetter Michel, de weer hier. He nehm de Deerns woll bi de Hand und füllt dorbi up't Achterpand.
3. Gistern abend weer Vetter Michel hier, Vetter Michel, de weer hier. He krööp in't Bett un krööp in't Stroh un deckde sik dor warm mit to.

## Tanzbeschreibung:

Aufstellung: Zu Paaren mit Offener Fassung hintereinander auf der Tanzbahn.
Schritte: Nachstell-, Wechsel-, Achterrüm-, Rheinländerschritt.

### A

In der Tanzrichtung

**Takt 1-2**
Das Paar geht 2 Wechselschritte ohne Hüpfschwung - er beginnt den ersten links, sie rechts - in die Tanzrichtung unter einmaligem Zurück- und Vorschwingen der gestreckten inneren Arme und den sich daraus ergebenden leichten Körperdrehungen nach innen und außen.

**Takt 3**
2 Nachstellschritte vorwärts; dabei Rückwärtshalten der Arme in Schulterhöhe. Die Fassung wird gelöst.

**Takt 4**
Mit drei Tritten, deren erster gestampft wird, (einem nach außen gedrehten Wechselschritt gleichsam) wendet jedes sich am Ort zum Kehrt, er linksum, sie rechtsum. Der Junge ergreift mit der Linken die Rechte des Mädchens.

Gegen die Tanzrichtung

**Takt W 1-2**
Beide tanzen entsprechend Takt 1-2 unter gleichzeitigem Schwingen der Arme 2 Wechselschritte o. H. - er beginnt den ersten rechts, sie links - vorwärts, d. i. der gewöhnlichen Tanzrichtung entgegengesetzt.

**Takt W 3:**
2 Nachstellschritte; Rückwärtshalten der Arme in Schulterhöhe. Die Fassung wird gelöst.

**Takt W 4:**
Mit 3 Tritten, deren erster wieder gestampft wird, machen beide auf der Stelle eine Viertel- bis Halbwendung nach außen, so daß die Rücken einander zugekehrt sind.

### B

Rücken an Rücken

**Takt 5+6:**
Ohne Handfassung tanzen Junge und Mädchen, noch immer der Tanzrichtung entgegengesetzt, einen Achterrümschritt mit Hüftschwung, der er links, sie rechts einsetzt, und (Takt 6) einen Achterrümschritt m. H. in die ursprüngliche Tanzrichtung, von ihm links begonnen. Den Hüpfschwung verstärken beide zu einer halben Wendung nach innen, d. h. zueinander; er dreht sich dabei rechts, sie links herum.

Gesicht zu Gesicht

**Takt 7+8:**
Indem nun beide einander ansehen, tanzt er einen Achterrümschritt links m. H., sie gleichzeitig einen Achterrümschritt rechts m. H.; darauf (Takt 8) er einen Achterrümschritt rechts m. H., sie gleichzeitig einen Achterrümschritt links m. H.

Langsamer Rheinländer rund

**Takt 9-12:**
In Gewöhnlicher Fassung 4 Rheinländerschritte rechtsum mit oder ohne Hüpfschwung vorwärts auf der Tanzbahn.

Tanzform von Heinrich Dieckelmann

# Moder Wittsch

Mo-der Wittsch, Mo-der Wittsch kiek mi mal an, wie ik den Bummelschotsch danzen kann. Een-mal op den Hak-ken, een-mal op den Tehn, oh dat geiht ver-dü-velt schön. La la la la................................

## Tanzbeschreibung:

Aufstellung der Paare auf der Kreisbahn in Gegenstellung. Er innen, sie außen, beide Hände fassen. Er tritt links an, sie rechts.

1. Takt:
Drei Nachstellschritte seitwärts, mit Armschwingungen hin und her.

2. Takt:
Bei „an" einen Knicks.

3./4. Takt:
Dasselbe widergleich und Vierteldrehung nach vorn. Fassen der inneren Hände.

5. Takt:
Zweimal Hüpfen auf dem einen Fuß mit Aufffersen und Aufzehen, dann widergleich.

6. Takt:
Wiederholung.

7./8. Takt:
Mit acht Schritten an Ort. Dreivierteldrehung nach außen; er links, sie rechts unter den hochgehobenen Armen hinweg.

9./10. Takt:
In Gegenstellung: Hüftstütz. Vier Galopphüpfe links hin, beim dritten und vierten Handklappen und sofort widergleich, also hin und her.

11. Takt:
Fassung beider Hände. Gehen im Ring nach links.

12.-16. Takt:
Wiederholung.

Am Schluß Platzwechsel: Sie geht einen Platz nach rechts weiter.

# Sünnros (Vierlande)

Un wenn dor ba-ben de Sünn nich weer, denn weer dat du-ster up de Eer, un Eer. Sünn steiht an

Hä-wen, schön is dat Lä-wen, schön is mien Mä-ken mien
Gre-ten in'n Danz to sehn. Licht as de Wol-ken, gau as de
Swul-ken, Gre-ten, mien Mä-ken, wat danzt du schön. Du büst mien
Sünn-ros, du büst mien Hartensbloom, du büst mien Sünnros, du büst mien
Bloom. Bloom. Reck dien Hand mien al-lerleevste Deern,
mehr as de Sünn-ros heff ik di so geern. geern.

## Tanzbeschreibung:

Aufstellung: 4 Paare im Kreuz

### 1. Kehre

Takt 1-8 mit Wiederholung:
Großer Kreis nach links und rechts; d. h. alle 4 Paare fallen sich zum Kreis und tanzen im Hüpfschritt 8 Takte nach links und 8 Takte nach rechts.

Takt 9-24:
Paarweise zur Mühle; d. h. die Paare tanzen in Hüftschulterfassung. Die Mädchen fassen rechtshändig zur Mühle und tanzen 8 Takte vorwärts herum.
Takt 16:
Wechseln; die Mädchen lassen die rechte Hand los, drehen sich rückwärts eine halbe Wendung und schwenken die Jungen herum, so daß diese den Platz der Mädchen einnehmen. Die Jungen reichen den gegenüberstehenden Jungen die linke Hand, und alle tanzen wieder paarweise die Mühle zurück auf ihren Platz. Takt 17-24.

Takt 25-32 mit Wiederholung:
Sünnros; d. h. die 4 Jungen fassen sich zum Kreis, die Mädchen ebenfalls, doch so, daß sie ihre Arme unter die Arme der Jungen stecken und sich vor der Brust der Jungen die Hände reichen. Alle tanzen so im Kreise 8 Takte nach links.
Takt 32:
Wechseln; die Jungen schwingen die festgefaßten Hände über die sich beugenden Mädchen, worauf die Mädchen ihre Hände über die sich beugenden Jungen schwingen und so 8 Takte im Kreise nach rechts tanzen auf ihre Plätze zurück.

Takt 33-40 mit Wiederholung:
Ganze Kette; d. h. jeder Junge faßt mit seiner rechten Hand die rechte seines Mädchens, dann mit seiner linken Hand die linke des ihm entgegenkommenden Mädchens des rechts stehenden Paares. Die Jungen hüpfen rechts im Kreis herum, die Mädchen links herum (in Richtung des Uhrzeigers), bis jeder auf seinen Platz zurückgekehrt ist. In jedem Takt ein Hüpfschritt.

### 2. Kehre

Takt 1-8 mit Wiederholung:
Handtour; d. h. jeder Junge faßt mit seiner rechten Hand die rechte seines Mädchens und tanzt mit ihr 8 Takte im Kreise auf der Stelle vorwärts und in derselben Fassung 8 Takte rückwärts.
Takt 29-40:
Wie in der ersten Kehre.

Schluß:

Takt 1-8 mit Wiederholung:
Großer Kreis nach links und rechts.

# Wullt'n Nach'mütz hebb'n
– Ut Ostholstein –

Wullt'n Nach-mütz hebb'n? Kann's mi man segg'n, ik heff noch een, de kann's mal leen. Wullt'n Nach-mütz hebb'n? Kann's mi man segg'n, ik heff noch een, de kann's mal leen, di ral-la-la di-di ral-la-la di-di ral-la-la di-di ral-la-la, di-di ral-la-la di-di ral-la-la, di di ral-la-la, di-di ral-la-la.

2. Ik danz mit di un du mit mi,
un övert Jahr, do free ik di.

### Tanzbeschreibung:

Aufstellung: Jungen und Mädchen stellen sich paarweise im großen Kreise auf. Der Junge faßt mit seiner Rechten die Linke des Mädchens. Das Mädchen faßt mit der Rechten ihren Rock. Der Junge setzt seine Linke in die Seite.

Takt 1-7:
a) Beim Auftakt wenden sich Junge und Mädchen zueinander. Beide knicksen Takt 1 bei „hebb'n", indem sie die Hacken zusammensetzen und die Knie beugen.

b) Beide gehen 2 Schritte vorwärts, drehen sich dabei und machen diesmal Rücken an Rücken (bei „segg'n") einen Knicks, indem sie sich über die Schultern ansehen.
c) Beide gehen wieder 2 Schritte vorwärts; drehen sich zueinander (wie a). Knicks bei „ein".
d) Wie b. Knicks bei „lein". Takt 5-8 wie 1-4.

Takt 9-17: Alle tanzen gewöhnliche Polka in geschlossener Fassung. (Dabei legt der Junge seine Hände in die Seiten des Mädchens. Sie legt beide Hände auf seine Schulter.) Takt 16 u. 17 wie a. Wenn der Tanz sich wiederholt, geht der Junge einen Schritt vor und reicht dem vor ihm stehenden Mädchen die Hand.

# Platt un Naberspraak

## Fieräiwend
(Saterfreesch)

Is Fieräiwend - ju Oarbaid däin.
Still is et nu in'n Busk ap't Fäild.
Dät Äiwendrood ut Wääste schint,
Un stiller waait di Äiwendwiend.

Is Fieräiwend - ju Oarbaid goud.
God rakt us deertou Kraft un Moud.
Wi toankje him foar dissen Dai.
Hi us dän Mäiden schoanke mai.

Is Fieräiwend - ju Oarbeid däin.
Is rauelk nu in Huus un Schäin.
Doo litje Bäidne släipe aal.
Bold släip uk wi un't Fäi in'n Staal.

                              Gesine Lechte-Siemer


## Fierabend

Is Fierabend - de Arbeit daan.
Still is dat nu in'n Busch up't Feld.
Dat Abendroot in'n Westen schient,
Sinniger weiht de Abendwind.

Is Fierabend - de Arbeit goot.
Gott gifft us darto Kraft un Moot.
Wi dankt em (ok) för dissen Dag.
He us den Morgen schenken moch.

Is Fierabend - de Arbeit daan.
Still is dat in Huus un Schüün.
De lüttjen Kinner slaapt (nu) all.
Bold slaapt ok wi un't Veeh up'n Stall.

                              Plattdüütsch: Heinz Edzards

## Kum ien
(Saterfreesch)

Kum ien, wan du foarbigungst,
Kum ien, gung nit foarbi!
Wi frau' us, wan du ienkumst,
Kon'n baale moal mäd di.

Moast us nit täiwe läite,
Ferhoal di iun bi us.
Wi woln di uk noch fräigje
Woo gungt et di apstuns.

Wät di't bi us wät leeter,
Nim rauelk Tid deertou.
Ju Oarbait gungt dan beeter
Un di gungt maol soo goud.

Gesine Lechte-Siemer

## Kumm rin

Kumm rin, wenn du vörbigeihst,
kumm rin, gah nich vörbi!
Wi freut us, wenn du rinkummst,
könt snacken mal mit di.

Mußt us nich töwen laten,
Verhaal di äben bi us.
Wi willt di ok noch fragen,
wo di dat geiht upstunns.

Ward di dat bi us wat later,
Nimm di eenfack Tiet darto.
De Arbeit geiht denn bäter
un di geiht't mal so goot.

Plattdüütsch: Heinz Edzards

töwen = warten; upstunns = gegenwärtig, heute; later = später

## The Rainy Day
(Engelsch)

The day is cold, and dark, and dreary;
It rains, and the wind is never weary;
The vine still clings to the mouldering wall,
But at every gust dead leaves fall,
And the day is dark and dreary.

My life is cold, and dark, and dreary;
It rains, and the wind is never weary;
My thoughts still cling to the mouldering Past,
But the hopes of youth fall thick in the blast,
And the days are dark and dreary.

Be still, sad heart! and cease repining;
Behind the clouds is the sun still shining;
Thy fate is the common fate of all,
Into each life some rain must fall,
Some days must be dark and dreary.

Henry Wadsworth Longfellow

## De Regendag

De Dag is koolt, un gries, un verdraten;
Dat regent, un de Wind is nich eenmal mö;
De Wien hollt sick noch fast an de brockeln Müür,
Man mit elkeen Windstoot fallt de doden Blöer,
Un de Dag is gries un verdraten.

Mien Lewen is koolt, un gries, un verdraten;
Dat regent, un de Wind is nich eenmal mö;
Mien Besinnen hollt noch fast an dat brockeln Oolt,
Man dat Hapen van fröher fallt dicht in'n Storm,
Un de Daag sünd gries un verdraten.

Wäs still, bedröövt Hart! un graam di nu nich mehr;
Achter de Wulken schient noch jümmer de Sünn;
Wat di todacht is, dat is all Lü todacht:
In elkeen Lewen mutt dat ok mal regen,
Wecke Daag möt gries ween un verdraten.

Plattdüütsch: Heinz Edzards

## Snij
(Groninger Platt)

Ik stoa hier in dij widde wereld,
   -Dij slut mie in; -
Zit in dij widde kilte
   Toch ook nog zin?

n Enk'le graauwe vogel,
   Mit kaalme slag,
Verbrekt de grode stilte
   Van winterdag.

De sporen van het leven
   Bin onderdekt...
Of dizze dode wereld
   Ooit leven wekt?

Of dizze daipe stilte
   Ooit weer verdwient?
Of ainmoal op de wereld
   De zun weer schient?

Ik stoa moar in dij widde wereld,
   - Dij slut mie in; -
'k Vuil: aal mien doun en denken
   Het hail gain zin.

A.M.J. Deelman

## Snee

Ik stah hier in de witte Welt,
- De slütt mi in; -
Sitt in de witte Küll
Woll noch een Sinn?

Enkelt een griesen Vagel,
Mit liesen Slag,
Breckt dör de grode Stillte
Van'n Winterdag.

De Sporen van all Läben
Sünd heel todeckt...
Of in de doode Welt
Noch Läben steckt?

Of disse deepe Stillte
Woll mal vergeiht?
Of eenmal noch de Sünn
An'n Häben steiht?

Ik stah alleen in witte Welt,
- De slütt mi in; -
Ik föhl: min Doon un Denken
Hett ganz kien Sinn.

Plattdüütsch: Erich Haferkamp

slütt = schließt; Küll = Kälte; enkelt = vereinzelt; heel = ganz

## *Der Osterspaziergang*

Vom Eise befreit sind Strom und Bäche
durch des Frühlings holden, belebenden Blick,
Im Tale grünet Hoffnungsglück;
der alte Winter in seiner Schwäche
zog sich in rauhe Berge zurück.
Von dorther sendet er, fliehend, nur
ohnmächtige Schauer körnigen Eises
in Streifen über die grünende Flur.
Aber die Sonne duldet kein Weißes,
überall regt sich Bildung und Streben,
alles will sie mit Farbe beleben;
doch an Blumen fehlt's im Revier,
sie nimmt geputzte Menschen dafür.
Kehre dich um, von diesen Höhen
nach der Stadt zurückzusehen.
Aus dem hohlen, finstern Tor
dringt ein buntes Gewimmel hervor.
Jeder sonnt sich heut so gern;
sie feiern die Auferstehung des Herrn,
denn sie sind selber auferstanden:
Aus niedriger Häuser dumpfen Gemächern,
aus Handwerks- und Gewerbesbanden,
aus dem Druck von Giebeln und Dächern,
aus der Straßen quetschender Enge,
aus der Kirchen ehrwürdiger Nacht
sind sie alle ans Licht gebracht.
Sieh nur, sieh! wie behend sich die Menge
durch die Gärten und Felder zerschlägt,
wie der Fluß in Breit' und Länge
so manchen lustigen Nachen bewegt;
und, bis zum Sinken überladen,
entfernt sich dieser letzte Kahn.
Selbst von des Berges fernen Pfaden
blinken uns farbige Kleider an.
Ich höre schon des Dorfs Getümmel,
hier ist des Volkes wahrer Himmel,
zufrieden jauchzet groß und klein:
Hier bin ich Mensch, hier darf ich's sein!

Johann Wolfgang von Goethe

## Osterspaziergang

Vun lesgang free sünd Strom un Beeken,
sacht weiht de Fröhjohrswind över den Knick,
neern in de Wischen, dat Gras steiht al dick,
de ole Winter hett sick versteken,
sleek in de Bargen, möd an sien Krück.
Vun dor schickt he nochmal 'n Hagelschuur,
doch dat Spektakel wohrt meist nich lang:
Poor witte Stripen op gröne Natur.
Aver de Sünnschien, de hett keen Bang!
Saft drängt in Gras, in Telgen un Knuppen,
blitzblanke Lichter in Dau un in Druppen.
Un fehlt dat an Blomen in't gröne Revier,
seht wi doch lustig bunt Minschenvolk hier.
Kiek vun den Anbarg na Stadt hento:
Dor quellt dat ut'n Door, peddt sick op de Schoh!
De Lütten, de Langen, de Dicken, de Dünnen,
un all sünd's behangen mit sünndaagsche Plünnen,
all wüllt se lustig ehr Ostern begahn,
sünd jüst as ehr Jesus ut Gräffnis opstahn.
Ut enge Straten, Hüsung un Stuven
drängt sick dat vör in grellbunte Druven!
Vun Dörpen her Danz un nochmal Gewimmel:
Hier föhlt sick dat Volk so recht in sien' Himmel!
Un jedereen denkt mit datsölve Begehren:
Hier bün ick Minsch, un nüms schall mi't wehren!

Plattdüütsch: Friedrich Hans Schaefer

neern = unten; Telgen = Zweige; Knuppen = Knospen; Druven = Trauben

## *He hett recht!*

Up den olen Füürtoorn van Wangeroog löost sik de beiden Lü jüüst af, do höört se, dar kummt wat de Trepp rupsnuven. Jungedi! Wat geiht de Fro to Kehr! Af un to piepst dar ok'n Mannsminschenstimm twüschen, man de hett dr kin Ajeß bi. Dat Froonsminsch hett dat Regeer.
Nu is dat Minsch baben, verpuust sik'n Sett un seggt denn, bannig kortaf:
„Eduard! Wovääl Trä hest du tellt?"
„145!"
„Verkehrt, woller verkehrt! 146!" snau de Olsch. Denn keek se na den Toornmann August röver un reep:
„He! Se dar! Wovääl Trä hett de Toorntrepp?"
Bi dat „He!" un „Se dar!" leep August so'n bäten wat root an, man denn sä he sinnig:
„Dat sünd eenhunnertfiefunveertig, Madam!"
As de beiden wedder runnerklabastert weern, froog Emil sinen Kumpel August:
„August, nu segg is! Wat schull dat? Du weeßt doch, dat sünd hunnertseßunveertig Trä! Warum hest du dat anners seggt?"
„Tscha!" seggt Kassen un speet so recht vör Pläseer ut.
„De Madam, de kunn ik nich utstahn! Darum heff ik den Keerl recht gäven!"
na Heinrich Diers

geiht to Kehr = macht Lärm, Spektakel; Ajeß = Mut; 'n Sett = eine kurze Zeit; Trä = hier: Stufen; Pläseer = Spaß

## *He hett recht!*
(Ostfreesch Platt)

Up de olle Füürtoorn van Wangeroog lösen sük de beiden Lü nett of, do höörn se, door kummt wat de Trapp na boven snuven. Junge! Wat geiht dat Frominsk tokehr! Of un to piept door ook de Stemm van 'n Mannminsk tüsken, man de hett door niks bi to seggen. Dat Frominsk hett dat Gesagg allennig.
Nu is dat Wief boven, verpuust sük un seggt denn, recht körtof:
„Eduard! Wovööl Stufen hest du tellt?"
„145!"
„Verkehrt! Weer verkehrt! 146!" snaude de Ollske. Denn keek se na de Toornmann August hen un reep:

„Hallo! Se door! Wovööl Stufen hett de Toorntrapp?"
Bi dat „Hallo!", un „Se door!" leep August vör Vergrelltheid wat rood an, man denn see he sinnig:
„Dat bünt eenhunnertfiefunveertig, Madam!"
As de beiden weer andaalklabattert wassen, froog Emil sien Macker August:
„August, nu segg ins, wat schull dat? Du weetst doch, dat bünt hunnertseßunveertig Stufen! Woorum hest du dat anners seggt?"
„Tja!" seggt Kassen un speeit van Höög ut. „De Madam, de kunn ik neet utstahn! Doorum heb ik de Keerl recht geven."

Umsett: Marron C. Fort

## *Hie häd gjucht!*
(Saterfreesch)

Ap dän oolde Fjúurtouden fon Wangerouge löze sik do bee Ljude juust ou, do here jo, deer kume wäkke ju Trappe hoochstiegen, un do wieren läip bäte Omme. Junge! Wät geen dät Wieuw tou de Kíer! Ou un tou píepet deer ju Stämme fon en Monmoanske twiske, man hie häd deer niks bie tou tällen. Dät Wieuwmoanske häd deer ju Buks an.
Nu is dät Wieuw buppe, ferpuustet sik en Sät un kwät dan, gjucht snipsk:
„Eduard! Wofúul Stappen hääst du täld?"
„145!"
„Ferkíerd! Wier ferkíerd! 146!" snaude ju Oolske. Dan keek ju ätter dän Toudensmon August wai un ruup: „Nu kwäd du moal! Wofúul Stappen häd ju Toudentrappe?"
Bie dät „Nu kwäd du moal!" ron August de Kop rood an, man do kwaad hie sinnich:
„Dät sunt eenhunnertfieuwunfjautich, Madam!"
As do bee vier addeelklabasterd wieren, fräigede Emil sin Früünd August:
„August, nu kwäd insen, wät schuul dät? Du waast daach, dät sunt hunnertsäksunfautich Stappen! Wieruum hääst du dät uurs kweden?"
„Jee!" kwät Kassen un sputtert so gjucht fon Oarigaid.
„Ju Madam, ju kuud iek nit uutstounde! Deeruum häbe iek dän Käärl gjucht roat!"

Umsett: Marron C. Fort

# Wat van us plattdüütsch Spraak

*Plattdüütsch Namen köönt us vääl vertellen*

Wippsteert - Bachstelze
Bottervagel - Schmetterling
Dwarslöper - Krebs
Hauer - Eber
Söög - Sau
Sünnküken - Marienkäfer
Tuunkrüper - Zaunkönig
Miegi(ee)mken - Ameise
Katteker - Eichhörnchen

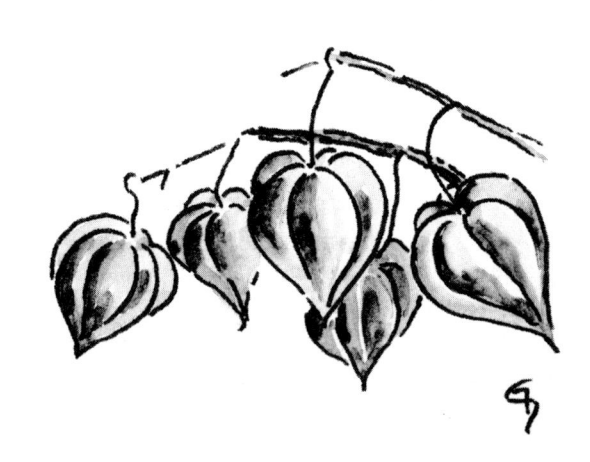

Kruupdörntuun - Gundermann
Kohhacken - Kapuzinerkresse
Kattenkruut - Baldrian
Glasbeern -gemeiner Schneeball
Golden Westenknööp - Rainfarn
Botterbloom - Hahnenfuß
Stinken Janhinnerk - gemeines Kreuzkraut
Mutt mit Farken - Weißwurz
Würmken - Wermut
Laternenbloom -Lampionblume

# „Dwarß dör de plattdütsche Sprak"[1]

Bei diesem Gang durch unser rückwärtsgelesenes plattdeutsches „Nokixel" sollen vor allem nicht alltäglich gebrauchte Wörter und Wendungen erklärt werden. Bei ihrer Auswahl wird auf Jahreszeit und Ereignisse möglichst Rücksicht genommen.
Unser erstes Wort „dwarß" ist hochdeutsch (hd.) „quer". Es kommt auch als „dwarß, dweer" vor. Dazu gehört „verdwaß, verdweer" in der Bedeutung „ganz unpassend", z. B. in Sätzen wie „dat kummt mi vandaag awer ganz verdwaß". Ein „Dwarßbom" ist ein Querbaum. „Dwarßbüngel" kann auch wie „Dwarßkopp" ein Querkopf sein. Ein „Dweersack" ist zunächst ein Doppelsack, der „quer", vor und hinten über der Schulter hängt. Das Wort bedeutet auch ein doppeltes Heuerhaus vorn und hinten Eingang und Wohnung. Unter einem „Dwerhus" versteht man ein Haus, das nicht mit dem Giebel, sondern mit der Langseite zur Straße steht. „Dweerwind" bedeutet Gegen- oder Wirbelwind. In der Seemannssprache ein geläufiges Wort: „Dwarslinie" = Frontlinie.
„He hett mi bannig ansmeert", hd. = betrogen. Neben „bannig" auch „unbannig", hochdeutsch heftig, tüchtig, verflucht. Man sagt auch „Ick hebb (heff) bannig Smacht", hd. Hunger, oder „Dat hett bannig froren" hochdeutsch stark gefroren. - In „ansmeeren" steckt das Wort „Smeer", hd. Schmiere, Fett, dazu „Wagensmeer". Auch „Ick smeer mi 'n Botterbrot" „Smeerige Bohnen" sind in Fett gekochte Bohnen. Für „ansmeeren" kann man auch „beschuppen" sagen. Milder ist das Wort „beschummeln". Davon ist die einfache Form ins Hochdeutsche übergegangen mit zwei Bedeutungen zunächst als „schummeln" in die Pennälersprache für „mogeln", daneben im jeverländischen Platt für sauber machen, scheuern. Es gibt daher dort einen „Schummeldag", hd. ein Scheuerfest besonders um Pfingsten. Für „ansmeeren" wird übrigens auch noch das unparlamentarische „anschieten" gebraucht, z. B. „Mit denn falschen Groschen hett he mi waraftig noch anschäten."
Da ist weiter der Satz: „De Deern weer noch ganz benaut; se wull sick befreen." „Benaut" ist hd. bedrückt, beklommen und „sick befreen" = verheiraten. Im Hochdeutschen kennen wir nur „freien" für „um ein Mädchen freien = werben". Plattdeutsch sagt man für „sick verheiraten" auch „sick beminschen". In dieser Reihe steht „sick begöschen" für hd. durch Zureden beruhigen. „Begrotsnuten", ein echt plattdeutsches Wort ist hd. soviel wie „bei einer Besichtigung großmäulig beurteilen". „Begrotmulen" bedeutet dasselbe. Daneben „begriesmulen", gries = grau. So sucht unsere plattdeutsche Sprache Worte für alle möglichen Gesichtsäußerungen der Menschen eigene zutreffende Ausdrücke zu schaffen, z. B. „blaubecken" für hd. gaffen, vielleicht vom französischen „blanc-bec" = Grünschnabel. Hierher gehören die besonderen Kopfbewegungen „schüddkoppen"

„nickkoppen", ebenso für die Augen „plink- und plierögen", für den Rücken „ducknacken" für das Lachen „smustergrienen". Bezeichnend auch die originellen Wortbildungen z. B. „verdummdüweln" hd. für einen dummen Teufel halten, „verhackstücken" für besorgen, verhandeln, „verfumfeinen", d. h. in Saus und Braus vertun, „verklokfideln" für hd. klug- oder klarmachen.

Karl Fissen

1) Wullt du dar mehr van weten, kiek in dat Book „Plattdütsch läwt!", van Karl Fissen, Heinz Holzberg Verlag Oldenburg.

## *Dat mußt up plattdüütsch anners seggen as up hochdüütsch*

| Snackeree in de Iesenbahn | Ein Gespräch in der Eisenbahn |
|---|---|
| Twee Mannslü sitt in de Iesenbahn, un de beiden hefft sik vääl to vertellen. <br> „Us Söhn lett vanwegen sien Schoolmester de Näs hangen. He kummt un kummt mit em nich to Pott." <br> „Dien Söhn kriggt sik mit sien Schoolmester inne Plünnen?" <br> „So is dat woll; de köönt sik woll beide nich rüken." <br><br> „Hett de Schoolmester dienen Jung denn up'n Kieker?" <br> „Fliedig wesen, dat fallt usen Jung so stuur. Dat is blots so, un dat heff ik em ok al seggt, he schall sik dat achter de Ohren schrieven: Wenn't Tügnisse gifft, denn kummt dat dicke Enn achteran!" | Zwei Männer sitzen in der Eisenbahn, sie haben sich viel zu erzählen. <br> „Unser Sohn ist wegen seines Lehrers ganz mißmutig. Er kommt durchaus mit ihm nicht zurecht." <br> „Dein Sohn hat Streit mit seinem Lehrer? <br> „So kann man es wohl nennen, sie halten wohl beide nicht viel voneinander." <br> „Kann denn der Lehrer deinen Sohn nicht leiden?" <br> „Es fällt unserem Jungen nun einmal schwer, fleißig zu sein. Das ist nur so, und das habe ich ihm auch schon gesagt, er soll sich das gut merken: Wenn es Zeugnisse gibt, dann zieht er doch den kürzeren!" |

| De plattdüütsch Snack | Sinngemäße Übersetzung |
|---|---|
| Dat kannst man in'n Schosteen schrieben! | Du kannst damit (z. B. mit dem Geld) nicht mehr rechnen! |
| He verkofft dat för'n Appel un'n Ei. | Er verkauft das sehr billig (unter Wert). |
| He hett sien Geld up'n Kopp haut. | Er hat sein Geld sinnlos ausgegeben. |
| He hett nix inne Melk to krömen. | Er ist arm (mittellos). |
| He stellt sik up de Achterbeen. | Er wehrt sich. |
| He hett groot Rosinen in'n Kopp. | Er überschätzt seine Möglichkeiten. |
| He steckt sien Näs allerwegens twischen. | Er mischt sich überall ein. |
| Dar heff ik Wind van krägen. | Davon habe ich gehört. |
| Se hefft sik um Huus un Hoff brocht. | Alles haben sie verschwendet. |
| De Buur kann sienen Kopp nich bögen. | Der Bauer ist stolz und unnachgiebig. |
| He treckt den Steert in. | Er macht einen Rückzieher (oder: Er bekommt Angst.). |
| He kann den Hals nich vull kriegen. | Er ist unersättlich. |
| Dat will un will nich bottern. | Es will mit dem besten Willen nicht glücken. |
| Se lett sik de Botter nich van't Broot nehmen. | Sie läßt sich nicht übervorteilen. |
| Wi willt em unner de Arms griepen. | Wir wollen ihm (vor allem in finanzieller Hinsicht) helfen. |
| He sett sien best Been vor. | Er zeigt sich von seiner besten Seite. |
| He is van'n Padd af. | Er ist vom geraden Weg abgekommen (auch: Er ist nicht mehr ganz gescheit.). |
| Wi sett dar'n Sticken vor. | Wir beenden die Sache. |

## *Plattdüütsch Tweespänner*

De Lü kemen van *wiet un siet*.
Allens is unner *Dack un Fack*.
He geiht mit *Sack un Pack* weg.
In'n vergrellten Kopp haut he allens to *Gruus un Muus*.

He mutt vör *Dau un Dag* ut de Feddern.
Dat seggt de Kooplü: *Buten un binnen, wagen un winnen*.
Se keem mit *Pott un Pann*.
He hett sik den Düwel mit *Huut un Haar* verschräven.
Bi *Wind un Wäär* gaht wi ruut.
Se is nich bang för *Dood un Düwel*.
Dat Schipp gung unner mit *Mann un Muus*.
Mit *Schimp un Schann* jaagt se em weg.
Se hett *Stütt un Stöön* an är Kinner.

## *Die gleiche Geschichte, hoch- und plattdeutsch*

Eine neue Möglichkeit, den Freunden der plattdeutschen Sprache den Unterschied und die Eigenart dieser heimischen Sprachform im Vergleich zum Hochdeutschen nahe zu bringen, bieten hoch- und plattdeutsche Texte. Dabei werden hochdeutsche Geschichten ins Plattdeutsche übertragen und beide Texte zum Vergleich gegenübergestellt. Es ist sofort klar, daß es sich nicht um eine Übersetzung handelt. Der hochdeutsche Text ist vielmehr zunächst inhaltlich nach Wortkunde und Satzbau umzusetzen und weiter in den niederdeutsch-plattdeutschen Geist und seine Gedankenwelt umzudenken. Ist doch unser Plattdeutsch ebenso eine selbständige Sprache wie das Hochdeutsch. Aus dieser Gegenüberstellung geht hervor, wie der hochdeutsche Text „zu einem in der Wurzel" echten Platt umgewandelt werden kann.

## *Vom Oldenburger Wunderhorn*
### Hochdeutsch

Graf Otto von Oldenburg war ein eifriger Jäger. Als er einst mit seinen Dienern im Barneführerholz jagte, führte ihn die hitzige Verfolgung eines Rehes weg von den Dienern in die Osenberge. Erschöpft von der Hitze und dem eiligen Ritte hielt er mit seinem weißen Pferde auf dem Osenberge und sah sich nach seinen Hunden um. „Ach Gott, wer nun einen kühlenden Trunk hätte!", rief er aus. - Da tat sich der Osenberg auf, und heraus trat eine schöne Jungfrau, wohlgeschmückt, mit köstlichen Kleidern angetan, die schönen Haare über die Achseln geteilt und oben mit einem Kranze bedeckt, und bot dem Grafen ein silbernes, reich und künstlich verziertes Trinkhorn: der Graf solle daraus trinken, sich zu erquicken.

Als der Graf das Trinkhorn genommen und den Trank betrachtet, gefiel ihm derselbe nicht, und er weigerte der Jungfrau ihn zu trinken. Die Jungfrau aber erwiderte: „Mein lieber Graf, trinket nur auf meinen Glauben, und es wird euch nicht gereuen. Trinket ihr aus diesem Horn, so wird es euch und eurem ganzen Geschlechte wohlgehen, und das Land wird gedeihen und blühen. Glaubt ihr mir aber nicht und trinket nicht daraus, so wird euer Geschlecht durch Streit und Uneinigkeit zerfallen."

Der Graf gab auf solche Rede keine Acht, und da er sich nicht entschließen konnte zu trinken, schwang er das Horn hinter sich und goß es aus, wobei einige Tropfen auf des Pferdes Rücken fielen, dessen Haare sie sofort verbrannten. Als die Jungfrau dies gesehen, begehrte sie ihr Horn zurück; aber der Graf gab seinem Pferde die Sporen und eilte fort. Ein Blick, den er hinter sich warf, zeigte ihm, wie die Jungfrau durch eine Kluft wieder in den Berg hineinging. Das Horn nahm der Graf mit sich nach Oldenburg, wo es lange aufbewahrt wurde, bis es nach Anton Günthers, des letzten Grafen Tode, nach Kopenhagen kam.

## *Van't Ollnborger Wunnerhoorn*
Plattdütsch

Graf Otto van Ollnborg gung bannig geern up Jagd. Mal weer he mit sien Lü in'n Barnführerholt bi't Jagen un, wat he man kunn, achter'n Reh her. Dor keem he bi weg van sien Lü in de Osenbarg rin. De Hitt un sien düchtigen Galopp harrn em slimm tosett. So holl he mit sien Schimmel up 'n Osenbarg und käk na sien Hunn'. - „Oh Gott", reep he, „well nu 'wat Kools to drinken harr!". - Do gung de Osenbarg up un'n ganz moje junge Deern keem dr 'rut. Fein putzt weer se, un ganz fein Kleer harr se an. Ehr mojet Haar hung ehr öwer beid Schullers. Up 'n Kopp harr se'n Kranz, un so holl se den Graf 'n sülwern, ganz fein verziert Hoorn hen to'n Drinken. De Graf schull dr man ut drinken. Dat dee em säker got!

De Graf nehm dat Hoorn un käk sick an, wat dr in weer. Dat paß em aber nich, un so sä he to de Jungfro, he wull nich drinken. Man dor sä de: „Mien leewe Graf! Drink man! Kannst mi glöben, un dat schall jo nich leed don! Wenn ji ut dat Hoorn drinken dot, denn so geiht dat jo un all jo Nakamen got. Jo Land ward dat denn ok best gahn. Dat schall bleun un hochkamen. Glöwt ji mi aber nich un drinkt ji nich, denn so blifft jo Stamm nich eenig un he ward in Meut utannerfalln."

De Graf wull van all dat nix weeten. He wull ok nich drinken. So swung he dat Hoorn in'n Bogen achter sick un goot et ut. Dor fulln enkelt Druppen bi up'n Rügg van sien Peerd, wor de Hoor foors an to brenn fungen. De Jungfer seh dit un wull ehr Hoorn torügg hebben. Man de Graf geef sien Peerd de Spoorns un mak, dat he weg keem. He käk noch mal achter sick un seeg, wu de Jungfro dör'n grot Lock wedder in'n Barg 'ringung. - Dat Hoorn nehm de Graf mit na Ollnborg. Dor hebbt se't lang verwahrt, bit't na Anton Günther, den letzten Grafen sien Dod, na Kopenhagen keem.

Karl Fissen

## *De Franzosen un us plattdüütsch Spraak*

Klöör un Malöör, Filu un Kujon . . ., luster mal to, hebbt de Wöör nich'n moien Klang? Hört to us plattdüütsch Spraak, sünd aber Fremdwöör, kam't ut Frankriek!
Wo de hier herkamen sünd un wann dat weer?
Ja, dat is nu mal so, dat jede Spraak, ok de plattdütsche, sick mal Fremdwöör upsacken deit. Un de mehrsten Fremdwöör in us Platt kaamt ut Frankriek. Dor wunnerst di, wat?
Du hest dor jo säker wat van hört in'n Geschichtsünnerricht. Van de Hugenotten, de in Frankriek läven deen un de se doch nich hebben wulln. Van wegen ehrn Globen. De sünd denn so um 1680 rüm mit Sack un Pack na us röwerkamen, bi us weern se jo säker.
Denn hebbt ji ok den Namen Napoleon hört. He weer de Kaiser van Frankriek. So van 1810-1813 weer he mit sien Suldaten ok bi us in Ollnborg. Usen Großherzog Peter Friedrich Ludwig harrn se wegjagt. He kunn erst weller na Ollnborg toruggkamen, at Napoleon de Jack vull krägen harr.
Dotiet läv jo ok Fritz Reuter. He hett över disse Tiet een Book schräven, ganz up Platt. Dat heet „Ut de Franzosentiet". Kiek mal rin in dat Book, hest'n Barg Pläseer mit.
Van de Hugenotten un französchen Suldaten hebbt use Lüüd wat aflustert, in'ne französche Spraak weern jo Wöör in, de't sick harrn, de wunnerbar klingen deen. Bredullje, Kuraasch . . . Un socke Wöör sünd bi us hangen blewen. Faken sünd de Wöör noch'n bäten anners maakt wurrn, dat se in us Platt bäter rinpassen deen, dat se'n echten plattdütschen Tungenslag kregen. So is dat mit „couleur", dor is „Klöör" ut wurrn un ut „bouteille" Buddel. Weer ok woll mal, dat dat eene oder annere Woort naher 'n bäten wat anners bedüden dee.
Aber eendoon, all de Wöör ut Frankriek sünd vandaag noch dor un hört rejell to us plattdüütsch Spraak.
Hier sünd noch'n poor van de Sort:
Schossee (chaussée) - Schandarm (gendarme) - Pampuschen (babouche) - kuschen (coucher) - Pläseer (plaisir)
Gifft noch mehr söcke Wöör, kannst noch wecke finnen?

Walter Helmerichs

# Plattdüütsch in Nordeuropa

So vör dusend Jahr (ALTNIEDERDEUTSCH 700-1300 n. Chr.) geev dat veer Spraken, de duun bi'nannerlegen, un dat weern:

ALTNIEDERDEUTSCH / ALTFRIESISCH / ALTNIEDERLÄNDISCH / ALTENGLISCH

Disse Spraken höörn to dat NORDSEEGERMANISCHE. Man to de sülwige Tiet geev dat ok al dat ALTHOCHDEUTSCHE, bi dat sik twüschen 600 un 800 n. Chr. väle *Konsonanten* dör de *2. Lautverschiebung* verännert harrn, wat wi vandagen noch an den Unnerscheed twüschen „Platt" un „Hoch" marken köönt. To'n Bispill:

*Konsonanten*

| *Platt* | *Hoch* | |
|---|---|---|
| slapp | schlaff | („p", „t", „k" verännern sik |
| dat | das | in: „f", „s", „ch") |
| ik | ich | |

---

| Pund | Pfund | |
|---|---|---|
| twee | zwei | („p", „t", „k" verännern sik |
| helpen | helfen | in: „pf", „z" (Anlaut) |
| dorp | Dorf | „tz" (Inlaut) |
| Hart | Herz | „ch" (Auslaut) |
| sitten | sitzen | „f" (Auslaut) |
| Kark | Kirche | |

---

| Dör | Tür | |
|---|---|---|
| goot (d) | gut | („d" verännert sik in: „t") |
| Vadder | Vater | |

Bi de *Vokale* hett dat an't End van't MITTELALTER (13.-15. Jh.) in't MITTELHOCHDEUTSCH un in't FRÜHNEUHOCHDEUTSCH twee wichtige Wessel gäben:

*Vokale:*

(MITTELHOCHDEUTSCH: wurd to: NEUHOCHDEUTSCH)

*Diphthongierung:*

| | | | | | |
|---|---|---|---|---|---|
| mhd. „î" | > | nhd. „ei" | (zît | > | Zeit) |
| mhd. „û" | > | nhd. „au" | (mûs | > | Maus) |
| mhd. „iu" | > | nhd. „eu" | (liut | > | Leute) |

Monophthongierung:

| | | | | | |
|---|---|---|---|---|---|
| mhd. „ie/iu" | > | nhd. „î, ie" | (liep/liup | > | lieb) |
| mhd. „uo" | > | nhd. „û" | (muot | > | Mut) |
| mhd. „üe" | > | nhd. „ü" | (müede | > | müde) |

Dat MITTELNIEDERDEUTSCH, ok *Hansesprache* nömt, hett in't 13. bit 16. Jh. de *Dipthongierung* un de *Monophthongierung* van de *Vokale* nich mitmaakt.

So mutt man de düütsche Spraak updelen:

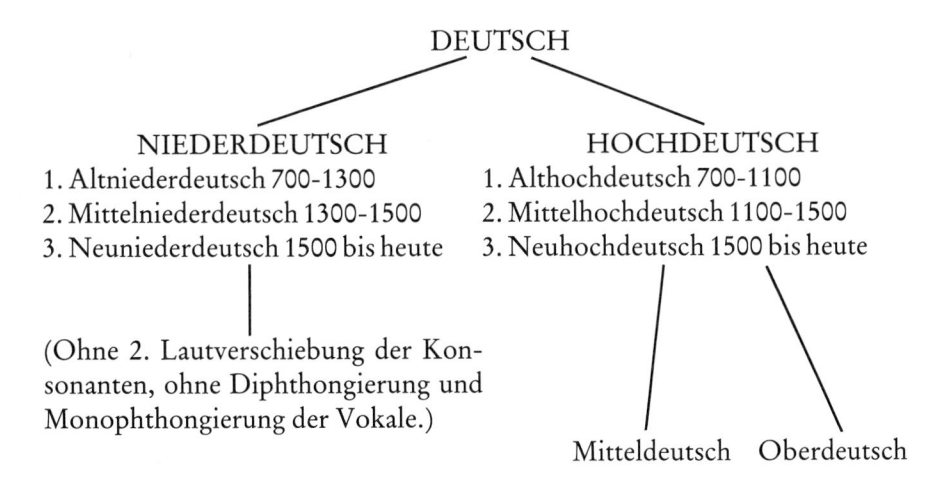

```
                    DEUTSCH
                   /       \
         NIEDERDEUTSCH      HOCHDEUTSCH
```

NIEDERDEUTSCH
1. Altniederdeutsch 700-1300
2. Mittelniederdeutsch 1300-1500
3. Neuniederdeutsch 1500 bis heute

(Ohne 2. Lautverschiebung der Konsonanten, ohne Diphthongierung und Monophthongierung der Vokale.)

HOCHDEUTSCH
1. Althochdeutsch 700-1100
2. Mittelhochdeutsch 1100-1500
3. Neuhochdeutsch 1500 bis heute

                Mitteldeutsch   Oberdeutsch

De Grenz' twüschen de beiden Süsterspraken NIEDERDEUTSCH un HOCHDEUTSCH loppt vandagen noch van West na Oost (of van Oost na West) dwars dör Düütschland un heet *Benrather Linie*. Beide Spraken hebbt ehre Mundaarten of *Dialekte*, to'n Bispill in Süddüütschland: BAYRISCH, SCHWÄBISCH, ALEMANISCH, FRÄNKISCH, usw.

In Norddüütschland gifft dat ok ene ganze Reeg d'r van:

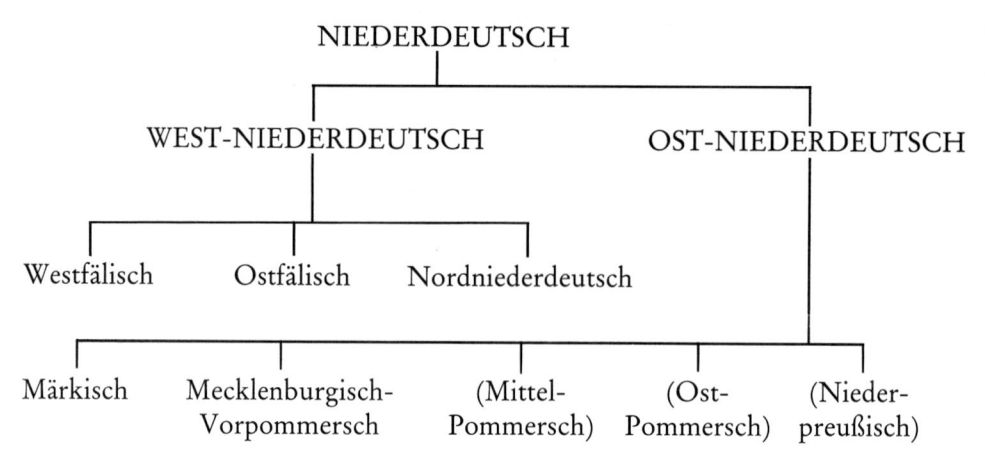

NIEDERDEUTSCH
├── WEST-NIEDERDEUTSCH
│   ├── Westfälisch
│   ├── Ostfälisch
│   └── Nordniederdeutsch
└── OST-NIEDERDEUTSCH
    ├── Märkisch
    ├── Mecklenburgisch-Vorpommersch
    ├── (Mittel-Pommersch)
    ├── (Ost-Pommersch)
    └── (Nieder-preußisch)

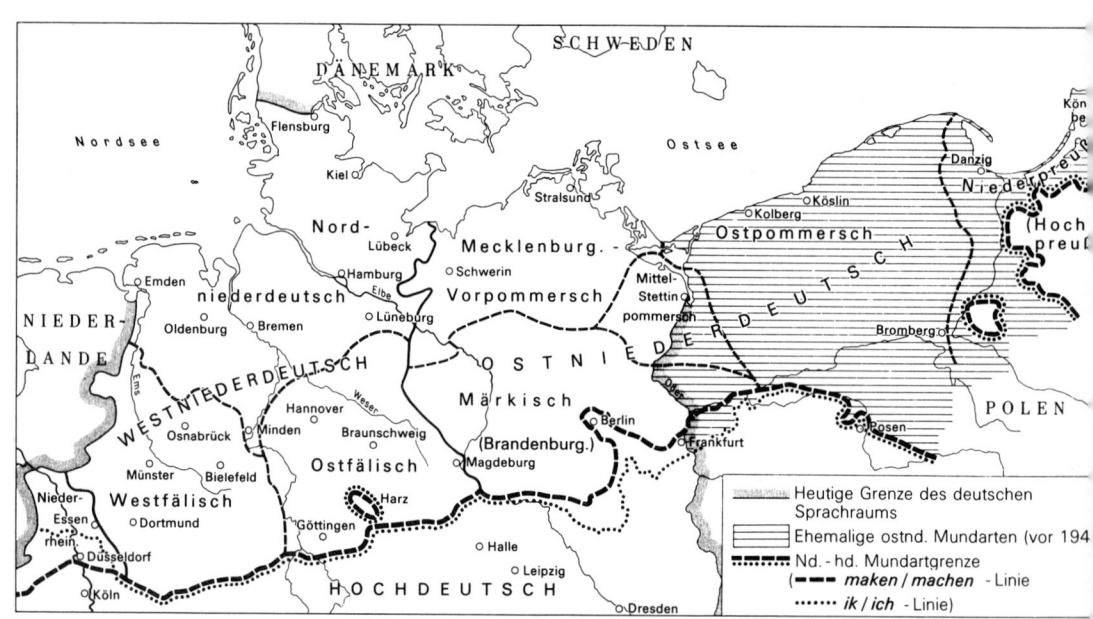

Die niederdeutschen Mundarten im Überblick
Nach W. Foerste, Geschichte der niederdeutschen Mundarten, in: DPhA.I, Berlin ²1957, Karte 7;
J. Goossens (Hg.)
Niederdeutsch. Sprache un Literatur, I, Neumünster 1973, Kartenanhang 3

Up de Kaart van de nedderdütschen Mundaarten kann'n sehn, dat Plattdütsche liggt nich bloots in de Naberschup van dat Hoochdütsche, man ok van't Nedderlandsche, Engelske, Dänsche, Französ'sche un Slaw'sche.
De beiden lesten Spraken höört nich to de „germanische Spraken'. Man all disse

232

Naberspraken hefft - de een mehr, de anner minner - noch de sülwigen Wöör as wi in't Plattdütsche.

Dat schall us disse Vergliek wiesen:

| Hoch-deutsch | Nieder-deutsch | Nieder-ländisch | Englisch | Dänisch | Norwegisch |
|---|---|---|---|---|---|
| Pfund | Pund | pond | pound | Pund | pund |
| Pfennig | Pennig | penning | penny | Penning | |
| Pfanne | Panne | pan | pan | Pande | panne |
| Pfosten | Posten | post | post | Post | |
| Pfeiler | Pieler | pijler | pillar | Pille | pilar |
| Pfeffer | Päper | peper | pepper | Pibe | pepper |
| Pfeife | Piep | pijp | pipe | Pibe | pipe |
| Pflanze | Plant | plant | plant | Plante | plante |
| schlafen | slapen | slapen | to sleep | sove | sove |
| offen | apen | open | open | aaben | åpen |
| | | | | | |
| zu | tau, to | te | to | til | til |
| zwei | twee | twee | two | to | to |
| zehn | tein | tien | ten | ti | ti |
| zwanzig | twintig | twintig | twenty | tyve | tjue |
| Zange | Tang | tang | tongs | Tang | tang |
| Zunge | Tung | tong | tongue | Tunge | tunge |
| erzählen | vertellen | optellen | to tell | fortaelle | fortelle |
| | | | | | |
| machen | maken | maken | to make | (gøre) | gjøre |
| Buch | Book | boek | book | Bog | bok |
| brechen | bräken | breken | to break | braekke | knekke |
| kochen | kaken | koken | to cook | koge | kokke |
| Deich | Diek | dijk | dike | Dige | |
| sprechen | proten, snacken | spreken, praten | to speak | snakke, (sammen) | tale, snakke |
| | | | | | |
| Wasser | Water | water | water | Vand | vann |
| Salz | Solt | zout | salt | Salt | salt |
| sitzen | sitten | zitten | to sit | sidde | sitte |
| | | | | | |
| Vater | Vadder | Vader | father | Fader | far |
| dein | dien | dijn | thy | din, dit | din |
| Brot | Broot | brood | bread | brød | brød |
| | | | | | |
| jagen | jagen | jagen | jogging | jage | jage |

# VERFASSER- UND QUELLENVERZEICHNIS

Alber, Arthur
 Geb. 1921 in Varel; wohnt in Hundsmühlen (bei Oldb.)
 De leßde Breef, S. 138
 De plattdüütsch Klenner 1979
Andrae, Oswald
 Geb. 1926 in Jever, wohnt in Jever
 Wilsede, S. 56
 De plattdüütsch Klenner 1973
Bövers, Georg
 Geb. 1884 in Oldenburg; gest. 1956 in Oldenburg
 Tater-Latin, S. 42
 De plattdüütsch Klenner 1935
Bredendiek, Hein
 Geb. 1906 in Jever; wohnt in Oldenburg
 „Umleitung!", S. 151
 Manuskript
Brüchert, Erhard
 Geb. 1941 in Schlönwitz (Pommern); wohnt in Friedrichsfehn (Ammerland)
 De Kwami-Skandaal, S. 165
 Manuskript (Das Hörspiel wurde am 30. 1. 1984 von Radio Bremen und vom Norddt. Rundfunk gesendet.)
 De Zauberböön, S. 119
 De plattdüütsch Klenner 1982
 Schoolarbeiden, S. 176
 Manuskript
 Vadder-un-Kind-Turnen, S. 125
 De plattdüütsch Klenner 1983
Brüggebors, Traute
 Geb. 1942 in Spieka (Land Wursten); wohnt in Syke
 Dat Lachen, S. 157
 Manuskript
 Stadt, S. 134
 De plattdüütsch Klenner 1969
Bunje, Karl
 Geb. 1897 in Neuenburg; wohnt in Oldenburg
 De Appeldeef, S. 38
 Jan Spin, Heinz Holzberg Verlag, Oldenburg 1975
 De gerechte Wiehnachtsmann, S. 70
 ebd.
 Runkelröbensaat, S. 116
 ebd.

Christians, Annedore
 Geb. 1926 in Oldenburg; aufgewachsen in Großenmeer (Wesermarsch), wohnt in Oldenburg
 Ankamen, S. 123
 Freetiet un Hinnerk, Heinz Holzberg Verlag, Oldenburg 1981
 De Lääsrott, S. 122
 ebd.
 'n sunnerbare Fründschupp, S. 25
 ebd.
 Novembermaand, S. 62
 Manuskript
Claudius, Hermann
 Geb. 1878 in Langenfelde bei Altona; gest. 1980 in Hamburg
 Fieravend an'n Haven, S. 90
 Mank Muern, Verlag der Fehrs-Gilde, Hamburg 1978 (Neuauflage der Erstauflage 1912)
 Harvst, S. 62
 ebd.
Daniel, Frieda
 Geb. 1913 in Warf/Seriem bei Esens; wohnt in Brake
 Dat Kinnergraff, S. 134
 De plattdüütsch Klenner 1977
Deelman, A.M.J.
 Geb. 1894 in Stadskanaal (Niederlande)
 Snij, S. 218
 En Struuß Blaumen, Verlag Rautenberg & Möckel, Leer
Deepe, Gunda
 Geb. 1966 in Oldenburg; wohnt in Großenkneten (Landkreis Oldenburg)
 As de Slachter noch bi us keem, S. 96
 Manuskript
Diers, Heinrich
 Geb. 1894 in Oldenburg; gest. 1980 in Oldenburg
 Dat Water, S. 86
 De witte Vagel, Heinz Holzberg Verlag, Oldenburg 1977
 Gammel, S. 159
 ebd.
 Pingsten, S. 59
 ebd.
 De Plöger up'n Wendacker, S. 155
 De plattdüütsch Klenner 1956

He hett recht! S. 221
Dat dat dat gifft!, Verlag Schuster, Leer
Seggwiesen van't Brot, S. 93
De plattdüütsch Klenner 1974
Edzards, Heinz
 Geb. 1926 in Ahlhorn; wohnt in Ahlhorn
 De Kraan un de Wulf, S. 18
 Manuskript
 De Regendag (Plattdt. Fassung des Gedichts „The Rainy Day" von H. W. Longfellow), S. 217
 Manuskript
 De Wiehnachtsgeschicht (nach Carl Orff), S. 198
 Manuskript
 Een Wäkenbook ut de Bisseler School van 1916/17, S. 100
 Manuskript
 Fierabend (Plattdt. Fassung des Gedichts „Fieräiwend" von G. Lechte-Siemer), S. 215
 Manuskript
 In't Nett gahn, S. 82
 Manuskript
 Kennt Ji noch den Bookwetenjannhinnerk?, S. 84
 Manuskript
 Kiek is, de Spreen sünd woller dar!, S. 56
 Manuskript
 Kumm rin (Plattdt. Fassung des Gedichts „Kum ien" von G. Lechte-Siemer), S. 216
 Manuskript
 „Monarchensilvester", S. 188
 Manuskript (hochdeutsche Vorlage: Wolfgang Ecke, Wer knackt die Nuß?, Ravensburger Taschenbücher, 3 Bd., 1975)
Falke, Gustav
 Geb. 1853 in Lübeck; gest. 1916 in Hamburg
 De Stormfloot, S. 89
 Hausbuch niederdeutscher Lyrik, Verlag von Georg D. W. Callwey, München 1926
Fissen, Karl
 Geb. 1885 in Jever; gest 1978 in Oldenburg
 „Dwarß dör de plattdütsche Sprak", S. 224
 Plattdütsch läwt!, Heinz Holzberg Verlag, Oldenburg 1977 (2. Aufl.)
 Die gleiche Geschichte, hoch- und plattdeutsch, S. 227
 ebd.
Fort, Marron C.
 Geb. 1939 in den USA, wohnt in Rhauderfehn (Ostfriesld.)
 He hett recht! (Ostfriesische Fassung der Geschichte „He hett recht!" von H. Diers). S. 221
 Manuskript
 Hie häd gjucht! (Saterfriesische Fassung der o. a. Geschichte), S. 222
 Manuskript
Goethe, Johann Wolfgang von
 Geb. 1749 in Frankfurt/M.; gest. 1832 in Weimar
 Der Osterspaziergang, S. 219
 Faust I
Grotelüschen, Wilhelm
 Geb. 1904 in Bissel (Landkreis Oldenburg), gest. 1977 in Oldenburg
 De Schandarm van Gannerseer, S. 53
 De plattdüütsch Klenner 1970
Groth, Klaus
 geb. 1819 in Heide; gest. 1899 in Kiel
 Abendfreden, S. 208
 Quickborn, Verlag Schuster, Leer 1975 (Unveränderter Nachdruck der Ausgabe Kiel und Leipzig 1899)
 Min Jehann, S. 207
 ebd.
 Ol Büsum, S. 89
 ebd.
Grube, Meta
 Geb. 1908 in Ahrensfluchtermoor (Niederelbe); wohnt in Cuxhaven
 Toschulden?, S. 136
 Uns' Moderspraak 8/81
Gurr-Sörensen, Ingeborg
 Wohnt in Hamburg
 Nich to glöben ..., S. 130
 Manuskript
Haferkamp, Erich
 Geb. 1910 in Rastede; wohnt in Borbeck (Landkreis Ammerland)
 De Hauwieker Peerdeef, S. 178
 Manuskript
 Foß un Höhner, S. 17
 Manuskript
 Snee (Plattdt. Fassung des Gedichts „Snij" von A.M.J. Deelman), S. 218
 Manuskript
 Snee danzt dal ..., S. 75
 De plattdüütsch Klenner 1963
 So'n Sleef van Jung?, S. 175
 Manuskript
 Wat nich geiht, dat geiht nich, S. 33
 Manuskript
Hansen Palmus, Hans
 Geb. 1901 in Sonderburg; wohnt in Hamburg
 Adventstiet, S. 164
 Plattdüütsch Wiehnachtsbook, Verlag der Fehrs-Gilde, Hamburg 1965

Harte, Günter
    Geb. 1925 in Hamburg; wohnt in Hamburg-Reinbek
    En annern Weg, S. 131
    Uns' Moderspraak 5/1980
Hartmann, Maria
    Geb. 1913 in Düpe (Landkreis Vechta); wohnt in Holthausen (Landkreis Vechta)
    De Hülp, S. 144
    Neddeln un Blaumen, Gemeinde Steinfeld 1983
Heinken, Jan
    Geb. 1897 in Varel; gest. 1978 in Ekern (Landkreis Ammerland)
    De Esel un dat Löwenfell, S. 49
    De plattdüütsch Klenner 1967
Heitmann, Hans
    Geb. 1904 in Großflintbek (bei Kiel); gest. 1970 in Lübeck
    Dor baben, S. 163
    Moderspraak-Böker Nr. 7, Verlag Georg Christiansen, Itzehoe
Helmerichs, Walter
    Geb. 1914 in Vreschen-Bokel (Landkreis Ammerland); wohnt in Ofen (bei Oldb.)
    De dicke Fisch, S. 79
    Manuskript
    De Franzosen un us plattdüütsch Spraak, S. 229
    Manuskript
    De lüttje Porg, S. 104
    Manuskript
    Sulwst don, sulwst utprobeern . . .!, S. 40
    Manuskript
Hinrichs, August
    Geb. 1879 in Oldenburg; gest. 1956 in Dehland bei Huntlosen (Landkreis Oldenburg)
    De Waterpiep, S. 44
    Delmenhorster Heimatjahrbuch 1932
Holsten, Christian
    Geb. 1922 in Otterstedt (Landkreis Verden); wohnt in Bremen
    De Wiehnachtsmann, S. 66
    Plattdüütsch Wiehnachtsbook, Verlag der Fehrs-Gilde, Hamburg 1965
    (s. a. Holschen II, Verlag Klammer & Bergfried, Bremen)
Kinau, Rudolf
    Geb. 1987 in Hamburg-Finkenwerder; gest. 1975 in Hamburg-Finkenwerder
    Autos un Bäum, S. 97
    För jeden wat!, Quickborn-Verlag, Hamburg 1958
    De Bickbeernpannkoken (Überschrift selbst gewählt), S. 33
    Dat Hart vull Freid, Baken-Verlag, Hamburg
    Een mutt weg!, S. 28
    Hör mal'n beten to, Verlag Karl Wachholtz, Neumünster 1966
Kreye, Walter Artur
    Geb. 1911 in Oldenburg; wohnt in Bremen
    Advent, S. 63
    De plattdüütsch Klenner 1955
    Navers, S. 133
    Twüschen de Tieden, Verlag J. P. Peter, Gebr. Holstein, Rothenburg o. T. 1971
Kruse, Hinrich
    Geb. 1916 in Toftlung (Nordschleswig); wohnt in Braak (bei Neumünster)
    Peter Heek sien Heimat, S. 141
    Weg un Ümweg, Verlag Schuster, Leer 1979 (2. Aufl.)
Kühn, Günter
    Geb. 1933 in Falkenburg (Pommern); wohnte viele Jahre in Remels (Ostfriesld.), jetzt in Oldenburg
    De Stä, S. 107
    Manuskript
    Langwieligen Kraam, S. 109
    Uns' Moderspraak 6/78
Kunst, Heinrich
    Geb. 1900 in Hatten (Landkreis Oldenburg); gest. 1976 in Rastede
    De Holschenmaker, S. 94
    De plattdüütsch Klenner 1934
Kuper, Werner
    Geb. 1930 in Kroge (bei Lohne); wohnt in Bakum (Landkreis Vechta)
    In'n Durk, S. 102
    Manuskript
Lange, Friedrich
    Geb. 1891 in Berne (Landkreis Wesermarsch); gest. 1968 in Delmenhorst
    Een Barkenboom, S. 106
    De plattdüütsch Klenner 1955
Lechte-Siemer, Gesina
    Geb. 1911 in Ramsloh (Saterland); wohnt in Friesoythe
    Fieräiwend, S. 215
    Ju Seelter Kroune
    Ostendorp Verlag, Rhauderfehn 1977
    Kum ien, S. 216
    Jahrbuch „Oldenburger Münsterland" 1982
Longfellow, Henry Wadsworth
    Geb. 1807 in Portland (Maine); gest. 1882 in Cambridge (Mass.)
    The Rainy Day, S. 217
    Ballads and Other Poems, 1841

Lüdken, Hermann
    Geb. 1912 in Wechloy (bei Oldenburg); wohnt in Oldenburg
    Mit de Zääg ünnerwägens, S. 34
    Manuskript
Molitor, Editha
    Geb. in Stettin; wohnt in Aurich
    De Breef, S. 163
    Manuskript
Morthorst, Franz
    Geb. 1894 in Goldenstedt; gest 1970 in Cloppenburg
    De (Dei) Arntetiet (Arentied), de is vergahn, S. 61
    Dwertmann/Hellbernd/Kramer (Hg.), Wi snackt platt, Vechtaer Druckerei und Verlag, Vechta 1977
Münster, Gudrun
    Geb. 1928 in Uetersen; wohnt in Uetersen
    De Stadt, S. 107
    Der Heidewanderer, Sept. 1978 (Nr. 36)
Pöpken, Hermann
    Geb. 1906 in Neuenhuntorf (Landkreis Wesermarsch); wohnt in Neuenkruge (Landkreis Ammerland)
    Na Guntsiet, S. 164
    Manuskript
    Na us:, S. 113
    Manuskript
Rogge, Alma
    Geb. 1894 in Brunswarden (Landkreis Wesermarsch); gest. 1969 in Bremen-Rönnebeck
    Ol' Hinnerk, S. 161
    Hinnerk mit'n Hot, Heinz Holzberg Verlag, Oldenburg 1978 (5. Aufl.)
    Scharp un söt, S. 59
    ebd.
    Wo ik her kam, S. 76
    ebd.
Rottgardt, Hans Heinrich
    Geb. 1931 in Nortorf (Landkreis Rendsburg); gest. 1978 in Neumünster
    De Knecht un de Afkaat, S. 114
    Uns' Moderspraak 3/77
Runge, Philipp Otto
    Geb. 1777 in Wolgast (Pommern); gest. 1810 in Hamburg
    Von dem Fischer un syner Fru, S. 18
    G. Stenzel (Hg.), Die deutschen Romantiker Bd. II, Verlag Das Bergland Buch, Salzburg o. J.
Ruseler, Georg
    Geb. 1866 in Obenstrohe (bei Varel); gest. 1920 in Oldenburg
    De Sprung öwer de Ems, S. 43
    De dröge Jan, Heinz Holzberg Verlag, Oldenburg 1970
    De Wunnerdokter, S. 50
    Niederdeutsches Balladenbuch, München 1925
Schaefer, Friedrich Hans
    Geb. 1908 in Rostock; wohnt in Ahrensburg
    Osterspaziergang (Plattdeutsche Fassung von Goethes „Osterspaziergang" aus Faust I), S. 220
    De Holsteensche Faust, Verlag Schuster, Leer 1974
Schlöpke, Ernst-Otto
    Geb. 1922 in Neustadt (Holstein); wohnt in Bremen
    Is dat en Baantje ?!, S. 32
    Günter Harte (Hg.), Platt mit spitzer Feder, Glogau Verlag, Hamburg 1978
    (s. a. Scharp un sööt, Verlag der Fehrs-Gilde, Hamburg 1970)
Schoon, Greta
    Geb. 1909 in Spetzerfehn (Ostfriesld.); wohnt in Leer
    Man wi sai'n Disels, S. 135
    Kuckuckssömmer, Verlag Schuster, Leer 1977
    To nachtslapen Tiet, S. 135
    ebd.
Siefkes, Wilhelmine
    Geb. 1890 in Leer; gest. 1984 in Leer
    Darhen, S. 155
    Willy Krogmann (Hg.), Bunte Kuh, Verlag Langenwiesche-Brand, Ebenhausen 1960
    So, S. 55
    Tüschen Saat un Seise, Verlag Schuster, Leer
Sieg, Wolfgang
    Geb. 1936 in Hamburg; wohnt in Bokholt-Hanredder (bei Elmshorn)
    De Weg na baben, S. 30
    Vorlesewettbewerb „Schüler lesen Platt", Institut für niederdeutsche Sprache, Bremen (s. a. Dar is keen Antwoort. Texte junger Autoren in niederdeutscher Mundart, Karl Wachholtz Verlag, Neumünster 1970)
Spiekermann, Gerd
    Geb. 1952 in Ovelgönne (Landkreis Wesermarsch); wohnt in Hamburg
    Ole Frünnen, S. 152
    Mien halve Fro, Verlag davids drucke, Göttingen 1984
Storm, Theodor
    Geb. 1817 in Husum; gest. 1888 in Hademarschen (Holstein)

Öwer de stillen Straten (Überschrift im Original: Gode Nacht), S. 207
Hausbuch niederdeutscher Lyrik, Verlag von Georg D. W. Callwey, München 1926

Täuber, Erika
Geb. 1921 in Neuenbrook (Holstein); wohnt in Vechta
De Padd, S. 105
De plattdüütsch Klenner, 1978
Harwst, S. 62
Manuskript

Tenne, Otto
Geb. 1904 in Hamburg; gest. 1971 in Hamburg
De Dannenboom, S. 68
Plattdüütsch Wiehnachtsbook, Verlag der Fehrs-Gilde, Hamburg 1965

Thyselius, Thora
Geb. 1911 in Brake; wohnt in Brake
Butendieks, S. 111
De plattdüütsch Klenner 1980
Jaagt, S. 139
De plattdüütsch Klenner 1976
Tant Hüsing, S. 65
Daudruppen, Verlag der Fehrs-Gilde, Hamburg 1975

Tjaden, Rudolf
Geb. 1895 in Oldenburg; gest 1981 in Oldenburg
Vör Wiehnachten, S. 64
Plattdüütsch Wiehnachtsbook, Verlag der Fehrs-Gilde, Hamburg 1965

Trott-Thoben, Tilly
Geb. 1908 in Bad Zwischenahn; wohnt in Rostrup (Landkreis Ammerland)
Een Stäe achtern Ladendisch, S. 128
De plattdüütsch Klenner 1981

Uhlhorn, Louise
Geb. 1897 in Rastede; gest. 1983 in Rastede
De engelsch leddern Büx, S. 37
Schillerraatjen, Verlag C. L. Mettcker & Söhne, Jever 1968

Ulken, Renke
Geb. 1927 in Oldenburg; aufgewachsen im Ammerland, wohnt in Eggeloge (Landkreis Ammerland)
De lüttje Held, S. 80
De plattdüütsch Klenner 1969

von der Wall, Heinz
Geb. 1923 in Oldenburg; aufgewachsen in Hemmelte (Landkreis Cloppenburg), wohnt in Ankum
De Trummel, S. 147
De plattdüütsch Klenner 1964

Wilkens, Edmund
Geb. 1932 in Varel; wohnt in Varel
Dat ole Grammophon, S. 98
Manuskript
Ferien up'n Buurnhoff, S. 118
Manuskript

Willers, Georg
Geb. 1884 in Hollwege (Landkreis Ammerland); gest. 1977 auf Hof „Wittschap" (bei Kiel)
Don Kieschott in Hollwäg, S. 47
Nordwest-Zeitung v. 23. 4. 1966 (Beilage „Nordwest-Heimat")
Van dat Brotbacken in olen Tieten, S. 91
Ut mien Hollwäger Jungenstiet, Heinz Holzberg Verlag, Oldenburg 1980
Wat ick as een lüttjen Jung bi't Kaidrieven un Ossenhöern seen, hört un beläwt hebb, S. 77
ebd.

Wisser, Wilhelm
Geb. 1842 in Klenzau (bei Eutin); gest. 1935 in Oldenburg
De Tuunkrüper, S. 15
Wat Grootmoder vertellt, Franz Westphal Verlag, Wolfshagen-Scharbeutz 1941
Hans un de Preester, S. 16
ebd.
Wat Grootmoder vertellt (Überschrift im Original: An de Kinner), S. 13
ebd.

Wübbeler, Elly
. Geb. 1925 in Gerden (Landkreis Melle); wohnt in Lintorf (bei Bad Essen)
Ik schäit di daut, S. 146
Manuskript
Nix os Spoß, S. 158
Manuskript

# Nachwort

Der Mitarbeiterkreis dieses zweiten Bandes eines plattdeutschen Lesebuchs geht von folgenden Grundgedanken aus:
Das Plattdeutsche ist sprachgeschichtlich eine wichtige Grundlage der Hochsprache. Es kann auch jetzt noch mit seiner manchmal kaum übertragbaren Bildhaftigkeit und Schlichtheit die hochdeutsche Umgangssprache befruchten und beleben. Es ist ein Kulturgut, dessen Wert wir heutzutage wieder zu schätzen wissen und auf das wir ein wenig stolz sein sollten.
Viele Lehrer wollen in ihrer Arbeit der plattdeutschen Sprache mehr Raum geben. Die Schüler erhalten mit dem Plattdeutschen Zugang zu einer ganz besonderen Sprachwelt, die sie befähigt, sprachlich und gesellschaftlich bewußter in Norddeutschland zu leben.
Leider sind geeignete Texte in ausreichender Zahl nur schwer zu finden. Mitglieder des „Mesterkring" und der Arbeitsgemeinschaft „Niederdeutsche Sprache und Schrifttum" der Oldenburgischen Landschaft wollen dabei helfen, diesen Mangel zu beheben. Lehrerinnen und Lehrer verschiedener Regionen des Oldenburger Landes, die in allen Schulformen und auf allen Schulstufen Erfahrungen auf dem Gebiet des Plattdeutschen gesammelt haben, stellten zunächst einen Band zusammen, der vorwiegend für die Grundschule gedacht ist (Snacken und Verstahn I). Es folgte der von Erhard Brüchert bearbeitete Band für ältere Schüler und Studierende (Snacken un Verstahn III). Der vorliegende Band II wendet sich vor allem an Schüler des 5. bis 10. Schuljahrs.
Da das Buch vor allem für den Schulunterricht gedacht ist, mußten die Bearbeiter didaktischen Absichten folgen, die in der Schule von heute eine Rolle spielen:
1) Die Texte sollen die Altersstufe und das gesellschaftliche Umfeld der Schüler berücksichtigen.
2) Da heute so gut wie alle jungen Menschen in Norddeutschland ohne umfangreiche plattdeutsche Sprachkenntnisse aufwachsen, konnten nur leicht verständliche und nicht zu lange Texte ausgewählt werden.
3) Das Buch bietet verschiedenste lyrische Formen an. Es kann daran hoffentlich aufgezeigt werden, welche Vielfältigkeit das plattdeutsche Gedicht aufweist und wie jede Form ihre ganz besondere Aussagekraft besitzt. Auch die Vielfalt epischer Formen soll, soweit der Rahmen eines Lesebuchs dieses zuläßt, in dieser Sammlung ihren Niederschlag finden. So werden neben Märchen, Fabel, Volkserzählung, Erzählung auch die Kurzgeschichte, die Satire und die Groteske vorgestellt.
4) Der literarische Unterricht beschränkt sich heute allerdings nicht nur auf Dichtung im herkömmlichen Sinn. Auch die Sachprosa soll in den Unterricht einbezogen werden, denn auch bei ihr handelt es sich um Sprachwerke. Der vorliegende Band versucht, dieser Forderung - besonders in dem Kapitel „In us Land" - gerecht zu werden. Man konnte jedoch nur solche Texte berücksichtigen, in denen die plattdeutsche Sprache den Sachverhalt angemessen und glaubwürdig wiedergibt.

5) Neben der Vielfalt der sprachlichen Formen in der plattdeutschen Literatur steht die breite Fächerung der Themenbereiche, die von plattdeutschen Autoren in ihren Werken angesprochen werden. Von einer solchen Vielfalt ist auch unser gegenwärtiges Leben geprägt, und gerade die jungen Menschen leben damit. Es versteht sich also fast von selbst, daß in der vorliegenden Sammlung dieser Tatsache Rechnung getragen werden mußte. Unterhaltsames bringt das Kapitel „To'n Smustern un Grienen". Es waren Texte aufzunehmen, die verschiedene Umweltbereiche erschließen („Dör dat Jahr", „In us Land", „Allens ännert sik"). Mensch, Mitmensch und soziales Handeln werden besonders in den Kapiteln „Snacken un Verstahn", „Ik un de annern" und in „Wi un dat Läben" angesprochen sowie in dem Hörspiel „De Kwami-Skandaal".

6) Die kleinen Theaterstücke, die Lieder und Tänze sollen dazu beitragen, daß auch der aktive Umgang mit der plattdeutschen Sprache gepflegt wird. Gerade Spiel und Lied führen zu lebendigem Gebrauch der plattdeutschen Sprache.

7) Doch neben einem aktiven Umgang mit der Sprache dürfen auch sprachkundliche Betrachtungen nicht vergessen werden. Sie sollen zu einem differenzierten Auffassen sprachlicher Erscheinungen beitragen und deutlich machen, daß Plattdeutsch von der geschichtlichen Entwicklung her eine eigenständige Sprache ist. Die Kapitel „Plattdüütsch rund um us to" und „Wat die Lü seggt" führen sozusagen in sprachkundliche Betrachtungen ein. Anspruchsvoller und weitgehender läßt sich Sprachkunde mit Hilfe der Kapitel „Platt und Naberspraak", „Wat van us plattdüütsch Spraak" ud „Plattdüütsch in Nordeuropa" betreiben.

Wurde im ersten Band die Schreibweise der Texte in behutsamer Form vereinheitlicht, so wurde im zweiten Band ein anderer Weg beschritten: Fast alle Texte sind in ihrer Originalfassung abgedruckt. Damit soll unterstrichen werden, daß jedes Sprachwerk in einer bestimmten Region Norddeutschlands zu Hause ist und es eben kein „Einheitsplatt" gibt. Die Bearbeiter meinen nämlich aufgrund eigener Erfahrung, daß mit zunehmendem Alter auch unterschiedliche Schreibweisen keine Schwierigkeiten mehr bereiten. Nur in wenigen Fällen - ausnahmslos bei älteren Autoren - wurde eine Veränderung dann vorgenommen, wenn die Schreibweise stark von den heutigen Gepflogenheiten abweicht.

Dieses Lesebuch kann sicherlich noch verbessert werden. Man kann über die Auswahl und Zusammenstellung der Texte unterschiedlicher Meinung sein. Die Bearbeiter wünschen sich deshalb Anregungen für weitere Auflagen. Gedankt sei an dieser Stelle der Oldenburgischen Landschaft für die Herausgabe dieses Buches und dem „Spieker" („Mesterkring" und „Schrieverkring") für die nachhaltige Unterstützung und Förderung des Vorhabens.

Möge dieses Buch dazu beitragen, einen breiten Leserkreis zu Hause und in der Schule von der Vielfalt und Echtheit plattdeutscher Sprache und Literatur zu überzeugen.

Detmar Dirks<br>Leiter des Arbeitskreises